로마문명 한국에 오다

나남
nanam

나남신서 1757

로마문명 한국에 오다

2014년 5월 15일 발행
2014년 5월 15일 1쇄

지은이   박찬운
발행자   趙相浩
발행처   (주)나남
주소   413-120
             경기도 파주시 회동길 193
전화   031-955-4601(代)
FAX   031-955-4555
등록   제1-71호(1979.5.12)
홈페이지   www.nanam.net
전자우편   post@nanam.net

ISBN   978-89-300-8757-5
             978-89-300-8655-4(세트)

책값은 뒤표지에 있습니다.

로마문명 한국에 오다

인권학자 박찬운 교수의 로마문명 이야기

박찬운

나남
nanam

일러두기

1. 이 책에 수록된 사진 중 지은이가 찍은 사진 일부는 좋은 화질의 사진이 아니다. 하지만 지은이가 현지에서 직접 찍은 것으로 자료적 가치가 있어 수록하였다. 독자들의 이해를 구한다.

2. 자료사진은 출처를 밝혔으나 일부 사진 중 출처를 알 수 없는 것은 2차 출처(예: 위키피디아)를 밝혔다.

로마문명으로 대한민국을 읽다

나는
쓰고 싶다

나는 로마문명에 대해 제대로 공부한 학자가 아니다. 그저 관련된 책을 좀 읽었을 뿐이다. 냉철하게 이야기하면 로마문명에 관해 교양적 지식 이상을 갖지 못한 사람이다. 그럼에도 내가 로마문명에 대해 글을 쓴다? 아무리 생각해도 만용이다. 적어도 학문의 세계에 있는 나로서는 그렇게 생각한다.

그럼에도 나는 쓰고 싶다. 무슨 팔자인지, 평생 책을 읽고 세상 이곳저곳을 다녀본 내 경험을 교양에 목말라 하는 이웃들과 나누고 싶다. 누구 말대로 한 지식인의 지식과 교양은 그만의 것이 아니다. 우리 모두가 공유해야 할 사회적 자산이다. 나는 그 자산을 나누고 싶다.

왜 하필
로마문명인가

글을 쓰기에 앞서 왜 로마 문명에 관심을 갖게 되었는지 말해야겠다. 나는 어릴 적부터 역사에 관심이 많았다. 법학을 선택하지 않았다면 나는 지금 대한민국 어딘가에서 역사를 가르치는 선생님이 되어 있을 것이다. 나는 국사를 좋아했고, 세계사, 세계문화사를 좋아했다. 나는 역사 지식을 교양 중의 교양으로 인식했으며, 항상 공부는 뿌리가 중요하다는 인식하에 근원을 캐는 것을 좋아했다. 나는 어떤 사회현상을 볼 때마다 그와 유사한 과거의 무엇인가를 떠올리면서 나름의 해답을 내놓는 버릇이 있다. 그런 면에서 로마문명은 내가 세계사를 공부하면서 항상 더 공부해보고 싶은 영역이었다. 서구사회를 근원적으로 이해하는 데 가장 중요한 열쇠 중 하나가 거기 있다는 것을 옛적부터 알았기 때문이다.

서구문명이 두 개의 뿌리에서 시작되었다는 데에는 이론이 없다. 그리스문명과 로마문명이 바로 그것이다. 그리스는 서구 정신세계의 뿌리가 되었다. 서양철학이 그리스에서 나왔으니 말이다. 로마는 서구 물질세계의 뿌리가 되었다. 사회의 인프라라 할 수 있는 건축과 법률이 거기서 비롯되었으니 말이다. 그러니 서구문화에 조금이라도 관심 있는 사람이라면 로마문명에 관심을 두는 것은 당연하다. 법학도인 나는 법학이란 것도 그 뿌리를 조금만 들추면 로마문명의 냄새가 풀풀 난다는 것을 일찍이 알았다.

나는 지난 30년
어떻게 살아왔는가

내 나이 쉰셋이다. 사법시험에 합격하면 법률가로 인정해주니 법률가 생활이 올해(2014년)로 만 30년이다. 이 기간 나는 무엇을 했나. 첫 십 년은 법률가의 기초를 닦고자 노력했다. 실무를 익혀 유능한 법률가가 되고자 했다. 그 기간 세상은 험했다. 전두환·노태우의 서슬 퍼런 권력이 세상을 지배하던 5공·6공 시기였다. 그 시절 나는 법률가로서 그 권력에 어떻게 해서라도 저항하고 싶었다. 나의 작은 힘이나마 불법 무도한 권력과 싸우는 데 보태길 희망했고, 사실 그렇게 살고자 힘을 쏟았다.

두 번째 십 년은 내 자신을 돌아보면서 새로운 공부를 하는 데 힘을 쏟았다. 인권 분야, 그중에서도 국제인권이라는 분야를 선택해서 공부했다. 덕분에 유학이라는 것도 했다. 미국과 유럽을 돌아볼 수 있었던 것도 그 덕이다. 국내에 들어와 국제인권법을 중심으로 한 인권법 영역을 개척했고, 그것이 내 필생의 업이 되었다. 그런 중에 서양문명에 관심을 갖게 되었고, 로마문명이 내 앎의 대상이 되었다.

세 번째 십 년은 내 삶이 근본적으로 바뀐 극적인 기간이다. 이 기간 나는 실무 법률가의 길을 접고 새로운 길로 나섰다. 국가인권위원회에서 인권정책을 담당하는 실무책임자로 일했고, 곧이어 학교로 직장을 옮겼다. 학교에서의 삶은 매우 단순했다. 연구와 강의를 기본으로 하는 삶인데, 하루 대부분을 조용한 연구실에서 보낸다. 그 생활은 내가 1980년대 초 산사에서 보낸 것과 그리 다르지 않았다. 나는 매일같이 절에서 생활하는 것이다! 나는 이때부터 내 공부에 변화를 시도했다. 그것은 인문적 방법에 의한 인권법의 이해였다. 법조문에 의존하지 않고 인간의 삶과 철학을 통해 인권법을 이해하고 싶었다. 근원을 이해하지 못하고 그저 법조문이나 읊어대는 것은 학자로서는 크게 부족하다고 느낀 것이다. 그 덕에 원 없이 책을 읽었다. 주로 역사와 철학에 관한 책이지만, 때로 독서의 분야는 예술, 문학, 과학으로도 이어졌다. 로마문명은 그중에서도 내가 가장 많은 시간을 투자한 분야였다.

나는 알고 싶고, 보고 싶고, 이해하고 싶다

언젠가 시오노 나나미의 책을 읽다 보니 그녀가 르네상스에 대해 설명한 구절을 보았다. 그녀는 르네상스의 본질을 하나의 문장으로 설명했다. "알고 싶고, 보고 싶고, 이해하고 싶다." 서구에서 천 년 중세의 겨울을 깨고 개인과 자유를 외친 르네상스가 탄생한 것은 '알고 싶고, 보고 싶고, 이해하고 싶은 사람'들에 의해서였다는 것이다. 나는 그 말에 동의한다. 나도 무엇인가 알고 싶고, 보고 싶고, 이해하고 싶은 사람이다. 그러니 나는 일찌감치 스스로 르네상스인이 되어 있었던 것이다. 존경하는 버트런드 러셀처럼 나는 사람들의 마음을 알아보고 싶었고, 밤하늘의 빛나는 별이 왜 반짝이는지를 알고 싶었다. 삼라만상 너머에는 수의 원리가 있다는 피타고라스의 말을 이해하고 싶었다. 그런 앎의 호기심 때문에 절간 같은 연구실에서 책을 읽었고, 방학이면 배낭을 짊어지고 책 속에서 보았던 문명유적지를 향해 달려갔다.

고답적 문명사가 아닌
'문명이야기'이자 '문명기행기'

이 책에 수록된 글들은 지난 10년간 내가 로마문명에 관해 읽고, 직접 발로 확인한 것을 기초로 쓰였다. 하지만 이 글들은 로마문명을 그저 설명하기 위해 쓰인 것이 아니다. 어떻게 그 분야 전문가도 아닌 내가 이 거창한 문명을 여러 독자들에게 생생하게 옮길 수 있을까. 국내외 전문가가 써놓은 글들을 적당히 요약하거나 번역하여 옮기는 방법도 있으리라. 하지만 나는 그런 일은 하고 싶지 않다. 법학을 하는 나로서는 그런 글에서 어떠한 큰 의미를 발견하지 못한다. 번역을 한다면 그 분야의 전문가들이 하는 것이 맞고, 요약정리 또한 그 분야의 전문가들이 해야 할 몫이다.

그러면 본격적으로 로마문명 기행기를 써볼까? 그러나 그것도 내 일이 아니라는 생각이 들었다. 법학자인 내게는 전문 여행가처럼 수십여 일을 들여 지중해 이곳저곳에 산재해 있는 로마문명 유적지를 샅샅이 훑고 다니면서 현장을 묘사할 여유도 능력도 없고, 또 그런 유의 글들은 시중에 적잖게 나와 있지 않은가.

그래서 택한 방식이 나만의 기법으로 로마문명을 독자들에게 전달하면서, 그 속에서 내가 하고 싶은 이야기를 함께 들려주는 것이다. 주제별 접근방법이 그것이다. 현장 중심의 문명기행을 넘어 주제를 정하고, 그에 맞게 나의 글 읽기와 여행 경험을 정리해보는 것이다. 예컨대, "로마인의 길"이라는 주제를 걸고 로마인들이 만든 위대한 가도를 설명하면서, 거기에서 내가 느끼는 이러저러한 생각을 써보는 것이다. 아마도 나로서는 일찍이 보지 못한 이런 글을 시도하고자 했다. 솔직히 내가 그것을 얼마나 제대로 해낼지 자신이 없었다. 그저 정성을 기울여서 내가 공부하고 본 것을 주제별로 정리하고, 각각에 대해 평소 하고 싶던 이야기를 붓 나가는 대로 진솔하게 써나갔다.

한 가지 더 이야기한다면, 나는 이 책을 쓰면서 가급적 많은 사진을 구해 글과 함께 실었다. 인터넷 서핑을 통해 구한 사진들도 있지만, 상당수는 내가 직접 찍은 사진들이다. 나는 이들 사진 하나하나에 대해 충실한 설명을 하고자 노력했다. 독자들은 이를 통해 문자로 설명하는 로마문명 이야기뿐만 아니라 눈으로 보는 로마문명 기행도 함께할 수 있으리라 생각한다.

로마문명으로
대한민국을 읽다

사실 누군가 내게 이 책을 쓴 이유 하나를 더 이야기해달라고 한다면 나는 이렇게 말하고 싶다. 로마문명을 이야기하면서 대한민국을 이야기하는 것이라고. 원래 그럴 생각은 없었다. 나는 그저 로마문명을 내 방식으로 설명하는 것이 목적이라 생각하면서 이 글을 쓰기 시작했다. 그런데 글을 쓰면서 곳곳에서 한국을 이야기하지 않으면 안 되었다.

나는 나의 오감을 만족시키기 위한 수단으로 인문학을 공부하지 않는다. 인문학은 내게 있어 결코 도락의 대상이 아니다. 그것은 나와 우리의 현재와 미래를 설명하는 데 더할 나위 없는 지혜를 준다. 그러기에 나의 로마문명 이야기도 단순한 고대문명 이야기가 될 수는 없었다. 로마문명을 생각하면 우리의 과거와 현실, 그리고 미래가 머릿속에 떠오른다. 내 머릿속에서는 두 문명이 끊임없이 교차하면서 서로 비교하고 논쟁한다. 그래서 원하든 원하지 않든 로마문명을 이야기하면서 대한민국을 함께 이야기하지 않을 수 없었다.

나는 글 곳곳에서 로마인의 눈으로 우리 대한민국에서 벌어지는 일들을 설명해보려 노력했다. 나와 의견을 달리하는 분들이 이 글을 읽는다면, 단번에 나의 주장이 논리적 비약이라고 비판할지 모르겠다. 그런 분들에게 군이 한마디 한다면, 이 글이 그렇게 무겁지 않은 주제를 수필적 문체로 쓴 것이라는 점을 양해해달라는 것이다. 수필은 말 그대로 '붓 가는 대로 쓰는 글'이니 때론 비약도 있고, 때론 거칠기도 하지 않겠는가. 독자 제현의 너그러운 이해를 구한다.

처음부터 책을 내기 위해 이 글을 쓴 것은 아니다. 나는 2012년 여름부터 2013년 여름까지 꼬박 1년 동안 북구의 나라 스웨덴 룬드대학에서 연구년을 보냈다. 북구의 밤은 길었다. 한겨울이면 16시간이 밤이다. 나이 오십이 넘어 이국땅에서 긴 밤을 지새우는 것은 쉽지 않은 일이었다. 그래서 그 긴 밤, 글을 써 인터넷 신문〈오마이뉴스〉에 연재했다.〈오마이뉴스〉의 "박찬운의 세계문명기행"이라는 연재물은 그렇게 탄생했다. 쓰다 보니 어느새 1년 반을 썼고, 그 분량이 제법 나가게 되었다. 70여 회 이상의 글이 세상에 나온 것이다. 이 중 절반은《문명과의 대화》라는 이름의 책으로 2013년 여름 이미 세상에 나왔다. 이제 나머지 절반의 글이 바로 이 책으로 나오게 된 것이다.

따라서 내 글이 책으로 독자들과 만나게 된 데는〈오마이뉴스〉의 도움이 컸다. 이 기회를 빌려 감사함을 표한다. 특히〈오마이뉴스〉유창재 기자에게 고마움을 전한다. 그의 격려와 도움이 없었다면 내 글이 짧은 시간 내에 세상에 나올 수 없었을 것이다.

내 글을 예쁜 장정의 책으로 출판해준 나남출판사에게도 큰 감사를 보낸다. 로마문명 전문가가 아닌 사람이 쓴 글을 선뜻 책으로 출판한다는 것은 출판사로서도 쉽지 않은 결정이었을텐데, 내 글을 눈여겨보고 그 가치를 인정해준 나남출판사 관계자분들에게 깊이 감사를 드린다.

이제 서설을 끝내고 본론으로 들어가 보자. 내가 풀어갈 로마문명

이야기가 독자 제현의 기대를 저버리지 않고 로마문명을 설명하면서, 그것으로 대한민국을 제대로 읽을 수 있을까. 두근거리는 기대감으로 첫 장을 시작한다.

개나리, 진달래, 목련, 벚꽃이 한꺼번에 핀
희한한 2014년 4월 어느 봄날
로마를 생각하면서 이 책의 서문을 쓰다.
박 찬 운

I

로마황제의
초상화에서
로마제국을 읽다

조각품이
초상화라니?

무엇으로 로마문명 이야기를 시작할까 한참을 망설였다. 이야깃거리를 찾기 위해 그간 이곳저곳에서 찍은 로마문명 관련 사진을 뒤적였다. 그러다가 몇 장의 사진에 시선이 고정되었다. 로마황제의 조각상 사진이다. 그래, 이것으로 내 이야기를 시작하자. 로마황제의 초상화 말이다. 아마 서양의 유명 박물관에 가본 사람들은 대충 알겠지만, 그들 박물관에는 로마시대 조각품(sculpture)이 적지 않게 전시되어 있다. 개중에는 아래에 로마황제 누구의 초상화(portrait)라고 쓰인 것을 보았을 것이다. 바로 그것을 집중적으로 관찰하는 것이 내 첫 이야기의 목적이다.

먼저, 초상화가 무엇인가. 누군가의 얼굴을 사실적으로 그린 것이다. 사실적으로 그리지 않으면 초상화가 아니다. 그것은 사람 얼굴을 소재로 한 다른 장르의 예술품일 뿐이다. 오늘날 초상화는 대체로 종이 위에 그린다. 서구 역사에서 보면 종이 위에 그린 초상화는 대체로 15~16세기 르네상스 이후 대중화되었다. 물론 그 이전에도 종이 위에 그린 초상화가 있겠지만 아쉽게도 그런 것들은 오늘날 보기 힘들다. 보존연한이 지났기 때문이다. 따라서 그 이전 시대의 초상화가 남아 있다면, 그것은 내구성이 종이보다 훨씬 긴 소재 위에 그린 것이다.

비잔틴제국은 세라믹 혹은 유리를 사용한 모자이크 벽화 초상화를 남겼다. 그 이전으로 거슬러 올라가면 역시 벽화 초상이 어느 정도 남아 있다. 이집트문명이나 지중해문명권에는 건조한 날씨 덕에 2천 년 이상 제대로 보존된 벽화가 꽤 있다. 빛은 바랬지만 그런대로 형태를 알 수 있고, 때론 놀라울 정도로 보존이 잘된 것도 있다.

로마제국 시절의 벽화 초상은 그리 많이 남아 있지 않다. 하지만 폼페이 유적에서 나온 몇 장의 초상화는 지금 보아도 아주 생생하다. 그중에서도 빵집 주인 테레니우스 네오 부부의 초상화는 마치 몇 년 전에 그린 것처럼 완벽하다. 화산재가 도시 전체를 덮어 완벽하게 원형을 보존해준 덕분이다. 폼페이는 기원후 79년에 땅속으로 사라졌으니 거의 2천 년을 견뎌온 작품이라 할 수 있다.

로마제국 시절에 만들어진 초상화 중 으뜸은 역시 대리석으로 만든 조각상이다. 조각상이 초상화라니? 조금 의아해 하는 사람들도 있을 것이다. 나도 그랬다. 조각상은 그저 인간의 상상이 가미된 예술품이지 그것이 어찌 초상화가 될 수 있는가. 하지만 서구 박물관을 돌아다니면서 2천 년 전의 조각품을 꾸준히 본 결과, 조각품 아래에 쓰인 'PORTRAIT'라는 글자가 그냥 쓰인 것이 아님을 알게 되었

폼페이 유적에서 나온 벽화 초상화. 빵집 주인 테레니우스 네오와 그의 부인을 그린 초상화로, 제작연대는 기원후 55~79년 사이이다. 이 초상화를 자세히 들여다보면 지금으로부터 2천 년 전 로마인들의 헤어스타일, 화장기법, 의상 등 많은 정보를 얻을 수 있다. 우리나라로 치면 삼국시대 초기라고 할 수 있는데, 그 시대 로마인들의 라이프스타일은 현대인과 그리 다르지 않다는 것을 직감할 수 있다.

다. 그 단어가 뜻하는 대로 조각상은 단순한 예술품이 아니라 당대의 황제나 정치가 혹은 철학자의 실제 얼굴을 그린 초상화였다. 첫 이야기는 바로 그에 관한 것이다

박물관 세 곳에서
로마의 황제를 보다

내가 고대 그리스나 로마 제국의 조각상을 본 곳은 유럽의 여러 박물관이다. 그중에서 첫 번째 이야기의 설명을 위해 세 곳의 박물관(미술관)을 선정했다. 나로서는 이 세 곳에서 로마제국의 황제들을 가장 많이 보았기 때문이다. 영국 런던의 대영박물관, 그리스 아테네의 국립고고학박물관, 그리고 덴마크 코펜하겐의 칼스버그 글립토테크미술관이 바로 그곳이다. 이 박물관들은 내가 몇 번에 걸쳐 발로 답사한 곳으로, 지금 이 순간도 박물관 내에서 황제들의 초상화를 찬찬히 음미하던 기억이 새롭다.

먼저 런던의 대영박물관으로 가보자.

대영박물관을 모르는 사람은 없을 것이다. 누구에게라도 대영박물관에 대해 물어보면 세계 최고의 박물관이라고 답한다. 내가 다녀 본 경험으로도 전 세계에서 두 개의 박물관만 꼽으라면 런던의 대영박물관과 파리의 루브르박물관을 꼽는 데 주저하지 않을 것이다. 하

지만 이 박물관의 이름은 영 맘에 들지 않는다. 대영(大英) 박물관이라니, 제국주의적 냄새가 물씬 풍기는 이름이다. 제2차 세계대전 이전 영국이 수많은 식민지를 거느리고 있을 때야 자연스러웠겠지만, 지금은 이 이름이 제격일 수 없다. 그래서 혹자는 이 박물관의 영문명(British Museum) 그대로 '영국박물관'이라고 불러야 한다고 주장한다. 일리 있는 말이다. 그러니 지금부터는 영국박물관이라 칭하자.

영국박물관은 대개의 서구 박물관처럼 누군가의 예술품 기증에서 시작되었다. 18세기 중엽 한스 슬로언(Hans Sloan) 경이 평생 모은 컬렉션을 영국 정부에 모두 기증한 것이 계기가 되어 박물관이 만들어졌는데, 여기에 영국 왕실의 컬렉션을 보태 1759년 영국박물관을 개관하였다. 영국박물관이 세계 최고의 컬렉션을 갖게 된 것은 영국의 화려한 19세기가 있었기 때문이다. 24시간 지지 않는 태양의 나라를 만든 빅토리아 왕조는 세계 각처에서 수많은 명품 유물을 거두어들여 영국박물관의 수장고를 채운 것이다.

19세기 제국주의 시대, 빅토리아 여왕 집권 직전 나폴레옹을 격파하고 유럽의 패자가 된 영국은 나폴레옹이 이집트에서 가져온 로제타스톤을 가져갔고, 그리스 아테네 한가운데 있는 아크로폴리스의 파르테논 신전의 주요 부위를 떼어 이 또한 몽땅 가져가고 말았다. 지금 생각하면 분명 문화재 약탈이다. 이집트나 그리스는 이것 때문에 가장 중요한 국보를 잃어버렸으니 얼마나 원통해 했겠는가. 이들은 수없이 문화재 반환을 요구했지만 영국이 귀를 기울일 리 만무했다.

빅토리아 시대는 서구 박물관들에게 발굴의 시대였다. 주요 박물

1　영국박물관 전경. 나는 런던에 갈 때마다 이곳에 들렀다. 그때마다 느끼는 것이지만 그 소장품의 양과 질에 입이 다물어지지 않는다. 어떤 때는 박물관 근처에 방을 얻어 매일 출퇴근하면서 유물 하나하나를 보고 싶다는 생각도 했다. 그러나 그렇게 할 수 있다 해도 이 박물관의 주요 소장품만을 보는 데 몇 달, 아니 몇 년이 걸릴지도 모른다. 이 박물관 앞에 서면 역사는 길고 배울 것은 많다는 생각이 절로 든다. 한 가지 더 말하자. 이곳에는 예술품을 소장하고 전시하는 공간 외에 도서관도 갖추어져 있다. 칼 마르크스는 이 도서관에서 30여 년간 책을 읽고 글을 썼다. 《자본론》은 바로 여기에서 쓰였다. 이 박물관이 없었다면 《자본론》도 세상에 나오기 어려웠을 것이다. ⓒ박찬운

2　영국박물관 내의 아시리아관 일부. 아시리아 니네베 궁전의 벽을 장식했던 부조가 아시리아관 벽면을 빼곡히 채우고 있다. 이들 부조는 그 제작 연대가 기원전 7세기 중엽으로 추정되는데, 아시리아인들의 전투 장면이 주로 묘사되어 있다. 그중에서 관람객의 눈을 끄는 부조는 아슈르바니팔왕의 용맹을 보여주는 작품들이다. 사자 사냥 중 한 마리의 사자가 척추에 화살을 맞고 죽음의 고통에 포효하는 장면을 묘사한 '상처 입은 사자'는 그중에서도 가장 유명하다. ⓒ박찬운

3　영국박물관에 전시된 로제타스톤. 이 유물로 인해서 고대 이집트의 상형문자가 해독되었다. 이것이 발견되지 않았다면 이집트 상형문자를 처음으로 해독한 샹폴레옹의 위대한 업적도 불가능했을 것이다. 로제타스톤에는 같은 내용의 글이 세 개의 문자로 기록되어 있다. 맨 위가 상형문자, 중간이 민용문자, 맨 아래가 희랍어이다. ⓒ박찬운

관들은 이집트로, 중동으로 달려가 고대문명 유적지를 발굴하였다. 영국박물관은 여기서도 발군의 실력을 발휘하였다. 중동 대부분의 나라가 영국의 반식민지 상태에 있었기 때문에 발굴권도 쉽게 땄고, 발굴품을 영국으로 가져오기도 쉬웠다. 지금 같아서야 꿈도 꿀 수 없는 일이 일어난 것이다.

지금 영국박물관 내에 있는 이집트관이나 아시리아관은 그렇게 해서 만들어진 것이다. 이러니 메소포타미아문명이든, 이집트문명이든, 그리스문명이든, 알짜배기 유물은 영국박물관에 가야 볼 수 있게 되었다. 인정하고 싶지 않지만, 영국이 주요 문명권의 최고 유물을 최고 수준으로 관리하고 있다는 사실만은 인정하지 않을 수 없다. 영국이 장물을 돌려주지 않고서도 그렇게 당당할 수 있는 최소한의 이유다.

다음으로 갈 곳은 아테네 국립고고학박물관이다.

이곳은 그리스에서 출토된 유물, 그중에서도 조각품이 압권이다. 물론 그중에는 로마시대의 조각품도 있다. 그리스가 오랜 기간 로마제국의 일부분이었기 때문이다. 처음 이 박물관 앞에 서면 조금 애석한 생각이 든다. 멀리 우뚝 서 있는 아크로폴리스의 파르테논과 비교해보면 너무 초라하기 때문이다. 조상만 한 후손이 없는 법인가. 너무 뛰어난 조상을 두다 보니 후손이 상대적으로 초라해 보이는 것인가. 여하간 박물관의 도리아식 기둥은 파르테논의 그것과는 수준 차가 너무 난다.

당대의 기술은 그때가 최고라는 말이 있다. 파르테논을 만든 기술은 그것이 만들어진 기원전 5세기의 것이 최고다. 현대에 아무리 과학기술이 발전했다 해도 고대 그리스인들이 발휘한 기술을 따라갈 수는 없다. 사람의 손이 좌우하는 기술은 과학기술에 비례하여 발전하는 게 아니기 때문이다. 이는 서구의 문화재에만 국한되는 이야기가 아니다. 우리 문화재, 가령 불국사의 석가탑이나 다보탑, 아니 석굴암의 본존불을 생각해보라. 현대의 한국 예술가들이 그런 문화재를 똑같이 재현해낼 수 있을까? 반의반도 따라가지 못한다. 그런 유의 탑과 불상은 통일신라시대를 따라갈 수가 없기 때문이다.

여하튼 초라한 외관에도 불구하고 이 박물관의 문을 열고 제1전시실에 들어가는 순간, 그 외관과는 상관없이 "역시, 최고야!"하는 탄성이 절로 나온다.

아테네 국립고고학박물관은 19세기 그리스가 오스만 터키로부터 독립하면서부터 잉태되었다. 400년 가까이 오스만 터키의 지배를 받은 그리스는 1821년 드디어 독립하게 된다. 그리스인들은 독립과 동시에 민족적 긍지를 살리기 위한 방법으로 그리스 전역의 고고학적 유물을 소장할 수 있는 박물관을 만들고 싶었지만, 재정적 어려움 등으로 인해 제대로 된 박물관을 갖지 못했다. 상당 기간 임시 박물관 시대를 거쳐 19세기 후반에서야 비로소 지금의 박물관 시설을 갖추고 본격적인 국립고고학박물관 시대를 맞이하였다. 국립고고학박물관은 초기에는 아테네와 그 인근에서 발굴된 유물만을 소장하려고 했지만, 시간이 흐르면서 그리스 전역에서 발굴되는 유물

아테네 국립고고학박물관. 박물관의 외관은 찬란한 그리스 고대유물을 소장한 세계 최고 수준의 박물관치고는 그리 신통하지 않다. 문명유적지에 가서 항상 쓰는 말이 있다. "당대의 기술은 그때가 최고다." 어떤 유적과 관련된 기술은 그 유적이 나온 당대의 것이 최고라는 것이다. 이 박물관의 외양은 도리아식 열주로 장식한 고대 그리스의 건축양식을 따랐지만, 그런 건축양식은 고대 그리스, 바로 그 시대의 기술이 최고였다. 현대 그리스인은 결코 고대의 건축양식을 따라갈 수 없다. ©박찬운

을 소장하는 그리스 최고, 아니 그것을 넘어 세계 유수의 박물관으로 발돋움했다.

현재 이곳에 소장된 유물 중 19세기 이전에 발굴된 것은 별로 없다. 거의 모두가 그리스 독립 이후 발견된 것들이다. 그런데도 그 수량은 엄청나다. 독립 이전 영국이 수많은 보물을 가져가 영국박물관을 채웠지만, 고대 그리스의 유물은 땅을 파면 팔수록 나오는 것이기에 해가 가면 갈수록 국립고고학박물관의 소장품은 늘어나 드디어 영국박물관을 능가하게 되었다. 지금은 적어도 그리스 땅에서 출토된 고대 그리스 유물에 있어서는 이 박물관이 세계 최고로 인정받지 않나 생각한다.

아테네 국립고고학박물관 미케네문명관에 전시되어 있는 일명 아가멤논의 마스크. 사실 나는 이 마스크를 카메라에 담기 위해 그 앞에서 수없이 셔터를 눌렀다. 하지만 내기술로는 이것을 제대로 카메라에 담을 수 없었다. 현관문을 통해 들어오는 아침 햇살에 마스크가 광채를 뿜어내기 시작한 것이다. 얼마나 찍었을까. 이런 때를 지성이면 감천이라 했던가. 마침내 한 장의 사진을 건졌다. ©박찬운

이 박물관과 관련하여 제2차 세계대전 중의 일화 하나를 꼭 소개하고 싶다. 당시 박물관을 지키던 사람들은 전쟁 중에 박물관 소장품이 약탈되고 손상되는 것을 염려했다. 그래서 이들은 박물관의 주요 소장품 중 일부는 밖으로 내보내 안전가옥에 보관하고, 그러지못한 소장품은 나무박스에 넣어 박물관 지하에 파묻고 특수밀봉을했다. 그 결과 전쟁 중에 박물관은 아수라장이 되었지만, 전쟁이 끝난 후 소장품은 손상 없이 세상에 나타날 수 있었다. 그리스의 국보를 지키고자 했던 박물관 사람들의 철두철미한 직업정신에 숭고함마저 느낀다.

내가 보기에 이곳의 컬렉션 중 최고는 미노아문명과 미케네문명으로 알려진 선사시대의 유물이다. 제1관의 문을 열자마자 나타나

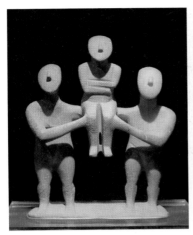

왼쪽은 에게 해의 어느 섬에서 발견된 크레타문명의 조각품(독일 바덴 주립박물관 소장)
이며, 오른쪽은 헨리 무어의 작품(미국 뉴욕 보테니컬가든 소장)이다. 왼쪽 작품이 4천 년
전 어느 섬에서 만들어졌다는 사실이 믿기지 않는다. 사람들은 곧잘 추상적 미술작품
을 20세기의 소산으로 이해하지만 결코 그렇지 않다. 인간은 지금으로부터 4천 년 전
에도 추상적인 미술작품을 만들어냈다. 이 조각상이 그 증거이다.
좌: ©Smial, 우: ©Andrew Dunn

는 미케네문명관에 전시된 이른바 트로이전쟁 영웅 아가멤논의 마
스크(그러나 진짜 아가멤논의 것은 아니다)는 우리 눈을 휘둥그레지게
한다. 그러나 내 눈에는 그보다 더 흥미로운 게 있었다.

　크레타문명이라고 할 수 있는 에게 해 섬 지방에서 발견된 조각품
들이 그것인데, 지금으로부터 4천여 년 전 작품이 마치 20세기의 추
상작품과 거의 다름없이 전시되어 있었다. 세부적인 묘사를 생략한
채 사람들의 모습을 조각한 작품들은 이미 그 당시 사람들의 미적
감각이 추상적 수준에 이르렀다는 것을 말해준다. 특히 몇몇 작품은

20세기 작가 헨리 무어의 작품을 보는 듯하다. 신기할 따름이다. 하늘 아래에 새것은 없다. 무어는 분명 이 그리스 조각품에서 영감을 받았을 것이다(박물관에서 내놓은 책자에도 그렇게 설명되어 있다).

선사시대 유물과 함께 국립고고학박물관의 컬렉션을 빛내주는 것은 기원전 6~7세기부터 시작된 조각품이다. 이 석조 조각품들은 기원전 5세기의 고전시대에 이미 절정의 예술성을 보여주었고, 그 이후 헬레니즘시대와 로마제국시대로 이어진다. 고전시대와 헬레니즘시대의 많은 작품들은 보는 이로 하여금 눈을 떼지 못하게 한다.

로마시대의 조각품은 위의 조각품에 비하면 수적으로 그리 많지는 않다. 하지만 이 장의 주제인 로마황제의 초상화를 설명하는 데는 부족함이 없다. 상당수의 황제 조각품이 그리스에서 출토되었으며, 그것들이 지금 이 국립고고학박물관에 소장되어 있기 때문이다.

세 번째 박물관은 덴마크 코펜하겐의 칼스버그 글립토테크미술관이다.

칼스버그? 어디서 많이 들어보지 않았는가. 그렇다. 맥주 이름이다. 덴마크를 대표하는 세계 최고의 맥주회사 이름이기도 하다. 칼스버그 글립토테크미술관은 이 맥주회사와 관계가 있다. 이곳은 칼스버그 창업자 집안에서 수집한 그리스 로마 조각품을 중심으로 만들어진 미술관이다.

이 미술관은 코펜하겐의 중심지인 티볼리공원 바로 옆에 위치해 있는데, 겉보기에는 그저 그런 유럽의 미술관 중 하나로만 보인다.

코펜하겐 칼스버그 글립토테크미술관. 나는 스웨덴 룬드에 1년간 거주하면서 몇 차례
나 이 미술관에 가보았다. 코펜하겐은 룬드에서 기차로 40분이면 갈 수 있는 가까운 곳
이다. 코펜하겐 중앙역에서 내려 도보로 10여 분 걸어가면 바로 이 미술관을 볼 수 있
다. 북구의 겨울은 사진처럼 우중충하다. 몇 번이나 코펜하겐에 갔지만 맑은 날을 만나
지 못했다. 미술관 건너편에는 북구 최대의 박물관인 코펜하겐 국립박물관이 있다.
ⓒ박찬운

하지만 입구에 들어서는 순간 그 현란한 컬렉션에 입이 떡 벌어진
다. 이 미술관은 종합 미술관이 아니라 칼스버그 창업자의 아들 칼
스버그 야콥센이 자기 취향에 따라 모은 세 가지 컬렉션으로 이루어
진 전문 미술관이다. 그는 그리스 로마시대의 조각품을 집중적으로
모았고, 여기에 두 가지 컬렉션을 더했다. 19세기 프랑스 인상파 회
화 작품, 그리고 덴마크 현대 회화 및 조각 작품이 그것이다.

그러나 뭐니뭐니해도 이 미술관에서 가장 볼만한 것은 그리스 로
마 조각품이다. 그래서인지 미술관의 이름조차 '뉘 카를스베르그 글

립토테크'(Ny Carlsberg Glyptotek)이다. 여기에서 글립토테크는 그리스어로 조각품이라는 뜻이다. 칼 야콥슨은 자신의 모든 컬렉션을 공중이 보고 즐길 수 있도록 1882년 자신의 집에 사설 미술관을 세웠다. 그러다가 죽기 전에 이 컬렉션 모두를 덴마크 정부에 넘기고 그 관리를 위해 칼스버그재단을 만들었다. 그 후 미술관은 1906년 현재의 위치에 확장 개관하여 오늘에 이르고 있다. 서구 사람들 사이에서 볼 수 있는 진짜 기부다. 돈을 벌면 이렇게 쓸 수 없을까. 쩨쩨하게 자식들에게 변칙적으로 재산을 상속하는 방법으로 공익재단을 만들지 않고 말이다.

내가 이 글을 쓰게 된 계기도 사실은 칼스버그 글립토테크미술관에서 비롯되었다. 이곳을 관람하면서 로마의 인물 조각상이 기본적으로 초상화라는 것을 실감했기 때문이다. 미술관에서 여러 조각상을 보던 가운데 특별한 조각상 하나를 보았다. 그것은 로마시대의 실제 조각품이 아니라 당시 인물 조각상이 얼마나 사실적으로 만들어졌는가를 보여주기 위한 복원작품이었다. 백문이 불여일견이니 35페이지 1번 사진을 보라. 로마시대의 많은 인물 조각상 중 상당수가 제작 당시에는 왼쪽과 같은 채색 작품이었다. 그러나 세월이 흐르면서 색이 벗겨져 오늘날 우리는 오른쪽과 같은 조각상만을 볼 수 있는 것이다. 조각 자체가 매우 사실적인데 거기에 정교한 채색까지 해서, 당시 이 조각상을 보는 이들은 마치 살아 있는 사람을 대하는 듯했을 것이다. 이 정도가 되면 로마의 인물 조각상은 일반적인 초상화보다 더 사실적인 초상화라고 해야 하지 않겠는가.

1 칼스버그 글립토테크미술관에서 본 조각상 두 개. 왼쪽 조각상은 오른쪽 조각상을 채색한 것으로, 제작 당시의 모습을 보여준다. 나는 이것을 보고 로마시대 조각상이 실제 인물의 초상화라는 것을 실감했다. 사진, 심지어는 종이마저 없던 시절 대제국에 사는 사람들이 황제의 얼굴을 어떻게 알 수 있었을까. 바로 이 조각상이 답을 주지 않는가. ©박찬운

2 칼스버그 글립토테크미술관 내의 그리스 로마시대 조각상. 학생들이 조각상 앞에서 데생을 하고 있다. 서구의 박물관을 갈 때마다 학생들 그리고 그들을 인솔해서 소장품을 설명하는 선생님들을 만난다. 박물관이 책에서 느끼지 못하는 감동을 경험하고 살아 있는 지식을 배우는 현장인 것이다. 우리나라의 학생들도 어린 시절 시간이 있을 때마다 박물관을 가야 한다. 거기에서 지나간 역사를 눈으로 생생히 확인해야 한다. 이는 뇌리에서 결코 지워지지 않는 살아 있는 지식이 될 것이라 믿는다. ©박찬운

내가 방문교수로 1년을 지낸 곳이 스웨덴 룬드(룬드대학 라울 발렌베리 인권연구소)라는 곳인데, 이곳에서 코펜하겐은 기차로 불과 40분 거리이다. 이곳에서 대처(大處)는 코펜하겐이니 그곳에 자주 나갈 수밖에 없고, 그러다 보니 나는 이 미술관을 뻔질나게 드나들었다. 내가 사는 곳에 세계 일류의 미술관이 있는데 그곳을 그냥 지나칠 수는 없는 일 아닌가.

내가 보기에 다른 것은 몰라도 그리스 로마시대의 조각품, 그중에서도 로마황제의 초상 조각에 있어서는 이곳이 세계 제일이라고 해도 과언이 아니다. 영국박물관이라고 할지라도 로마황제의 초상 조각을 이렇게까지 많이 가지고 있지는 못하다. 그러므로 나의 설명은 바로 이 칼스버그 글립토테크미술관의 로마황제 초상 조각을 기준으로 하지 않을 수 없다.

오현제의
초상화

로마제국의 황제 초상화를 이야기하기 전에 로마제국의 의미부터 짚고 가자. 제국(帝國)이라 함은 원래 두 가지 뜻이 있다. 첫 번째로, 하나의 권력 아래 다스려지는 여러 나라를 의미한다. 이런 의미의 대표적 예가 빅토리아 왕조 시대의 영국이다. 영국은 19세기 세계 이곳저곳에 식민지를 개척하여 해가 지지 않는 나라를 만들었다. 제국주의라는 말은 바로 여기에서 나온 것이다. 힘 있는 나라가 약소국가를 침탈하여 식민지를 만들고 제국을 세운 것에서 비롯되었기에, 제국주의라는 말은 결코 좋은 의미가 될 수 없다. 두 번째로는, 절대권력을 행사하는 황제에 의해 다스려지는 대국을 의미한다.

첫 번째 의미의 로마제국은 기원전 3세기 중엽 도시국가 로마가 이탈리아 반도를 통일하고 지중해로 뻗어 나가면서 시작되었다. 3차에 걸친 포에니 전쟁에서 카르타고를 상대로 승리한 로마는 기원전 2세기 초부터 지중해의 패자가 되어 본격적인 제국화의 길을 걸었다. 두 번째 의미의 로마제국은 기원전 43년 카이사르 사후, 그의 후계자인 옥타비아누스에 의해 시작되었다고 할 수 있다. 그는 카이사르 사후 안토니우스와의 경쟁에서 결국 승리함으로써 로마의 제1시민(프린켑스), 존엄한 신격 존재(아우구스투스)로 불리며 사실상 황제가 되었다.

일반적으로 로마제국이라 할 때, '제국'은 이러한 첫째 의미와 둘째 의미가 합쳐진 '황제에 의해 다스려지는 여러 나라'의 의미로 쓰인다. 또한 그러한 의미의 로마제국은 아우구스투스 이후의 황제들이 통치한 지중해의 대제국을 의미한다. 이 제국은 4세기에 동서로 분열되어, 서로마제국은 476년 게르만족의 침입으로 멸망하고, 동로마제국은 1453년까지 이어진다. 동로마제국을 기준으로 하면 로마제국은 1,500년간 지속되었으니, 세계 역사상 가장 긴 제국이다.

이런 로마제국에서도 최고의 전성기는 이른바 오현제 시대로 불리는 시기인데, 그 명칭대로 5명의 현명한 황제가 연달아 나타나 로마제국 최고의 번영기를 이끌었다. 이 전성기는 대체로 기원후 1세기 말에서 2세기 말까지 100년간 지속되었으며, 팍스 로마나(Pax Romana)란 바로 이 시기를 말한다. 네르바, 트라야누스, 하드리아누스, 안토니누스 피우스, 마르쿠스 아우렐리우스, 이 5명이 바로 그 현명한 황제들이다.

초상화의 첫 번째 주인공은 이들 황제 중 로마제국을 반석 위에 올린 이로 통하는 트라야누스(53~117년, 98~117년 재위)다. 그는 히스파니아(스페인) 출신의 황제로, 재위기간 중 전선을 누비면서 로마제국의 지경을 넓힌 장본인이다. 그는 지금의 루마니아 지방인 다키아를 정복했고, 메소포타미아에서는 파르티아 왕조를 격파하여 국경선을 유프라테스 강까지 넓혔으며, 북부 아프리카에서는 사하라 사막의 경계까지 군대를 주둔시켰다.

이렇게 해서 로마제국의 지경은 지금의 지중해 연안 대부분으로 확장되었고, 지중해는 로마인들에게 '우리의 바다'(Mare Nostrum)가 되었다. 지금도 로마 시내 한가운데에서 그의 공적을 볼 수 있는데, 그것은 바로 포로 로마노 근처에 우뚝 솟아 있는 트라야누스 기둥이다. 이 기둥은 전승 기념비로, 벽면에는 다키아 전투 장면이 생생하게 부조되어 있다. 당시의 전투 기록은 거의 남아 있지 않지만, 사람들은 바로 이 기둥의 부조를 해석함으로써 당시 전투를 짐작한다.

서설이 길어졌다. 본론으로 들어가자. 우선 사진 몇 장부터 보고 말을 이어가자. 40페이지 사진 세 장 중 처음 두 장은 칼스버그 글립토테크미술관에서 찍은 것이고, 나머지 한 장은 영국박물관에서 찍

은 것인데, 모두 트라야누스 황제의 초상
조각이다. 이들 조각품이 정확히 어디에
서 출토(발견)된지는 알 수 없다. 다만 이
세 개의 조각품이 모두 트라야누스 황제
의 초상 조각이라는 데에는 의심의 여지
가 없다.

로마제국에 대해 일정한 지식이 있는
사람이라면 이 조각상을 보자마자 트라
야누스의 것임을 알아맞힌다. 언젠가 그
리스 아테네를 여행 중 우연히 로마의 한
대학에서 고고학을 연구하는 젊은 교수
를 만났다. 이야기 도중 그의 전공분야
가 로마제국 시기의 고고학임을 알게 되
었다. 그래서 임자 만났다는 생각에 내가
들고 다니는 카메라에 저장되어 있는 사
진 중 로마황제 사진을 쭉 끄집어내어 보
여주면서 대화를 주고받았다. 이 사람은
사진을 보자마자 오현제를 비롯하여 나

로마에 있는 트라야누스 기둥. 울퉁불퉁한 이 기둥의 표면
은 트라야누스 황제가 다키아 전투에서 승리한 내용을 부조
로 새긴 것이다. 로마시대에 승전을 기념하는 방법 중 하나
가 돌에 이런 식의 부조를 만들어 붙이는 것이었다. 당시 전
투상황에 대한 명확한 자료가 없는 상황에서 이 승전탑은 다
키아 전투를 고증하는 매우 중요한 사료가 된다.
©Juan Francisco Adame Lorite

트라야누스의 초상 조각들. 왼쪽과 가운데는 칼스버그 글립토테크미술관, 오른쪽은 영국박물관 소장. 트라야누스의 인상은 한마디로 강인하다. 짧은 머리에 강렬한 눈매가 세 조각품 모두 공통적이다. ⓒ박찬운

도 미처 기록해놓지 못한 조각상의 이름을 모조리 알아맞히는 것이었다. 거기서 나는 다시금 깊이 깨달았다. '로마 조각상은 역시 그냥 예술품이 아니구나, 그것은 본질적으로 초상화구나.' 사람마다 다른 얼굴을 그린 초상화 말이다.

어떤 조각상이 초상화가 되기 위해서는 그 수에 관계없이 누가 보아도 같은 사람을 조각했다고 인식할 수 있어야 한다. 그러려면 적어도 대상의 특징이 정확하게 조각에 반영되어야 한다. 위의 트라야누스상들의 경우 헤어스타일(짧은 곱슬머리), 눈과 코 그리고 이마가 거의 동일하다. 기법상으로는 조금씩 차이가 있는 것으로 보아 동일인이 제작하지 않은 것은 분명하다. 그렇다면 이들 조각상은 트라야누스라는 특별한 사람의 얼굴을 동일한 기준에서 여러 사람들이 조각했다는 결론에 도달할 수밖에 없다.

오현제 중 가장 흥미로운 사람의 하나는 마르쿠스 아우렐리우스(121~180년, 161~180년 재위)다. 내가 고등학생 시절에 국어 교과서에 《명상록》이라는 글이 있었는데, 바로 그 글의 주인공이다. 그는 스토아 철학자로서 전쟁터에서도 항상 책을 읽고 명상에 잠겼으며 그것을 글로 옮겨놓은 철학자 황제이다.

사실 2세기 말 마르쿠스 아우렐리우스가 황제가 된 시점부터 로마제국은 조금씩 흔들리기 시작한다. 변방의 이민족들은 점점 로마의 권위에 도전하기 시작했고, 국경 지방에는 바람 잘 날이 없었다. 그래서 아우렐리우스는 거의 전 생애 동안 변방의 전쟁터를 전전하지 않을 수 없었다. 그러다 보니 자식 교육은 제대로 시키지 못한 모양이다. 그의 뒤를 이은 콤모두스라는 인물은 방종하기 짝이 없는 로마제국 최악의 황제 중 하나였으니 말이다. 러셀 크로가 주연을 맡은 영화 〈글래디에이터〉에 바로 이 황제가 나온다. 여하간 그는 힘이 세었던 모양이다. 항상 몸이 근질근질했던지 자신이 직접 검투사가 되어 원형 경기장에 나가길 좋아했다. 당시 그는 로마 시내 한가운데 세워진 콜로세움에서 시민의 환호를 받으며 무자비하게 칼을 휘둘렀다.

자, 이제 두 부자를 한번 보자. 조각을 보는 순간 우리는 탄성을 지르게 된다. 같은 인물은 아니지만 어딘가 닮았다는 생각에 말이다. 이 초상을 보면 아버지의 피를 이어받은 아들이라는 것에 의문의 여지가 없다. 얼굴 전체의 형태, 곱슬머리, 수염 등이 조금씩 다르지만 한눈에 보아도 부자관계임을 알 수 있다.

마르쿠스 아우렐리우스(좌)와 콤모두스(우)의 두상, 칼스버그 글립토테크미술관 소장. 백문이 불여일견! 이 두 조각상을 보고 어떻게 부자지간임을 몰라보겠는가. 헤어스타일, 곱슬머리, 눈매 등 모든 것이 닮았다. 그런데도 아버지는 철학자요, 아들은 천하의 망나니였다. 생김새는 유전되지만 성격은 유전되지 않았는가? 아니면 생김새는 생물학적으로 결정되지만 성격은 그것만이 아니라 주변 환경의 영향을 받는가? 참으로 흥미로운 일이다. ⓒ박찬운

재미있는 것은 콤모두스의 어머니, 그러니까 마르쿠스 아우렐레우스의 처인 포스티나는 정조 관념이 희박한 여자로 알려져 있다. 그래서 많은 이들이 콤모두스가 과연 아우렐리우스의 친자인지에 대하여 의심을 한다. 그럼에도 이 두 개의 초상 조각에서 많은 유사점을 찾을 수 있으니 어찌된 일인가. 그 원인은 두 가지 가정 중 하나일 것이다.

하나는 콤모두스가 아우렐리우스의 친자식으로, 진짜로 두 사람의 용모가 비슷했을 것이라는 가정이다. 작가는 그것을 그대로 그렸고, 따라서 두 개의 조각품은 서로 닮을 수밖에 없었을 것이다. 둘째는 콤모두스가 친자가 아니었다는 가정이다. 그 경우 두 사람의 용

모는 상당히 달랐을 텐데, 어떻게 두 조각품이 부자관계로 인식될 정도로 비슷해졌을까. 작가에게는 콤모두스를 친자의 모습으로 그리지 않으면 안 될 사정이 있었을 것이다. 황제와 그 자식을 다르게 그리면 그 결과는 길게 설명할 필요가 없다. 온전히 살 수는 없었을 것이니 말이다. 혹은 황실로부터 처음부터 두 사람이 닮은 것처럼 만들라는 요구가 있었을지도 모른다. 그랬다면 그 요구는 누가 했을까. 당연히 아우렐리우스보다는 요부 포스티나가 했을 가능성이 클 것이다. 로마시대의 도덕관념으로는 충분히 있을 수 있는 가정이다. 어디에 해당할까? 이것을 아는 이는 사실 아무도 없다.

로마의 초상화가 항상 인물의 실제 모습만을 그리지 않았다는 것에는 위와 같은 경우 외에 다른 경우도 있었을 것이다. 어떠한 초상화도 사진이 아닌 바에야(사진도 조작이 가능하다!) 그리는 목적에 따라서 실물과 차이가 나기도 한다. 로마황제의 초상화는 대부분 정치적 목적에서 만들어졌을 테니 실물에 가까운 경우라도 정치적 목적에 따라 — 대부분은 신민에게 위엄을 보일 필요에 따라 — 어딘가 과장될 수밖에 없었을 것이다. 그렇게 생각하면 앞에서 본 트라야누스의 초상화도 위엄을 보이기 위해 어딘지 모르게 실제보다 과장되었다는 느낌이 든다. 얼굴 인상이 강인하고, 몸은 마치 운동선수처럼 군살 없이 다부지다. 설마 황제가 이런 몸을 만들기 위해 온갖 운동과 다이어트를 했겠는가.

로마황제의 초상화는 또 다른 복잡한 이유에서 실물과 다르게 표현되기도 했다. 아름다운 연인과 비교되는 황제의 얼굴을 그릴 때는 그 연인과 짝을 맺을 정도의 과장된 아름다움이 요구되었을 것이다. 오현제 중 한 사람인 하드리아누스(76~138년, 117~138년 재위)의 초상화가 대표적이다. 하드리아누스는 트라야누스 다음 황제인데, 그 또한 트라야누스와 마찬가지로 히스파니아 출신이었다. 하드리아누스가 통치한 이 시기는 로마제국 역사상 정점의 시기였다. 그는 팍스 로마나의 진정한 주인공이었다.

하드리아누스는 선제가 만들어놓은 국경선을 확실하게 관리하는 것이 자신의 임무라고 생각한 황제이다. 그래서 그는 황도 로마에 있는 날이 거의 없었으며, 길바닥에서 대부분의 세월을 보냈다. 제국 전체를 쉬지 않고 여행한 것이다. 그는 가는 곳마다 자신과 로마의 영광을 보여주기 위한 각종 기념물을 만들었다. 지금도 지중해 곳곳에 남아 있는 하드리아누스의 문이나 도서관은 바로 그가 여행 중에 남긴 건축물이다.

그런데 이 황제는 안티노우스라는 미소년을 사랑했다고 한다. 동성애자였던 것이다. 그는 안티노우스를 너무나 사랑해 제국 순행 시 항상 그와 동행했다. 그러다가 이집트를 순행하는 중 안티노우스가 나일 강에 빠져 죽는 사고가 발생한다. 그런데 이게 단순 사고사인지 아니면 자살인지에 대하여 말들이 많다. 자살설을 주장하는 이들은 안티노우스가 나이를 먹으면 황제가 더 이상 자신을 좋아하지 않을 것이라는 우려로 자살을 선택했다고 한다. 일리 있는 가정이다.

여하튼 안티노우스는 익사했다. 그러자 하드리아누스는 그를 위해 이집트에 도시(안티노폴리스)를 만들고 그를 신격화했다. 안티노

① 하드리아누스 흉상, 칼스버그 글립토테크미술관 소장. ② 하드리아누스 흉상, 아테네 국립고고학박물관 소장. ③ 미소년 안티노우스(좌)와 하드리아누스 황제(우) 흉상, 아테네 국립고고학박물관 소장. 촌스러운 하드리아누스 ①과 세련된 하드리아누스 ②, 세련된 하드리아누스 조각상은 아마도 그의 미모의 연인 안티노우스와 짝을 이루기 위해 만들었을 것이다. 그러니 이 조각상은 하드리아누스의 본래 모습과는 조금 거리가 있을 것이다. 그런 면에서 하드리아누스 ②는 요즘 말로 한다면 '포샵한' 사진이나 마찬가지다. ⓒ박찬운

우스는 죽은 후 신이 된 것이다. 이런 이야기가 회자되는 하드리아누스가 안티노우스와 함께 초상화를 만들었다면 어떤 모습이었을까. 미소년의 얼굴과 어울리는 정도로 만들어야 하지 않았을까.

45페이지의 그림을 보라. 하드리아누스 초상화 ①, ② 두 개는 언뜻 보아도 같은 사람이라고 보기 어려울 정도로 상당히 다르다. 하드리아누스 ①은 그저 평범한 황제의 얼굴이다. 하지만 하드리아누스 ②에 나타난 황제는 왠지 품격이 다르다. 얼굴의 전체적인 균형미가 하드리아누스 ①에 비해 뛰어나고, 무엇보다 귀티가 난다. 이 귀티 나는 초상화와 안티노우스의 초상화를 한꺼번에 같이 보자. 뭔가 어울리지 않는가.

만일 안티노우스와 하드리아누스 ①이 함께 있다면 어떨까. 영 그렇다. 한눈에 어울리기 어려운 커플이다. 하드리아누스 ②는 요샛말로 하면 '포샵을' 한 것이다. 실제보다 훨씬 로맨틱하게 얼굴에 덧칠을 하였다는 말이다. 이것을 담당한 로마의 작가는 초상화 작가로서는 지조를 지키지 못했다. 하지만 그게 사례비를 두둑이 받는 궁정화가의 비애이자 운명이지 않았을까?

II

로마법,
시공을 넘어 세계를
지배하다

한 번은 제국으로, 또 한 번은 법으로
세계를 지배한 로마

명색이 법률가임에도 최근 몇 년 동안 법률가 티를 내지 않으려고 노력했다. 대중적인 글을 쓰면서 그렇게 되었다. 그래서 글 어디에도 법률 이야기는 꺼내지 않으려 했다. 그런데 이 장에서 다루는 이야기는 좀 다르다. 법률 이야기를 하지 않을 수 없다. 로마문명 이야기를 하면서 법률을 뺄 수가 없기 때문이다.

로마는 세계사에 두 개의 위대한 유산을 남겼다. 하나는 바로 건축이다. 아직도 지중해 곳곳에 로마의 건축 유적이 남아 있고, 여기에서 비롯된 건축술은 오늘날까지도 서양 건축에 지대한 영향을 끼치고 있다. 비단 서양의 건축에만 영향을 끼친 것이 아니다. 동양, 심지어는 우리나라의 건축물에도 로마건축의 흔적은 남아 있다(이에 대해서는 앞으로 차차 이야기할 생각이다).

로마가 남긴 또 하나의 유산은 법률이다. 이 유산은 건축에 비해 더 본질적이고, 더 광범위하다. 로마제국은 당시로서는 세계 그 자체였다. 그러한 세계를 다스린 로마법은 비단 그 시대와 영역만의 법으로 끝나지 않았다. 그것은 서구사회 전체 법의 뿌리가 되었을 뿐만 아니라 전 세계의 모든 법체계에 심대한 영향을 끼쳤다.

그래서 혹자는 이런 말로 로마법을 표현한다. "로마는 두 번 세계를 지배했다. 한 번은 로마제국으로, 또 한 번은 법으로." [참고로 독일의 저명한 법학자 예링은 하나를 더 추가하여 로마는 (기독교) 교회로 세계를 통일했다고 했다. 이렇게 보면 로마는 세 번 세계를 지배한 것이다.] 그러니 로마문명 이야기를 하면서 로마법 이야기를 뺄 수는 없는 일이다.

대한민국의 법률가, 그들은 왜 특별한가

로마법 이야기를 본격적으로 하기 전에 조금 심각한 이야기를 하나 해야겠다. 나는 우리나라 법률가들의 의식 속에 존재하는 특권의식이 우리 사회의 연대감을 깨는 주요 원인 중 하나라고 진단한다. 작년 박근혜 정부가 탄생하면서 국회 인사청문회 과정에서 드러난 사실이지만, 어느 장관 후보자가 검찰 고위직에 있다가 대형 로펌에 들어가 한 달에 1억 원씩 월급을 받았다고 한다. 문제는 그렇게 큰돈을 벌다가 다시 장관 후보자로 당당하게 나선 것이다. 임명하는 사람도 문제지만, 그것을 수

락한 사람의 의식세계도 내게는 연구대상이다. 돈과 권력, 두 가지를 동시에 갖고자 하는 인간의 욕망, 그 결정체를 보는 것 같기 때문이다.

길 가는 사람 누구에게 물어보아도 법률사무소에서 월급 1억 원을 받는다는 것은 정상이 아니라고 말할 것이다. 내 자신이 상당 기간 변호사로 일해본 사람으로서 말하건대, 일반적인 변호사 생활에서 월급 1억 원은 상상하기 힘든 액수다. 법조계에 아직도 온존하는 전관예우라는 문화가 없다면 불가능한 금액이다.

사실 전관예우의 병폐는 어제오늘의 문제가 아니다. 지난 수십 년간 이 문제를 고쳐보고자 온갖 제도적 대응장치를 만들어왔지만 여전히 그 문화는 진화를 거듭할 뿐 사라지질 않는다. 나는 지난 20년간 세계 여러 나라의 법률가를 만나 이런 문화에 대해 이야기를 나누어보았다. 도대체 이런 문화가 다른 나라에도 있는지 확인하고 싶었다. 하지만 내가 이런 말을 꺼낼 때마다 그들은 한국의 법률가들에 대하여 너무나 신기해했다. 마치 별나라에서 온 별스런 족속을 보는 듯이 나를 바라보는 것이었다. 이럴 때는 '내가 괜한 말을 해서 우리나라 이미지만 버렸구나' 하는 생각에 후회하지 않을 수 없었다. 한마디로, 한국의 전관예우라는 것을 바깥에 나가서 이야기하면 안 된다. 나라 전체가 망신당하기 때문이다.

이러한 전관예우 문제는 법조계의 문제로 끝나지 않고 우리 사회 전체의 의식에도 악영향을 끼친다. 전관예우 문제가 불거지고 그런 예우를 받은 사람들이 다시 관가로 화려하게 복귀할 때마다 여론은

서울 서초동 법원종합청사(①)와 양재동 서울행정법원 서울가정법원 청사(②). 서초동 법원종합청사는 우리나라 법조계의 권위주의를 상징적으로 보여주는 건물이다. 높고 웅장한 건물이 경사지에 위치한데다, 주변 건물은 모두 고도제한으로 높이를 묶어놓아 위압적인 분위기를 만들어낸다. 얼마 전까지만 해도 법정동으로 올라가는 엘리베이터마저 없어 민원인들의 불만을 샀다. 반면, 양재동 법원 청사는 2012년 강남대로변에 개청한 것으로, 서초동 청사와는 사뭇 다르다. 부근을 지나는 사람들은 특별히 주의를 기울이지 않으면 이 건물이 법원이라는 사실도 알지 못할 것이다. 나는 이 양재동 법원 청사가 한국 법조계의 탈권위주의를 상징하는 건물이라 생각한다. ⓒ박찬운

이를 심히 비판하면서도 한편으로는 동경하는 것이 그 증거다. 그리고 이러한 동경은 내 자식도 그러한 인생을 살도록 해야 한다는 욕망으로 나타나 사교육으로, 입시경쟁으로, 또는 일류병으로 대한민국을 도저히 재생 불가능한 사회로 만들어간다.

여하튼 이러한 사회적 병리현상에 있어서 법률가들이 핵심적인 역할을 하는 것을 부인할 수 없다. 도대체 법률가들은 왜 이렇게 욕심이 많고 뻔뻔하고 특권의식이 강할까. 나는 그 원인으로 두 가지를 들고 싶다. 하나는 법을 다루는 전 세계 모든 법률가에게서 발견되는 보편적 권위주의요, 다른 하나는 대한민국의 특이한 역사에서 비롯된 특권의식이다. 로마법은 그중 첫 번째 의식과 관련이 있다.

영원히 지배하기 위한 방법, 그것은 법이야!

로마시대에 법이 발전한 이유는 당시의 상황을 이해하면 그리 어려운 것이 아니다. 로마는 세계 역사에서 가장 긴 사회체제였다. 기원전 753년 건국하여 처음에는 왕정으로, 그 다음에는 공화정, 그리고 제정으로 정치체제를 바꿔가며 영토를 확장했다. 이 중에서 로마가 세계사에 큰 족적을 남긴 시기는 바로 로마제국 시절인데, 이 제국은 기원 전후부터 5세기 말까지 거의 500년간 유지되었다. 그런데 이것은 이른바 서로마제국에 관한 이야기고, 동로마제국을 포함하면 로마제국은 그 뒤에도 또

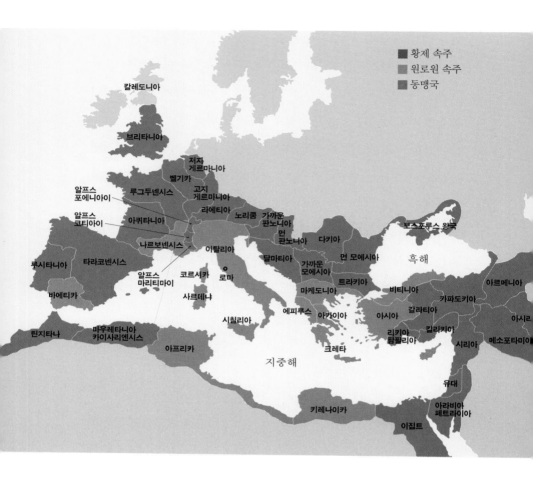

■ 황제 속주
■ 원로원 속주
■ 동맹국

칼레도니아

브리타니아

저지
게르마니아
벨기카

알프스   루그두넨시스   고지
포에니아이   게르마니아
                               라에티아   노리쿰 가까운
알프스   아퀴타니아   판노니아
코티아이   먼   보스포루스 왕국
                  나르보넨시스   이탈리아   판노니아   다키아
                                              달마티아   먼 모에시아   흑해
루시타니아   타라코넨시스   로마   가까운
                  알프스   코르시카   마케도니아 모에시아
바에티카   마리티마이   트라키아   비티니아
                                  사르데냐   카파도키아   아르메니아
                                            시칠리아   에피루스 아카이아   갈라티아
틴지타나   마우레타니아   아시아   아시리
          카이사리엔시스   아프리카   크레타   리키아 킬리키아
                                                                            팜필리아   시리아   메소포타미아
                                                        지중해   유대
                                  키레나이카   아라비아
                                                                        페트라이아
                                                    이집트

기원 후 2세기 초의 로마제국. 이것이 바로 팍스 로마나의 지경이다. 한마디로 지금의
지중해 연안 전체가 로마제국이었다.

다시 천 년간 세계사에 이름을 남겼다.

지중해 연안 전체를 지배한 대제국 로마는 그 자체가 하나의 세계였다. 만일 오늘날 그러한 제국을 만든다고 해도 한 나라로 다스리기가 쉽지 않을 터인데, 2천 년 전에 그 광대한 영토를 수백 년간 통치한 데는 무엇인가 특별한 노하우가 있었을 것이다. 그게 무엇일까. 그것은 힘과 법이라는 두 개의 무기를 적절히 활용한 결과였다.

로마는 우선 힘으로 영토를 확장했다. 힘에 의한 영토 확장은 2세기 초 트라야누스 황제 때 최고조에 이르렀다. 트라야누스는 로마의 힘의 결정체인 로마군단을 적절히 활용하여 그 지경을 지중해 전역으로 넓히고 지중해를 '우리의 바다'로 만들었다.

이렇게 만들어진 로마제국은 엄청난 영토에서 다양한 인종의 사람들이 다양한 종교를 갖고 살아가는 뒤죽박죽의 사회였다. 그 다양성이란 지금의 미국보다 심하면 심했지 덜하지는 않았을 것이다. 이런 사회를 장기간 유지할 수 있는 방법은 무엇일까. 계속 물리적 힘만을 사용했다면 과다한 에너지가 소비되어 제아무리 로마라 한들 오래갈 수 없었을 것이다. 제국을 다스릴 수 있는 '힘'이 아닌 다른 방법이 필요한데, 그게 바로 '법'이다. 로마제국을 만든 것은 로마의 장군과 병사들이었으나, 그것을 수백 년간 유지하는 것은 법률가의 몫이었다. 법에 의한 통치는 에너지 소비를 최소화하여 로마의 지속가능성을 높였다.

이것은 우리 역사에서도 여실히 드러난다. 법률가는 역사를 바꿀 수 없다. 그것은 물리적 힘을 갖춘 이들의 몫이다. 조선왕조를 창업

5·16 군사쿠데타를 일으킨 박정희와 군 장교들. 이들은 무력으로 정권을 장악했지만 언제까지 그 힘으로 사람들을 누를 수는 없었다. 이들도 지속적인 힘은 총이 아니라 법에서 나온다는 것을 곧 깨달았다. 그리하여 쿠데타 이후 법률가들이 요직에 등용되었다. 결국 총과 법, 이 두 가지가 박정희 철권통치의 토대였던 것이다.

한 이성계는 무인이었고, 무력집단이 그를 따랐다. 그래서 그는 역성혁명을 이룰 수 있었다. 하지만 조선이 개국 후 500년 동안 유지된 것은 정도전과 같은 사대부들이 그 체제의 소프트파워인 규범을 만들어 통치를 가능케 하였기 때문이다.

박정희도 마찬가지다. 5·16 군사쿠데타는 그를 따르는 군인들의 총부리에서 시작되었지만, 18년의 통치가 가능했던 것은 그가 법률가들을 수족같이 활용했기 때문이다. 이른바 육법당(陸法黨)은 이렇게 해서 탄생했다. 육군사관학교 출신 군인들과 고시 출신 법률가들이 5·16 군사쿠데타 이후 한국 사회를 주도한 것은 너무나 잘 알려진 사실이 아닌가.

사회가 작으면 법이라는 것은 상대적으로 그 효용성이 떨어진다. 법이 아닌 다른 방식으로도 사회를 다스릴 수 있기 때문이다. 그럴 때는 종교가 큰 역할을 한다. 이러한 작은 사회에서는 종교 규범과 사회 규범이 분리되지 않으므로 종교는 법의 역할도 한다. 종교 지도자는 자연스럽게 법률가이기도 했다.

하지만 사회가 커지고 구성원과 종교가 다양해지면 무엇으로 그 사회를 결속하고 유지할 수 있을까. 보편적인 법을 인위적으로 만들어 그것을 일률적으로 적용하는 수밖에 없다. 중국의 전국시대, 진시황이 천하를 통일할 때 사용한 한비자나 상앙, 이사의 법가사상도 그러한 수단이었다. 다만 동양의 법가는 한때의 통치수단이었을 뿐 로마와 같이 보편적 법 체제에 이르지는 못했다. 15세기 이후 서양이 동양을 추월하고 우위를 유지한 매우 강력한 이유 중 하나가 바로 보편적 법체제인 로마법과 관련이 있다.

결국 로마는 법이 발달할 수밖에 없는 운명적인 상황에 있었고, 그런 연유로 법률가는 사회로부터 권위를 인정받을 수 있었다. 그리고 이러한 영향으로 법률가는 로마시대 이후 서양사회에서 가장 긴 역사를 지닌 전문가가 되었다. 법률가들의 드높은 권위의식은 이런 바탕에서 싹튼 것이다.

하지만 서양사에서 중세라는 시대는 법률가의 역할을 후퇴시켰

피에트로 우베르티, 〈세 명의 법률가〉, 베니스 두칼레 궁 소장. 법률가들의 자태가 예사롭지 않다. 과거 서양의 법률가들은 옷이나 가발을 통해 매서운 권위를 만들었다. 영국의 식민지였던 아프리카의 몇몇 나라에서는 아직도 법률가들이 법정에 들어갈 때 가발을 쓴다. 더운 나라에서 무슨 가발이 필요할까 싶지만, 그렇지 않다. 그런 나라일수록 법률가의 권위는 필요하다. 가발을 쓰지 않으면 사람들이 '너나 나나 다 똑같다'라고 생각하며, 그래서야 법률가의 영이 서지 않는다는 것이다. 이것은 내가 미국 유학 시절 나이지리아에서 온 동급생에게 직접 들은 이야기다.

다. 로마는 이제 역사 속으로 사라졌고(물론 동로마제국은 여전히 지속되었지만 그것도 이슬람 세력의 출현으로 점점 축소되어, 13세기 이후 그 세력 범위는 지금의 이스탄불 지역 정도로 약화된다. 로마제국의 영화는 더 이상 회복 불가능한 상태가 된 것이다), 서구사회 전체는 점처럼 분할되고 움직임이 없는 사회로 변했다. 이런 사회에서 법률의 역할은 크지 않다. 종교가 모든 것을 대신하기 때문이다. 자연히 법률가의 역할 또한 약화되었다.

이후 긴 중세의 잠에서 깬 서구사회는 르네상스를 거쳐 본격적으

전성기 시절의 대영제국. 황토색 부분이 모두 영국의 식민지로, 오대양 육대주에 영국 땅이 아닌 곳이 없었다. 이 때문에 영국은 24시간 해가 지지 않는 나라라 불린 것이다

로 대항해 시대에 접어들면서 세계사의 주인공으로 떠올랐다. 그들의 영토는 마치 로마제국의 그것처럼 커져만 갔다. 대항해 시대의 주인공인 스페인, 포르투갈 그리고 종국의 승리자인 영국이 그랬다. 이들은 새로운 로마였다. 지경을 넓혀가면서 법률을 만들고 적용시킴으로써 로마법이 확장되어간 그 역사를 재현했다. 이런 과정에서 법률가의 역할은 다시 커졌고, 그에 따라 사회적 권위도 높아졌다.

법률의 중요성은 유럽인들이 만든 오늘날의 미국에서 결정적으로 나타났다. 200년이라는 짧은 역사 속에서 세계사의 주역으로 떠오른 미국은 급격히 팽창한 영토, 그리고 수많은 인종과 민족으로 이루어진 국가를 운영해야만 했다. 바로 로마제국이 직면했던 것과 같은 상황이었다. 이러한 상황에서 법률의 역할과 법률가의 권위는 다른 어떤 사회보다 높을 수밖에 없었다. 20세기 이후 미국은 새로운 로마제국이 되었다.

반면 한국을 포함한 동양 사람들은 서양과는 사뭇 다른 환경 속에서 살아왔고, 법률가에 대한 평가도 상당히 달랐다. 서구와 같은 전문가로서의 법률가는 동양사회에 거의 존재하지 않았다고 해도 과언이 아니다. 물론 동양사회에도 법률이 있었고, 시대가 가면 갈수록 적지 않은 수의 법률을 이해하는 것은 매우 힘든 일이었기 때문에, 전문적 식견을 가진 법률가는 필요했다. 하지만 오로지 법률에 대한 전문성만을 인정받는 사람은 하급관리이거나 신분적으로는 중인계급에 불과했다. 법률가는 결코 지배계층이 되고자 했던 이들이 선망한 직업은 아니었다.

이런 동양사회에 서양의 법사상과 제도가 19세기 이후 물밀 듯이 들어왔다. 그리고 그 과정에서 서양식 법률가 제도가 도입되었다. 로마시대부터 진가를 발휘한 법률가가 드디어 조선 땅에 나타난 것이다. 당연히 서구사회에서 누리는 보편적 권위의 옷을 입고 말이다.

한국 법률가의 특권의식,
로마법으로도 설명되지 않아

법률가의 권위는 로마법 이래 법률의 역할이 중요한 사회라면 어디에서나 쉽게 볼 수 있는 보편적 현상이다. 하지만 한국의 법률가들에게는 세계의 법률가 일반에게서 볼 수 없는 보편적 권위 이상의 독특한 특권의식이 존재한다. 이것은 로마법으로도, 서구의 어떤 법률가 제도로도 도저히 설명이 안 된다. 한마디로 신기한 문화현상이다.

문명 이야기를 하면서 자세히 언급할 수는 없지만 몇 가지 주요한 원인이 그것을 가능케 했다고 생각한다. 첫째는 오랜 기간 지속된 관존민비의 유산이다. 우리 사회에서는 아직 시민사회와 관의 힘이 적절하게 조화를 이루지 못하고 있다. 권력은 여전히 비대하고 무서운 존재이다. 그러다 보니 권력은 사람들에게 공포스럽지만 동경의 대상이 되기도 한다. 권력과 밀접한 관계를 갖는 법률가는 이 상황에서 자연스럽게 특권의식을 갖게 된다.

두 번째는 일제 식민통치와 해방 이후 기나긴 독재의 유산이다. 일제는 한반도를 통치하는 과정에서 그들의 고등 협력자로 법률가를 키웠다. 당시 일본의 고등문관시험(그중에서도 사법과) 합격자들은 조선인 중에서는 최고의 대우를 받는 사람들이었다. 그보다는 못하지만 조선변호사시험 합격자들도 나름대로 엘리트로서 엄혹한 시대에 상대적인 자유와 부를 누렸다. 이들이 모두 해방 이후 우리 사회 사법의 중추인 판·검사, 변호사가 된 것이다.

더구나 이승만 정권과 박정희 정권을 거치면서 법률가들은 독재자의 폭정을 법치주의라는 이름으로 미화하며 권력과 부를 누렸다. 여기에서 법률가들의 특권의식은 독버섯처럼 자랐고, 우리는 아직도 그 폐단을 목격하는 것이다.

로마, 법률 전문가를
만들다

자, 그럼 본격적으로 로마 법을 알아보자. 우선 로마시대에도 오늘날과 같은 법률가, 예컨대 변호사 제도가 있었을까. 현대의 법률제도는 나라마다 조금씩 다르지만, 공통적인 점은 법률가가 되는 과정이 만만치 않다는 것이다. 통상 다년간의 법학교육이 필요하고, 경우에 따라서는 어려운 시험을 통과해야만 법률가(변호사)의 자격을 취득할 수 있다. 그리고 이들은 법률가 단체에 소속되어 그 단체의 감독을 받는다. 이런 법률가 제도가 언제부터 시작되었을까? 놀랍게도 이러한 제도는 이미 로마에서 2천 년 전에 시작되었다. 그러니 오늘날 법률가들은 동서양을 막론하고 로마인의 후예라고 불러도 과언이 아니다.

원래 서양에서 법률가의 시초는 그리스와 로마 모두 누군가의 이익을 위해 말을 대신 해주는 변사(orator)이다. 하지만 로마는 그리스의 변사 수준을 넘어, 전문적인 교육을 통해 법률가(lawyer)라는 특별한 전문가 집단을 만들었고, 이들은 성직자, 의사와 함께 3대 전문직종(professional)의 하나가 되었다.

로마에서는 일찍이 법률을 전문적으로 공부하여 재판 등에 도움을 주는 법률 주석가(juris consulti)가 나타났는데, 이들은 단순히 말재주만 있는 것이 아니라 특별히 법률교육을 받은 전문가들이었다. 기원후 1세기 초반 클라우디우스 황제는 공식적으로 법률가 집단을 인정하고 그들에 대한 보수 금지를 풀어버리는 조치를 취한다.

오현제 시대를 지나면서 법률가 집단은 보다 견고한 단체로 성장하였다. 로마가 동서로 분열된 4세기 이후 동로마제국에서는 이미 변호사회라고 불릴 수 있는 법률가 단체가 만들어졌으며, 변호사들은 이 단체에 의무적으로 등록해야 했다. 현대의 변호사 제도와 크게 다르지 않은 모습이다.

키케로는 어떻게
부자 변호사가 되었을까

이쯤에서 재미있는 이야기를 하나 해보자. 변호사는 로마시대에도 돈을 잘 벌었을까? 결론적으로 당시에도 부유한 변호사들이 많았다. 하지만 지금과는 사정이 상당히 다르다. 로마법은 원래 변호사가 의뢰인에게 보수를 청구할 수 있는 권리를 부여하지 않았다. 의뢰인이 변호사의 노고에 대한 고마움의 뜻으로 사례금을 주는 것은 가능했지만, 변호사는 원칙적으로 수임료를 청구할 수 없었다. 아니, 수임료는 금지되었다.

이것은 로마가 제정으로 들어가기 200년 전 만들어진 법에 의해 확립된 원칙이다. 왜 그랬을까. 절박한 처지에 있는 의뢰인으로부터 돈을 받고 변호를 하는 것은 정의의 원칙에 반한다고 생각해서일까. 여러 가지 자료를 조사해보면, 변호사가 돈을 매개로 일하게 되면 정의가 왜곡된다는 관념이 분명히 존재했던 것 같다. 그러니 변호사의 업무는 돈을 주고 사는 것이 아니라고 생각했다. 요즘 의뢰인들이 변호사에게 사건을 의뢰하고 '변호사를 샀다'는 표현을 곧잘 하는데, 이런 말은 로마법의 전통에서는 허용되지 않는 것이었다.

그런데도 로마의 변호사들은 어떻게 돈을 벌었을까. 이에 대해서는 시오노 나나미의 《로마인이야기》에 재미있는 이야기가 나온다. 바로 카이사르의 정적 중 하나였던 키케로(기원전 106~43년)에 대한 이야기다. 키케로가 누구인가. 로마 최고의 수사가이자 문장가였던 그는 일찌감치 변호사로 명성을 날렸다. 그리고 마침내 최고 권력자인 집정관 자리에 올랐다. 그는 돈도 잘 벌었다. 변호사를 하면서 말이다. 당시는 변호사의 보수가 법률로 금지되어 있던 시절인데, 키케로는 어떻게 돈을 벌었을까.

시오노 나나미는 키케로가 번 돈은 사건 수임의 대가로 받은 수임료가 아니라고 말한다. 그는 자신의 의뢰인 중 부유한 이들이 죽으면서 남기고 간 상속(유증)으로 부자가 되었다고 한다. 살아 있을 때 키케로의 변호를 받아 돈을 번 이들이 죽어가면서 유언을 남긴 것이다. 키케로에게 큰돈을 남기는 유언 말이다.

또 하나는, 수임료가 법적으로 금지되었음에도 변호사들이 암암리에 돈을 받았다는 이야기다. 예나 지금이나 돈에 관한 한 법률가들도 탈법을 많이 한 모양이다. 많은 연구자들의 연구가 이를 증명한다. 이런 이유로 클라우디우스 황제는 관행화된 법률가 보수의 현실을 받아들여 수임료 금지 법률을 폐지하고 만다. 그렇다고 무제한의 수임료를 받을 수 있도록 허용한 것은 아니다. 보수 상한을 정해 그 범위 내에서만 받도록 하였다.

한국 변호사 보수,
원래 당연한 게 아니었네

　　　　　　　　　　　로마법의 변호사 수임료 제
도를 연구하다 보면 우리 대한민국의 법제도에서 매우 놀라운 사실
하나를 발견할 수 있다. 우리나라에서 변호사와 의뢰인 간의 계약은
법률적으로 위임계약에 의해 규율된다. 그런데 우리 민법 제686조
는 수임인의 보수청구권을 규정하면서 다음과 같은 규정을 두고 있
다. "수임인은 특별한 약정이 없으면 위임인에 대하여 보수를 청구
할 수 없다."

　이 말이 무슨 말인가. 이 말은 수임인, 그러니까 변호사가 의뢰인
으로부터 법률사무를 수임할 때 약정서 등으로 사전에 특별히 보수
액을 정해놓지 않으면 보수를 청구할 수 없다는 규정이다. 이것은
변호사에게는 매우 불리한 규정이다. 내 변호사 시절을 생각해보아
도 당사자로부터 사건을 수임할 때 돈 이야기를 명확하게 해놓지 못
할 때가 종종 있었다. 그러한 경우, 사건에서 이겨 당사자에게 엄청
난 이익이 생겼음에도 보수(변호사들은 일반적으로 재판에서 승소하면
상당한 정도의 성공 보수를 받는다)를 청구할 권리가 없다면 변호사는
어떻게 돈을 번다는 말인가? 하지만 우리 법은 그렇게 되어 있다.

　법이 왜 이렇게 만들어졌을까. 그 연원을 찾고 찾으면 로마법까지
올라간다. 로마법은 앞에서 설명한 대로 변호사와 같은 전문가가 당
사자에 대하여 보수를 청구하는 것을 원칙적으로 금했고, 후에 이를
합법화했지만 그마저도 상당한 정도의 제한을 가했다. 이러한 사정

에서 보면 변호사 보수가 원칙이 아니라 예외라는 말이 이해가 갈
것이다.

한 가지 재미있는 것은, 위와 같은 민법상의 규정에도 불구하고
우리 법원은 판례를 통해 비록 변호사들이 보수에 대해 특별한 약
정을 하지 않았다 해도 "묵시적 약정이 있었다"는 이상한 논리(변호
사 입장에서는 당연한 논리!)를 만들어내어 당사자에 대한 보수청구권
을 원칙적으로 인정한다는 사실이다. 그러니 민법상의 보수청구권
규정은 이제는 그저 역사적 유물에 불과한 것이 되어버렸다. 변호사
의 보수청구권은 특별한 약속을 하지 않아도 원칙적으로 인정되는
권리가 되었으니 말이다. "가재는 게 편"이라는 말이 여기에서 나온
것은 아닐까?

변호사는 당사자 기타 관계인의 위임 또는 공무소의 위촉 등에 의하여
소송에 관한 행위 및 행정처분의 청구에 관한 대리행위와 일반 법률사
무를 행함을 그 직무로 하고 사회통념에 비추어 현저히 부당한 보수를
받을 수 없을 뿐이므로, 변호사에게 계쟁사건의 처리를 위임함에 있어
서 그 보수지급 및 수액에 관하여 명시적인 약정을 아니 하였다 하여도,
무보수로 한다는 등 특별한 사정이 없는 한 응분의 보수를 지급할 묵시
의 약정이 있는 것으로 봄이 상당하다.

— 대법원 1993년 11월 12일 선고 93다36882 판결

로마법?
그 역사적 실상

이제 로마법, 그 핵심에 대하여 잠시 설명해보자. 로마법은 한 시기의 특정한 법률체계가 아니라, 거의 천 년 동안 지속된 로마인들의 법체계를 의미한다. 전문가들의 연구에 의하면 로마법의 기원은 기원전 5세기로 거슬러 올라가는데, 이 시기의 가장 대표적인 법률이 〈12표법〉(기원전 450년)이다. 이 법률은 귀족층의 자의적인 법 집행을 막기 위하여 평민들의 요구로 만들어졌다. 당시의 관습법 중 가장 중요한 사항을 성문법화한 이 법률은 로마 대표단이 그리스 현지답사를 통해 개혁 정치가 솔론의 법률 등을 조사한 후 만든 것이라고 한다. 12개의 동판에 법률의 내용을 적어 사람이 많이 모이는 시장에 공시하였다고 한다. 지금은 그 편린만이 전해져올 뿐이지만, 로마 공화정 시기 사법과 공법의 원천으로 여겨질 만큼 중요한 법률이었다.

그러나 후세 사람들이 로마법을 칭할 때, 그 핵심은 팍스 로마나를 정점으로 하는 제정 시기에 만들어진 법체계를 의미한다. 이는 곧 1세기 초 아우구스투스 황제부터 3세기 초 알렉산더 세베루스 황제까지의 통치기간에 발전한 법체계이다.

로마법은 장구한 세월 동안 발전했기 때문에 법률 해석에 있어 오늘날과는 달리 당대의 유명 법률가들의 의견이 중요했다. 이런 이유로 권위 있는 법률가들이 만들어놓은 주석서, 의견서, 판례집 및 교과서가 법적 문제의 판단기준으로 사용되었다. 2세기에 명성을 얻

로마 시내에 있는 이탈리아 최고법원. 이 건물 앞에 있는 조각상들의 주인공이 바로 로마시대의 법학자인 울피아누스 등이다. ©박찬운

은 몇몇 법률가들이 후세에 이르기까지 그 이름을 길이 남겼는데, 파울루스, 가이우스, 울피아누스 등 3인방이 바로 그들이다. 지금도 서구의 최고법원 앞에 가면 이들의 조각상이 세워져 있는 것을 볼 수 있다. 오늘날의 법률가들이 바로 이들 로마 법률가들의 후예라는 것을 상징적으로 나타내는 표시이다.

로마법이 후세, 특히 중세 이후 서양의 법체계에 지대한 영향을 끼친 결정적 원인 중 하나를 꼽는다면 역시 유스티니아누스 대제 (483~565년, 527~565년 재위)의 공헌을 말하지 않을 수 없다. 유스티니아누스는 단순히 황제가 아니라, '대제'(the Great)라는 칭호로 불릴 만큼 한 일이 많다. 그는 로마가 동서로 나뉘어 있을 때의 동로마

이탈리아 산 비탈레 성당에 있는 유스티니아누스 대제의 초상 모자이크.
위키피디아 제공

제국 황제였지만, 일찍이 내란을 극복하고 절대 황제가 되었다. 또한 그는 재위기간 동안 과거 로마제국의 지경 대부분을 회복하고 내정에도 일대 혁신을 꾀하였다.

이스탄불에 가면 위대한 건축물 하나를 만날 수 있는데, 그것이 바로 '아야 소피아', 이른바 성 소피아 성당으로 불리는 국립박물관이다. 바로 유스티니아누스가 만든 성당(537년)으로, 자그마치 1,500년을 꿋꿋하게 버티고 있다. 하지만 그의 가장 큰 공적은 재위기간에 《로마법대전》(Corpus Juris Civils)을 완성한 것이다. 혹자는 '로마법' 하면 바로 이 《로마법대전》을 의미한다고 이야기한다.

《로마법대전》은 유스티니아누스가 당시 사법장관인 트리보니아누스에게 명하여 만든 로마의 법률체계 전체를 말한다. 《로마법대전》은 크게 4부로 나뉘어 있다. 제1부는 법학 초학도를 위한 교과서 〈법학제요〉(Institutiones), 제2부는 울피아누스 등 고전기(2세기) 학자들의 저술을 사항별로 모아 만든 〈학설휘찬〉(Digesta, 그리스어로는 Pandectae), 제3부는 하드리아누스 황제 이후의 황제 칙법(결정)을 모아놓은 〈칙법휘찬〉(Codex), 제4부는 유스티니아누스 황제의 칙법 모음인 〈신칙법〉(Novellae)이다.

이 중에서도 후세에 가장 큰 영향을 끼친 것은 〈학설휘찬〉으로, 이 책에서는 법원칙에 대한 설명이 주를 이룬다. 후대의 법률가들은 어려운 법률 문제가 있을 때, 자연스럽게 이 책을 찾아본다. 그러면 로마의 위대한 법학자들이 이와 유사한 문제에 어떻게 접근했는지 알 수 있다. 그리고 이에 근거하여 법적 결론에 도달하는 것이다. 이런

《로마법대전》 중 〈학설휘찬〉, 16세기
판의 첫 표지이다. 위키피디아 제공

식으로 로마법은 후대의 법률가들에게 큰 영향을 끼쳤다.

　로마법이 세계의 법률체계에 지대한 영향을 끼친 원인은 중세 이
후 로마법의 재발견, 그리고 이를 이은 로마법의 계수(繼受)에 있다.
로마법의 재발견은 주로 신성로마제국으로 불린 독일이 주도하였는
데, 거기에는 크게 두 가지 이유가 있다. 첫째로, 13세기 이후 독일에
서는 황제의 중앙 권력은 점점 약화된 반면, 7명의 지방 선제후가 점
차 권한을 강화하기 시작한다. 때문에 지역 법이 국가(중앙) 법에 우
선하는 현상이 나타나는 등 법적 안정성이 매우 훼손되는 상황에 직
면했다.

　둘째로, 독일황제는 신성로마황제로서 과거 로마황제의 후예라는

인식이 강했다. 따라서 독일제국 내에서는 로마법이 (신성로마)황제의 법이라고 간주하는 인식이 확산되었다. 이러한 인식은 독일제국 내의 모든 법원에서 로마법을 적용해야 하고, 법률가들은 로마법을 배워야 한다는 의식으로 연결되었다.

로마법이 독일제국 내에서 본격적으로 통일법 운동으로 연결된 것은 18세기 이후 역사법학 논쟁에서 비롯되었다. 당시 독일에서는 모든 학문 분야에서 역사주의가 성행했는데, 이것은 법학을 포함한 모든 학문은 역사 속에서 생성·소멸한다는 것으로, 역사 외적인 이성이나 자연을 강조하는 합리주의와 성격을 달리하는 학문운동이었다. 따라서 사비니(1779~1861년)와 같은 법학자에 의하여 주도된 역사법학의 주요 과제는 독일 민족의 역사 속에 살아 있는 고유의 법을 찾는 것이었다. 여기에서 로마법이 재발견된다. 로마법이 독일의 역사 속에서 발견되는 고유의 법이라는 것이다. 이로써 로마법을 공부하고 이를 현실에서 적용해야 하는 당위성이 확보되었다.

그러나 내가 보기에 로마법은 역사법학 외의 영역에서도 환영받을 소지가 많았다. 로마법의 보편성 때문이다. 로마법은 속성상 이성적이고 합리적인 법을 지향했기 때문에 합리주의자들이 주도하는 통일법 운동에서도 역사적 법원(法源)으로 자리매김하는 데 큰 문제가 없었다. 유럽에서 중세 이후 각 국가가 어지러운 정치질서를 극복하고 통일 민족국가를 형성해가는 과정에서 로마법은 인간이성의 주요한 증거로서 자연스레 중요시될 수 있었다.

이런 이유로 로마법은 근대 유럽의 법질서에 지대한 영향력을 발

나폴레옹 법전으로 알려진 1804년 프랑스 민법의 첫 페이지. 위키피디아 제공.

휘한다. 구체적으로 보면, 19세기 서구 법제사에서 한 획을 그은 사건으로 불리는 나폴레옹 민법전(1804년)은 제정과정에서 로마법의 강력한 영향을 받았다. 당시 프랑스 민법전을 만든 사람들은 이 법전을 만듦에 있어 가장 많이 감사해야 할 사람은 로마인들이라는 사실을 주저 없이 밝혔다. 그리고 많은 주석가들이 프랑스 민법 각 조문의 역사적 연원을 로마법에서 찾았다.

독일도 뒤늦게 통일법 운동에 뛰어든다. 프로이센이 독일 전역을 통일하여 제국을 세운 19세기 후반 독일 민법을 만들게 되는데, 이때도 앞에서 본 사비니 등이 주도한 역사법학의 영향은 거셌다. 따라서 1900년에 발효된 독일 통일 민법도 로마법의 강력한 영향권 내에서 탄생했다고 보아야 한다.

프랑스와 독일 민법은 대륙법계[이것은 영미의 보통법계에 대응

한 시민법(civil law)계를 뜻함] 국가에 절대적인 영향을 끼쳤다. 근대화 과정에 있던 유럽의 많은 나라들이 프랑스나 독일 민법의 영향을 받아 그것들을 도입했기 때문이다.

아시아에서는 어땠는가. 이들 법률은 서구화 과정에서 자연스럽게 일본으로 유입되었다. 우리보다 한 발 먼저 서구 문물을 받아들이기 시작한 일본은 19세기 후반부터 서구 문물 중 가장 중요한 것이 법률임을 깨닫기 시작한다. 한 사회의 질서를 법률로 통제하지 못하면 어떤 물질문명도 불가능하다는 것을 인식하고 수많은 인재를 서구로 보내 법률을 공부케 한 것이다.

이 중에는 우리가 잘 아는 이토 히로부미(1841~1909년)도 끼어 있다. 그는 메이지 정부의 고급관료로서 독일에 가서 헌법을 공부하였으며, 이를 통해 일본 제국헌법의 기초를 닦고 일본제국 초대 수상이 되었다.

법률 분야에서 초기 일본에 큰 영향을 준 것은 프랑스, 그리고 프랑스 민법이었다. 하지만 후발주자인 독일(프로이센)이 통일제국을 세운 후 철혈재상 비스마르크가 나타나 독일 헌법, 그리고 프랑스 민법을 뛰어넘는 통일 민법(1896년)을 만들어내자, 일본은 법률 수입선으로 독일을 선택한다. 그런 이유로 일본의 민법전(1898년)은 독일 민법전을 근간으로 만들어지게 된다.

우리나라는 어떤가. 20세기 초 우리는 일본 식민치하에서 일본인을 선생으로 해서 일본법을 배웠다. 한반도에서는 일본의 법률이 그대로 사용되었으며, 우리의 법률가들도 일본의 제도 아래 배우고 훈

이토 히로부미. 안중근 의사에 의해 사망한 그는 우리에겐 식민통치의 원흉이지만, 일본에서는 근대화의 아버지로 통한다. 그는 젊은 시절 영국에서 유학했고, 메이지유신 직후 이와구니 도모미가 이끄는 대규모 사절단의 부단장 자격으로 유럽 곳곳을 누볐다. 당시 일본의 어떤 정치인보다 영어를 잘했으며 서구 사정에 밝았던 그는 어떻게 하면 일본이 단시간 내에 근대화에 성공할 수 있을지를 누구보다 잘 알고 있었다.

련하였다. 그것이 대한민국 법률 및 법학의 뿌리이다. 그러니 우리 법률의 뿌리가 '로마법 → 독일법 혹은 프랑스법 → 일본법 → 한국법'이라는 것은 그 누구도 부인할 수 없는 역사적 사실인 것이다. 따라서 오늘날 우리의 법률 곳곳에는 로마인들의 숨결이 남아 있다는 사실을 잊어서는 안 된다.

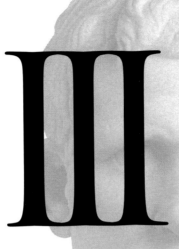

III

로마의 건축,
판테온에서 시작하여
석굴암에서 끝나다

로마에 가면 이것만은
꼭 보고 오세요

　　　　　　　　　　　　　　　　로마인들이 세계 문명사에
남긴 큰 족적 중 하나가 건축이라 했다. 그 이야기를 시작하기 위해
꽤 오랫동안 고민했다. 무엇으로 이 이야기의 문을 열어야 할지 도
무지 갈피를 잡을 수가 없었다. 그만큼 로마의 건축에 대해서는 할
이야기가 많기 때문이다. 로마 건축물 중 아직까지 남아 있는 유적
도 상당수에 이른다. 지중해 연안 곳곳에는 도로, 다리, 수도교, 개선
문, 극장, 신전 등 셀 수 없는 로마 유적이 우리의 방문을 기다리고
있다. 이 중 상당수가 아직도 현대인들에 의해 사용되고 있다. 2천
년 전에 만든 건축물이 아직도 사용되고 있다니! 상상이 안 되는 이
야기다. 하지만 사실이다.

　로마의 건축에 대해서 제대로 설명하기 위해서는 적어도 로마사
와 건축학에 대하여 해박한 지식을 겸비해야 한다. 사실 나는 이 두
가지 모두에 있어 교양적 수준을 넘지 못한다. 그럼에도 불구하고

많은 독자 앞에서 로마의 건축을 설명하려고 하니 만용이라는 생각이 앞선다. 독자 제현의 이해를 구한다.

고심 끝에 로마건축 이야기의 첫 번째 주인공을 로마 시내 한가운데에 있는 판테온(Pantheon)으로 정했다. 누군가 내게 로마에 가서 꼭 보아야 할 건축물 하나만 추천해달라고 하면 나는 서슴없이 이것부터 추천할 것이다. 이 건축물을 보지 않고 로마를 떠났다면 로마 여행을 인정받긴 힘들 것이다. 그만큼 이 건축물이 로마에서 갖는 위상은 절대적이다.

이 걸작품을 소개하면서, 우선 판테온의 의미부터 알고 가자. 판테온은 라틴어 Pan(all, 모든)과 Theon(god, 신)의 합성어로, 우리말로 옮기면 만신전(萬神殿)이란 뜻이다. 로마제국은 그리스와 마찬가지로 다신교 사회였다. 도시 이곳저곳에 로마판 그리스 신들(주피터, 유노, 넵튠, 미네르바 등)의 신전을 두었는데, 이곳 판테온은 이런 신들 모두를 모아놓은 곳이었다. 그리스 로마 신화에서 알 수 있듯이, 지중해 연안에서 신전은 지역 사람들의 삶에 매우 중요한 역할을 하였다. 따라서 그 모든 신을 한곳에 모신 판테온은 우리 식으로 보면 조선시대 왕들의 신주를 한꺼번에 모신 종묘 정도에 가까운 매우 신성한 곳이었을 것이다. 그렇다! 판테온은 로마제국의 종묘인 것이다.

자, 이제 판테온이 어떻게 생겼는지 보자. 백문이 불여일견 아닌가. 몇 년 전 내가 찍은 사진이다. 이것이 바로 로마 시내 한가운데 있는 판테온이다.

로마 시내 한가운데 있는 판테온. 거의 2천 년 전에 만들어졌으나 원형 그대로 로마 한 복판에 있다. 경이롭지 않은가. 많은 관광객들이 이곳에 들어가 로마 건축의 백미를 보고 경탄한다. ⓒ박찬운

세계 건축사의 기적,
판테온

언뜻 보면 그저 조금 오래 된 건물 같다. 그렇다고 뭐 그렇게 깜짝 놀랄 만한 정도의 역사를 가졌을까. 그러나 놀라지 마시라. 이 건물의 나이가 올해(2014년)로 무려 1,889세니 말이다. 이 건물은 오현제 시대의 세 번째 황제 하드리아누스 때인 125년경에 세워졌다. 그러니 대체로 1,900년 정도의 역사를 가진 건물이라 생각하면 된다. 원래 이 자리엔 로마제국의 초대 황제인 아우구스투스의 오른팔이었던 마르쿠스 아그리파(기원전 63~12년)가 세운 신전, 이른바 오리지널 판테온이 있었다. 그런데

그것은 기원후 80년경에 불타서 없어졌다. 현재의 판테온은 그 후 하드리아누스에 의해 원래 자리에 다시 세워진 것이다.

하드리아누스는 평소 아우구스투스의 심복이었던 아그리파를 존경한 모양이다. 단순한 심복이 아니라 로마 제정의 기초를 쌓은 충신이었기 때문일 것이다. 사실 로마 제정을 연 아우구스투스는 정치력은 있었지만 그의 양부 카이사르와 달리 군사적 식견은 없었다. 그것을 간파한 카이사르는 자신의 후계자로 아우구스투스(옥타비아누스)를 정하면서 군단병 출신의 아그리파를 심복으로 붙여준다. 아그리파가 없었다면 카이사르 사후 일어난 내전에서 아우구스투스가 이미 절정의 경륜을 가지고 있던 안토니우스를 물리치고 최후의 승자가 되지는 못했을 것이다.

아그리파는 명실공히 아우구스투스를 도와 로마 제정을 연 일등공신이 되었다. 하지만 그의 역할이 그것으로 끝난 것은 아니었다. 아우구스투스가 로마사에서 길이 남은 이유는 그가 로마제국의 초대 황제가 된 것에 있지 않다. 제국을 안정화시켜 팍스 로마나(로마에 의한 평화)의 기초를 만든 황제로 인정받았기 때문이다. 아그리파는 바로 이 과정에서 또 다시 충신으로서의 역할을 한다. 이제는 국방장관이나 참모총장이 아닌 건설부장관의 역할을 맡아 제국을 누비며 곳곳에 인프라를 건설한 것이다. 그는 240명의 노예 출신 건축 기사단을 만들고 이를 진두지휘해 도로와 수도 그리고 신전 등을 만들었다고 한다. 그리고 이를 통해 식민화된 지역과 민족을 로마로 동화시켰다. 이것이 로마가 아우구스투스 이후 200년 동안 확고한 팍스 로마나를 만든 원동력이었다.

아그리파는 로마 역사에서 이런 인물이었다. 장군으로, 정치가로 최고 직위인 집정관을 세 번씩이나 지내면서 아우구스투스를 황제로 탄생시킨 인물, 제정 이후에는 로마제국 곳곳을 돌아다니며 기념비적인 건축물과 제국의 인프라인 도로와 수도를 건설한 공로자, 그가 바로 아그리파였다. 이런 아그리파가 세운 판테온이었기에, 하드리아누스가 완전히 새롭게 재건축했음에도 판테온의 건축주는 여전히 아그리파가 된 것이다.

판테온의 전면 기둥 위에 이런 말이 라틴어로 쓰여 있다. "M · AGRIPPA · L · F · COS · TERTIUM · FECIT" 해석한즉, "루시우스(Lucius)의 아들, 마르쿠스 아그리파, 세 번째 집정관 시절, 이것을 세우다"라는 뜻이다.

건축사가들이 말하는 바에 의하면 이 판테온이야말로 세계에서 가장 오랫동안 원형이 보존된 건물이다. 로마제국 시절, 그것도 이른바 팍스 로마나 시절의 건축물이 이렇게 원형 그대로 보존되었다는 것은 '경이적이다'라는 말로는 표현이 부족하다. 로마시대 공공건축물은 대부분 석조 건물이고, 매우 견고하게 지어졌기 때문에 유지보수만 제대로 한다면 몇백 년 정도 버티는 것은 대수롭지 않을 수 있다.

그렇다 하여 1,900여 년을 버텨온 건물은 판테온 이외에는 없다. 어떤 건축물도 인간의 지속적인 관리 없이 몇백 년을 버틸 수 없고, 설혹 철저한 유지보수가 이루어진다고 해도 천 년 이상을 버틴다는

일본 호류지의 5층 목탑. 이것이 세계에서
가장 오래된 목조 건물이다. ⓒ박찬운

것은 거의 불가능하기 때문이다. 물론 예외도 있다. 목조 건물이 의
외로 관리만 잘하면 천 년을 가는 경우가 있기 때문이다. 지금 세계
에서 가장 오래된 목조 건물로 인정받는 것이 일본 호류지(法隆寺)의
5층 목탑이다. 조사에 의하면 그 건축 연대가 594년이니, 대략 1,400
년을 버텨온 것이라 할 수 있다. 대단한 일이다.

여하튼 1,900년을 원형 그대로 버텨온 판테온은 세계 건축사의 기
적 중의 기적이다. 이 건물이 앞으로도 지속적으로 유지될 수 있다
면 인류사에 길이 남는 건축물이 될 것임은 믿어 의심치 않는다. 판
테온의 이런 생명력은 말 그대로 만신전이기에 가능하지 않았을까.
거기에 있는 신들이야말로 우주의 모든 조화를 가능케 하는 신들이
었으니 자신들이 사는 집을 이렇게 수천 년 동안 온전히 보전하지
않았을까.

기독교 성당으로의 변신,
판테온을 살리다

역사를 추적해보면 판테온이 이렇게 잘 보존될 수 있었던 일등공신은 중세 시절 기독교 성당으로의 용도 변경이다. 7세기 초, 당시는 동로마제국이 로마에 강력한 힘을 행사하던 시절인데, 이때 황제 포카스가 교황 보니파시우스 4세에게 이 판테온을 선물한다. 그리고 교황은 이 건물을 성당으로 개조하여 '성모 마리아와 순교자 성당'으로 명명한다. 그렇게 해서 중세의 엄혹한 시절에도 이교도의 신전, 판테온은 살아남았다.

4세기 이후 서양 사회는 기독교 사회가 되는데, 이때 로마의 많은 공공 건축물은 파괴된다. 이교도가 지은, 이교 신들을 모신 건물이었기 때문이다. 일신교인 기독교는 그것을 인정할 수 없었던 것이다. 하지만 이렇게 판테온처럼 운이 좋은 예가 더러 있다. 기독교도가 보아도 건물이 너무나 좋았기 때문에 아까운 나머지 선뜻 때려 부수지 못하고 용도 변경을 통해 살려놓은 것이다.

비잔틴제국의 수도 콘스탄티노플(현재 이스탄불)에 세워진 성 소피아 성당도 마찬가지다. 6세기에 만들어진 이 엄청난 성당은 900년을 버티다가 이슬람 세력(오스만 터키)의 손에 떨어졌는데(1453년), 당시 술탄 메메드 2세는 도저히 이 성당을 부술 수가 없었다. 오히려 그는 그것을 모스크로 바꾸어 사용토록 명령한다. 그런 이유로 오늘날 이스탄불에 가면 또 하나의 기적 같은 건물, 성 소피아 성당을 만날 수 있는 것이다.

1 이스탄불의 아야 소피아, 일명 성 소피아 성당. 이곳은 지금은 성당이 아니다. 술탄 메메드 2세가 콘스탄티노플을 점령한 후 이 성당은 모스크로 용도 변경되었고, 최근에는 국립박물관으로 사용되고 있다. 만일 무슬림들의 기독교에 대한 증오가 성당 파괴로 이어졌다면 1,500년의 역사를 가진 인류 건축사의 보물은 우리 눈앞에서 영원히 사라졌을 것이다. ©박찬운

2 판테온 로툰다 내 라파엘로의 무덤. 르네상스의 황금기에 교황 율리우스 2세, 레오 10세의 총애를 받은 라파엘로는 교황청의 건축, 회화, 장식 등 미술 분야의 감독책임을 맡다가 37세 생일에 갑자기 죽었다. 국장에 해당하는 성대한 장례식이 치러졌고 유해는 판테온에 안치되었다. ©박찬운

이와 같이 판테온은 중세 초기 성당으로 용도 변경한 덕에 살아남았다. 그리고 중세를 지나 르네상스를 거치며 이 건물은 또 다시 그 역할을 바꾼다. 그것은 묘지다. 로마의 국립묘지가 된 것이다. 우리는 이곳에서 르네상스의 천재 라파엘로를 비롯하여 근대 이탈리아를 통일함으로써 이탈리아의 아버지로 불리는 비토리오 에마누엘레 2세의 묘를 만날 수 있다. 만신전에서 기독교 성당으로, 그리고 국립묘지로, 이렇게 판테온은 지난 2천 년 동안 그 역할을 바꾸어가면서 생명력을 유지해왔다.

판테온, 건축사에 두 양식을 제공하다

판테온은 크게 두 부분으로 이루어져 있다. 주랑현관(portico)과 로툰다(rotunda, 원형 홀)가 바로 그것이다. 주랑현관은 말 그대로 돌기둥이 열을 지어 늘어선 모양으로 만들어진 현관이다. 로툰다는 천정이 돔으로 이루어진 원형이나 타원형의 홀을 말한다. 판테온은 바로 주랑현관과 로툰다라는 건축 양식의 원형으로, 뒤에서 보는 대로 세계 건축사에 길이길이 영향을 끼쳤다.

판테온의 주랑현관은 3열의 화강석 기둥으로 이루어졌는데, 첫 열은 기둥이 8개, 제2열과 3열은 각각 4개, 도합 16개의 코린트식 기둥으로 이루어져 있다. 거의 2천 년 전에 만들어진 것이지만 지금도 이 기둥의 상태는 좋다. 과연 단단한 화강석이다! 그런데 이 돌이 어디서 왔는가? 높이가 14미터에 이르고, 기둥 하나의 무게만 60톤이 넘는다는데. 바로 로마제국의 속주 이집트 채석장에서 왔다. 어떻게 왔을까. 잠시 상상해보자.

당시 로마제국은 이집트 사막지대에 화강석 채석장을 운영하고 있었다. 거기에서 거대한 화강석을 채석하여 통나무를 굴려 거의 100킬로미터나 떨어진 나일 강으로 가지고 갔다. 나일 강에서는 바지선에 태워 수백 킬로미터 떨어진 알렉산드리아로 향했을 것이다. 그리고 거기에서 3단 돛의 갤리선에 그 무겁고 큰 화강석을 싣는다. 60톤이 넘는 화강석을 배에 어떻게 실었을까. 기중기도 없는데, 또 자칫하면 배가 흔들려 전복될 수도 있는데 …. 신기한 일이다. 그 무거운 화강석을 배에 가까스로 실었다 하자, 이제 어떻게 해야 하나. 지중해를 건너야 한다. 지금 현존하는 것만도 16개의 기둥이니 적어도 그 수 이상의 배들이 선단을 이루어 지중해를 건넜을 것이다. 적어도 1주일 이상(계절에 따라 다르나 계절풍을 만나 빨리 가면 이 정도 걸렸다 함)말이다. 그렇게 해서 도착한 것이 로마의 외항 오스티아다.

그런데 거기가 끝이 아니다. 거기에서 또 바지선에 화강석을 실어야 한다. 그리고 로마 한가운데를 관통하는 테베레 강으로 들어와야 한다. 60톤이 넘는 화강석을 실은 바지선이 강물을 역류하면서 움직이는 것도 보통 힘든 일이 아니었을 것이다. 이제 거의 다 왔다. 하지만 마지막 대 역사가 남아 있다. 강가에서 로마 시내 한가운데 공사현장까지 적어도 1킬로미터가 넘는데, 이 관문은 어떻게 통과해야 하나. 사실 현대의 발달된 운송수단으로도 그렇게 크고 무거운 화강석을 도심 한가운데서 나르기는 쉽지 않다. 게다가 당시 로마는 이미 인구 백만을 넘는 세계 최대의 도시였다. 도시의 혼잡도가 보통이 아니었다는 말이다. 이 상황에서 2천 년 전 로마인들은 어떻게 했을까. 수많은 사람들이 통나무를 굴려 판테온 공사현장으로 들어왔을 것이다. 상상하는 것만도 장관이다.

한마디로 대 역사(役事)이다. 하지만 로마인들은 그것을 해냈다. 이게 어떻게 가능했을까. 나는 로마가 기본적으로 노예사회였기에 가능했으리라 본다. 노예들의 피와 땀이 없고서야 어찌 이런 일을 할 수 있었겠는가. 그러니 우리는 판테온을 바라보면서 그 건축사적 위대성과 함께 거기에 숨어 있는 인류의 참을 수 없는 고통도 잊어서는 안 된다.

신비의 로툰다, 그 수의 원리

판테온의 신비는 주랑현관에서 나오지 않는다. 판테온과 관련된 건축사의 에피소드는 그 대부분이 로툰다에서 나온다. 이제 로툰다를 보자. 판테온 로툰다의 신비는 돔에서 온다. 바닥에서 돔 꼭대기까지는 정확히 43.3미터인데, 이것을 지름으로 하는 원이 홀 내에서 정확하게 그려진다. 이것은

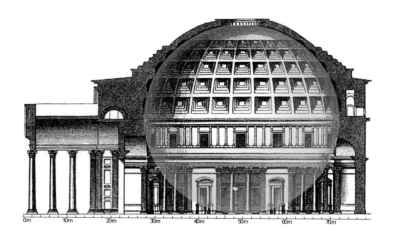

판테온 로툰다는 정확히 43.3미터의 원이 들어가 있는 모양이다. 판테온은 수학적이다. 기하학적 수의 의미가 이 건축물에 숨어 있다. 판테온은 우주를 완벽하게 표현하려고 한 것이다. 위키피디아 제공

판테온에 기하학적인 수의 의미가 담겨 있다는 것을 의미한다. 피타고라스가 말했던가. 세상의 진리 뒤에는 반드시 수의 원리가 있다고. 로마인들은 왜 판테온 속에 완전한 원을 만들어냈을까. 완전한 원이 판테온의 내구성과 무슨 관련이 있는 것은 아닐까. 그들은 우주가 바로 이런 완전한 원이라고 생각했던 것은 아닐까.

로툰다의 중앙에서 천정을 올려다보면 돔의 중앙에 구멍이 뻥 뚫려 있다. 마치 거대한 천문대 가운데 서 있는 느낌이다. 그런데 이런 건물이라면 눈비가 오면 어떻게 되는가. 그래서 그런가, 중앙 바닥을 보니 물이 떨어지면 나갈 수 있는 배수 홈이 보인다. 알아보니 별로 걱정할 것이 없단다. 옛날 이 판테온 안에서는 불을 많이 피웠던

모양이다. 그러면 연기가 위로 올라가는데 돔 천정의 구멍은 굴뚝의 역할을 하였다. 그렇게 되면 압력 차에 의해 웬만한 비는 돔 안으로 들어오지 못했다고 한다.

사실 이 로툰다의 과학 이야기는 끝도 없다. 건축 전문가가 아니면 이해하기 힘든 이야기도 있다. 하지만 상식적으로 제일 큰 의문은 하나다. 지구상에 현존하는 돔으로서도 가장 크다는(적어도 아무런 지지대 없이 만들어진 돔으로서는 그렇다) 판테온의 돔이 어떻게 무너지지 않고 2천 년을 버틸 수 있느냐이다. 자료에 의하면 이 돔의 재질은 로마가 개발한 콘크리트(소석회에 포촐리나라는 화산재 등이 들어간 것인데, 보통의 콘크리트보다 인장강도가 더 강했다고 함)이고, 여기에는 철근 등이 전혀 사용되지 않았다. 오로지 콘크리트와 돌멩이가 들어가 있을 뿐이다. 그런데 놀라지 말라. 이 돔 천정의 무게는 무려 약 4,500톤이라고 한다. 그 무게의 돔이 어떻게 지상 43.3미터 위에서 아무런 지지물도 없이 견뎌낼 수 있을까. 이것이 판테온 로툰다 건축 최고의 비밀이다.

무게(중력)를 분산시키는 기술로는 로마인들이 개발한 아치 건축이 유명한데, 여기에서는 그것만으로 부족했다. 보다 특별한 방법이 필요했다. 먼저 천정은 정상으로 올라갈수록 콘크리트의 무게가 가볍게 설계되었다. 돔 천정 구멍으로 갈수록 가벼운 돌(부석)을 집어넣고, 돔 두께를 얇게 하는 콘크리트 타설 방법이 사용된 것이다. 만일 이 방법을 쓰지 않고 돔 천정 맨 아래의 콘크리트 타설 방법을 정상까지 그대로 사용했다면 돔 천정의 무게는 약 80% 더 나갔을 것

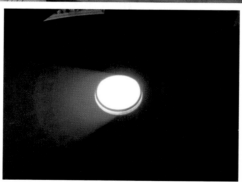

로툰다 내에서 천정을 올려다보면 돔 중앙에 구멍이 뻥 뚫려 있다. 이곳을 통해 햇빛이 들어오면 판테온 내에 신비한 기운이 맴돈다. 위: ©Fczarnowski, 아래: ©박찬운

으로 학자들은 추정한다. 여기에 콘크리트 내부는 벌집조직 같은 형태로 타설하는 공법을 사용해 콘크리트의 무게를 최소화했다. 마지막으로 로툰다의 눈(Oclus)으로 불리는 돔 천정의 직경 9미터 구멍이 또 하나의 비밀의 열쇠다. 로마의 건축 장인들은 돔 천정에 이 구멍을 냄으로써 돔의 하중을 결정적으로 분산시킬 수 있었다.

판테온의
후예들

　　　　　　　　　　판테온이 서양 건축에 미친 영향은 심대하다. 서양의 돔 양식은 어쩌면 모두가 판테온의 영향을 받았다고 해도 과언이 아니다. 잘 알려진 것 몇 개만 열거해보자. 우선, 르네상스의 수도로 알려진 피렌체에 가면 도시 중앙에 일명 두오모 성당이라 불리는 '산타 마리아 델 피오레' 성당이 있다. 피렌체를 대표하는 상징 건물이기도 하다. 이 성당은 돔으로 유명하다. 그 높이가 42미터인데, 당시로서는 세계 최고의 돔이었다. 이것을 만들기 위해 피렌체인들은 온갖 아이디어를 다 동원했는데, 결국 이 돔은 1436년 브루넬레스키라는 거장에 의해 완성된다. 브루넬레스키가 이 돔을 완공할 때 결정적으로 영감을 준 것이 바로 로마의 판테온이었다.

　또 하나의 예는 미국의 세 번째 대통령이자 미국 독립선언서 기초자 중 한 사람인 토마스 제퍼슨이다. 그는 당시로서는 상상할 수

피렌체 산타 마리아 델 피오레, 일명 두오모 성당. 피렌체 두오모는 압도적인 아름다움 그 자체다. 나는 피렌체에 두 번 갔는데, 그때마다 이 성당을 카메라에 담으려고 노력했다. 하지만 그 거대한 돔을 내 카메라에 담기는 불가능했다. 도무지 앵글이 나오지 않았다. 내 앨범 속에 피렌체 두오모를 찍은 수많은 사진이 있지만, 아쉽게도 내놓을 만한 사진을 구하지는 못했다. ⓒMarcusObal

없을 정도의 독서를 한 엄청난 독서가이자, 장서가이기도 했다. 얼마나 많은 책을 가지고 있었던지 후일 미국 의회 도서관은 토마스 제퍼슨의 장서를 기초로 만들어졌을 정도이다. 여하튼 그는 다방면에 재주가 많은 르네상스인이었다. 그가 세운 대학이 바로 지금은 미국 동부의 명문대학이 된 버지니아대학(University of Virginia, 1819년 설립)이다. 여기에 그는 로마의 판테온을 그대로 가져오고 싶었나

보다. 그가 직접 디자인한 로툰다는 어느 판테온의 후예보다도 더 판테온스럽다.

판테온은 그 건축양식뿐만 아니라 이름으로도 서양 공공 건축물의 대명사가 되었다. 유럽 도시 곳곳, 아니 남미까지 각 나라의 수도에는 판테온이라는 이름의 공공 건축물이 있고, 그것은 그 나라의 대표적 위인의 공식 묘로 사용된다. 파리의 판테온, 프랑스어로 팡테옹을 가보자. 로마의 판테온과 디테일한 측면에서는 약간 다르지만 기본은 같다. 주랑현관과 뒤의 돔 양식의 로툰다 말이다. 프랑스는 로마의 판테온, 그 이름을 그대로 사용하면서 프랑스가 자랑하는 국가적 영웅들을 신들의 집 팡테옹에 불러 모았다. 거기엔 우리가 익히 아는 위인들, 예컨대 볼테르, 루소, 빅토르 위고, 에밀 졸라 등이 묻혀 있다.

서양 건축에서 판테온의 후예는 그 외에도 수없이 많다. 20세기에 들어서도 그 영향력은 결코 흔들리지 않았다. 판테온의 영향을 받은 건물을 다 설명하려면 밤을 새워도 끝나지 않을 것이다. 하지만 한 건물만은 빠트리고 갈 수 없다. 아마도 이것이 판테온의 후예로서 현대 건축물 중 최고가 아닐까 생각하기 때문이다. 그럼에도 의외로 우리에겐 잘 알려지지 않은 건물이다.

바로 폴란드 브로츠와프에 있는 백주년 기념관(Wroclaw Centennial Hall, Hala Stulecia)이다. 이는 막스 베르크(Max Berg)라는 건축가가 1913년 나폴레옹 전쟁 시기 독일(프로이센)이 승리한 1813년의 라이프찌히 전투 100주년을 기념하기 위해 만든 건물이다. 브로츠와프

1   미국 버지니아대학의 로툰다. 그 외관이 마치 로마 판테온을 축소하여 옮겨다놓은 것
같다. 토마스 제퍼슨은 만물박사였으며, 그의 독서량은 당대 최고였다. 그의 개인 서재가
미국 의회 도서관의 뿌리가 되었으니 말이다. 이 로툰다는 그가 직접 디자인한 것으로 알
려졌다. 이 사진은 내가 〈오마이뉴스〉에 이 글을 연재할 때 내 글의 애독자인 한양대 공
대 박민용 교수가 버지니아대학에서 연구년을 보내면서 직접 찍어 보내온 것이다.

2   파리 팡테옹. 기본적으로 건축 양식은 로마 판테온과 같다. 주랑현관과 그 뒤의 돔
으로 이루어진 로툰다 형식을 이곳에서도 그대로 볼 수 있다. 루이 15세가 건축가 자
크 제르맹 수플로에게 명하여 지은 성당으로, 후에는 프랑스를 대표하는 인물들의 유해
를 안장하는 건축물이 되었다. 현재 이곳에는 2002년 12월 이장된 알렉산드르 뒤마를
비롯하여 볼테르, 루소, 에밀 졸라, 빅토르 위고, 앙드레 말로 등이 잠들어 있다. ©2007
David Monniaux

는 현재는 폴란드의 주요 도시 중 하나이지만, 제2차 세계대전이 끝나기 전까지만 해도 독일 영토였다. 연합국이 제2차 세계대전 이후 포츠담 회담을 통해 이 도시를 폴란드 영토로 만들어버린 것은 이곳을 포함한 실레지아 지역이 역사적으로 독일의 전략적 요충지였기 때문이다.

따라서 막스 베르크가 이 건물을 건축한 것은 독일 국민으로서 독일의 역사적 업적을 기념하기 위한 것이었다. 하지만 그는 브로츠와프 출신으로, 이 도시가 폴란드로 귀속된 이상 더는 그를 독일 건축가라 부를 수 없다. 그는 이 건물을 만들면서 로마의 판테온에서 강한 영감을 받았다고 한다. 마치 브루넬레스키가 판테온에서 영감을 받고 앞에서 본 피렌체 두오모 성당의 돔을 완성했듯이 말이다.

그는 세계 최고 수준의 건축공학 기술을 총결집시켜 이 건물을 새로운 판테온으로 만들고자 했다. 그렇게 해서 만 2년 만에 당시로서는 세계 어디에서도 볼 수 없는 엄청난 규모의 초현대식 강화 콘크리트 구조물이 세상에 나타났다. 이 건물이 현대 건축물로서 얼마나 큰 의미를 가지는지는 2006년 유네스코가 이 건물을 세계문화유산으로 지정한 데서도 알 수 있다.

이 건물은 전면에서 보면 거대한 다층 돔이다. 건물 내부에는 7천 명의 관중이 들어올 수 있는 로툰다 홀이 자리 잡고 있는데, 거기서 보이는 내부 원주의 가장 긴 지름은 69미터, 중앙 바닥에서 천정 쿠폴라까지는 42미터로 전체적인 크기는 로마 판테온보다 크지만 높이는 1.3미터 낮다. 순전히 내 생각이지만, 베르크가 원조 판테온에

브로츠와프 백주년 기념관. 사진상으로는 실감이 나지 않지만 거대한 콘크리트 돔이 브로츠와프 시내 외곽에 우뚝 서 있다. 내가 이곳에 가본 것은 행운이었다. 스웨덴에서 비행기로 1시간, 그것도 왕복 단돈 5만 원에 갈 수 있는 티켓을 구했으니 말이다. 한국에서는 들어보지도 못한 도시였는데, 알고 보니 이곳은 원래 독일 실레지아 지역의 중심도시로 제2차 세계대전 후 폴란드 땅이 된 곳이다. 아직도 독일의 진한 흔적이 도시 곳곳에 배어 있다. 흥미로운 기억은 그곳 백주년 기념관에서 만난 어떤 법학도였다. 한 젊은이가 백주년 기념관을 바라보는 벤치에 앉아 책을 읽고 있었는데, 가서 말을 걸어보니 그가 읽던 것은 로마법이었다. 나는 그 학생과 동서양 법학의 연원에 대해 잠시 대화를 나누고 로마법 열심히 공부하라고 격려했다. ©박찬운

대한 예의를 그러한 방식으로 표현했는지도 모른다.

여담이지만 나는 이 건물에 대해서 최근까지 전혀 몰랐다. 룬드대학에 있으면서 건축공학을 전공하는 사람들과 판테온 이야기를 하다가 이 건물의 존재를 비로소 알게 되었다. 현대판 판테온이 내가 있는 곳에서 불과 1시간 비행 거리에 있다는 것이었다. 궁금한 마음에 당장 비행기 표를 구했다. 행운인지 저가 항공사의 왕복 티켓 값이 단돈 5만 원! 이렇게 해서 나는 단숨에 브로츠와프로 날아갔다. 판테온 덕분에 유럽의 숨은 진주라 불리는 브로츠와프를 알게 된 것이다.

판테온,
석굴암까지 오다

판테온이 동양의 건축물에도 영향을 끼쳤을까. 나는 그렇다고 본다. 이것을 가능케 한 것은 로마시대부터 동서양을 연결해준 실크로드이다. 실크로드를 타고 수많은 서양 문물이 동양 구석구석까지 파고들었다. 동양 판테온의 최고 결정판은 명대에 세워진 베이징의 천단이다. 천단은 말 그대로 하늘에 제사를 지내는 제단이다. 디테일한 모습이야 다르지만 천단이 보여주는 중국식 돔은 알게 모르게 로마 판테온을 연상시킨다. 명대 정도면 로마 판테온의 존재를 충분히 알 수 있는 상황이었다. 원대에 이미 이탈리아인 마르코 폴로가 중국을 다녀갔을 정도이

중국 베이징의 천단. 동양의 대표적 로툰다다. 명대에 세워진 천단은 천자라 불리는 황제가 하늘에 제사를 지내는 제단이었다. 우리나라도 고대부터 하늘에 제사를 지내는 제천의식을 행하였지만 조선 초기 폐지하였다. 사대주의가 하나의 원인이었다. 하지만 1897년 고종이 대한제국을 선포하고 황제로 즉위하면서 천제를 지낼 수 있는 제각을 만들었다. 그것이 지금 조선호텔 근처에 있는 환구단(원구단)이다. ⓒPhilip Larson

니 로마 판테온의 존재가 중국에 알려졌다는 것은 전혀 어렵지 않은 추측이다.

실크로드 이야기가 나왔으니 한마디 더 하면, 실크로드의 동쪽 끝은 경주다. 따라서 로마의 문물이 경주에서 발견되는 것은 크게 이상한 일이 아니다. 너무나 분명한 로마문명의 흔적은 경주의 고분에서 발견된 유리잔, 이른바 로만글라스다. 통일신라 시기의 로마문명이라면 동로마 비잔틴제국의 문명이라고 할 수 있는데, 이 제국으로부터 온 많은 물건들이 결국 실크로드의 종착지인 경주에서 발견되는 것이다. 그렇다면 로마 건축술의 핵심인 돔 양식은 이 실크로드

석굴암 본존불이 모셔진 공간, 그 위를 보라. 판테온의 돔을 몇 분의 일로 줄여놓은 것 같지 않은가. 층층이 돌을 쌓아 올렸는데, 마지막 돔 중앙 구멍은 뚫지 않고 둥근 돌로 막았다. ©박진호

를 통해 경주까지 오지 않았을까.

　이런 이야기는 나 같은 비전문가의 단순한 추측이 아니다. 미술 사학을 하는 분들 중에서도 공식적으로 이런 주장을 하는 분들이 있다. 서울대 이주형 교수 같은 분들이 대표적인데, 이 교수는 우리 석굴암이 아프가니스탄의 바미얀 석굴의 영향을 받았고, 바미얀 석굴의 원류가 로마 판테온의 돔이라고 주장한 바 있다.

　비전문가의 눈으로도 석굴암에서 판테온의 흔적을 찾을 수 있을까. 그렇다. 나는 석굴암에서 그 흔적을 감각적으로 발견했다. 비록 그 크기는 판테온과 비교할 수 없지만 돔 천정을 보는 순간 로마의

경희대학교 본관(위), 한양대학교 구 본관(아래). 많은 사람들이 학교 캠퍼스를 누비고 다니지만 이들 건물을 보면서 판테온의 그림자를 느끼는 이들이 얼마나 될까. 아는 만큼 보이는 법이고, 보이는 만큼 사랑하게 되어 있다. 위: ⓒKys951, 아래: ⓒ한양대학교

판테온이 충분히 연상된다. 명확히 다른 점이 있다면 판테온은 돔 중앙이 뚫려 있지만 석굴암은 막혀 있다는 것뿐이다. 한번 육안으로 직접 보시라. 내 설명이 구구한 사족에 불과하다는 것을 금방 느낄 수 있을 것이다.

판테온은 한국의 현대 건축물에까지 많은 영향을 끼쳤다. 한국의 유명 사립대학에 가면 심심치 않게 판테온의 주랑현관을 보게 된다. 102페이지 사진을 보라. 대학 본관으로 사용하는 건물의 바깥 모습이다. 이것을 만든 이들이 무엇을 참고하여 만들었는지는 알 수 없지만, 건축양식적으로 보면 그 원형은 판테온에서 온 주랑현관임이 틀림없다.

한국의 국회의사당,
판테온과의 불운한 인연

마지막으로 할 이야기는 우리나라 국회의사당과 관련된 것이다. 여의도 국회의사당에 가본 사람들은 아는 사실이지만 우리 국회의사당에도 로툰다가 있다. 의사당 본관 건물 중앙에 가면 로툰다라는 홀이 나타나는데, 그곳에서 위를 쳐다보면 우람한 돔 천정을 볼 수 있다. 우리 국회의사당도 판테온의 영향을 받은 것이다. 하지만 나는 올림픽대로를 타고 여의도를 지날 때마다 한마디 한다. 저 국적 없는 의사당 건물을 보라고 말이다.

국회의사당이 준공된 것은 1975년인데, 당시 몇몇 건축가들이 의사당 건축에 참여하여 설계안을 제출했다. 결국 최종안은 몇 작품이 절충되어 만들어졌다고 하는데, 어떤 응모작품에도 돔 설계는 들어가 있지 않았다. 돔이 들어간 것은 건축가들이 아닌 권력자들의 아이디어였다. 당시 건축에 참여한 건축가들은 원 설계가 평지붕인데 어떻게 거기에 돔을 올리느냐면서 극력 반대했다. 그러나 칼자루를 쥔 권력자들의 귀에 그것이 들어갈 리 없었다.

당시 상황을 생생하게 알아보기 위해 오래된 신문을 찾았다. 마침 한 신문에서 그것을 다룬 적이 있다. 거기에는 다음과 같은 기사가 실려 있다.

〈돔〉을 얹어야 하나

평지붕으로 설계됐던 국회의사당 신축설계가 8각형 돔을 올려붙이는 방향으로 억지 변경되면서 최근 건축가 사회를 아연실색하게 하고 있다. 건축가협회(회장 배기형)는 어처구니없는 이번 일이 "외국에 가보니 돔이 있는 건물이 좋아 뵈더라는 일부 국회의원들의 현대건축문화를 모르는 얕은 취향에 의한 것이었다"고 지적하면서 "애초 평지붕으로 설계되었던 것에 억지로 돔을 올려붙인다면 보기에 딱한 건물이 되고 말 것"이란 결론과 함께 그를 강력히 반대하고 있다 … .

— 〈경향신문〉 1969. 5. 28.

아마도 권력자들이 해외 나들이를 하면서 본 선진국의 돔 의사당

대한민국 국회의사당. 국회의사당의 돔은 국적 없는 디자인이다. 나는 올림픽대로를 달릴 때마다 저 건물을 본다. 그러면 마음 한구석이 어쩐지 아련해진다. ⓒfrakorea

이 너무도 부러웠던 모양이다. 그들에겐 우리 건축가들이 만들어놓은 설계안이 심심했던 것이다. 이런 말을 했을지 모른다. "우리나라 의사당도 미국 의사당처럼 모자(돔) 한번 씌우지?"라고 말이다. 그렇게 해서 언뜻 보면 그리스 신전 모양(의사당의 외부 열주는 경회루의 석주를 본떴다고 하나, 전체 모습은 신전 모양이지 한국의 어떤 전통 건축물도 의사당의 외부 열주를 연상시키는 것은 없다)의 건물에 거대한 돔하나가 졸지에 올려졌다. 그리스의 신전과 로마의 판테온이 한국에 와서 한국 특유의 비빔밥 문화에 의해 즉석 결혼을 해버린 셈이다. 건축도 권력자들의 놀음에 의해 좌지우지되던 우리들의 슬픈 자화상이다.

대한민국 국회의사당을 보면서 나는 작년 10월 베를린에서 본 독

독일 베를린 연방의회 의사당. 의사당의 돔은 유리 돔이다. 시민 누구나 저 돔에 올라
가 아래를 내려다볼 수 있다. 의원들의 의정활동은 시민에 의해 감시된다는 상징물이
다. 나는 이 사진 한 장을 찍기 위해 저 광장에서 추위에 떨며 한 시간 이상을 헤맸다.
©박찬운

일 연방의회 의사당을 떠올린다. 위의 사진을 보시라. 이것이 바로
그 의사당이다. 여담이지만 이 사진을 찍기 위해 나는 의사당 앞 잔
디광장에서 추위에 떨며 한 시간 이상을 기다렸다. 날이 흐려 내가
가지고 간 스마트폰으로는 도저히 제대로 된 사진이 나오질 않았다
(독자들이여, 놀라지 마시라. 이 책에 실린 상당수의 사진이 스마트폰 사진
이었다!). 수십 장을 찍고 또 찍으니 그제야 몇 장 쓸 만한 게 찍혔다.
이 사진은 그중 하나다. 독자들에게 주는 나의 조그만 선물이다.

　이 건물은 원래 프로이센이 19세기 말 독일을 통일하고 지은 제국
의회 빌딩인데, 통일 이후 수도를 본에서 베를린으로 옮기면서 연방
의회 의사당으로 리모델링하였다. 1990년대 의사당 리모델링 과정

에서 가장 큰 논란은 종래의 권위적인 의사당 돔을 철거하고 여기에 유리 돔을 얹을 것인가의 문제였다. 결국 이 기상천외한 유리 돔은 1999년 독일 연방의회 입주와 함께 완성되어 독일 국민, 아니 전 세계 관광객의 눈앞에 서게 되었다.

이 유리 돔에는 누구나 올라가 밑을 내려다볼 수 있다. 그곳에서 내려다보이는 곳이 바로 의사당 대회의실이다. 국사에 여념이 없는 독일 국회의원들을 독일 국민들은(나 같은 관광객까지) 낱낱이 볼 수 있는 것이다. 한마디로 독일 국회의원들은 국민들로부터 철저히 감시 받기 위해, 그것을 보여주기 위해 이 유리 돔을 자진하여 설치하였다. 독일 정치인들의 민주의식을 엿볼 수 있는 대목이다.

한국 국회의사당의 돔과 독일 국회의사당의 돔, 그 차이는 무엇일까. 단지 국적 없는 돔, 건축 양식에서 찾아볼 수 없는 돔이 올라갔다는 사실, 그것 하나일까. 그것뿐이라면 그저 웃고 넘어가면 될 것이다. 하지만 거기에는 그 이상의 의미가 담겨 있다. 민주주의를 바라보는 양국 정치인의 시각 차이가 있는 것이다. 누가 이 나라의 주인인가의 문제이다. "대한민국은 민주공화국이다"라는 헌법 제1조의 의미, 바로 그것을 여의도 국회의사당 돔을 바라보면서 생각한다면, 나만의 자학이라고 쉽게 폄하할 수 있을까?

IV

로마제국
최고의 인프라,
로마가도 이야기

《로마인이야기》 시오노 나나미는
어떤 작가인가

　　　　　　　　　　　　로마문명 이야기를 하면서 시오노 나나미를 이야기하지 않을 수 없다. 여기에서 다루는 로마 문명 이야기도 그녀의 저작에서 상당 부분 도움을 받았으니 말이다. 그러나 분명하게 말하건대, 나는 그녀를 추종하거나 그녀의 작품을 요약할 요량으로 이런 글을 쓰는 게 아니다. 비록 그녀의 저작을 참고하지만, 거기에 전적으로 의존하지 않고 내 나름의 관점에 의해 취사선택하고 나의 견해를 덧붙이는 것을 게을리하지 않을 것이다. 그것은 이 책을 처음부터 끝까지 잘 읽어보면 대번에 알 것이다.

　여하튼《로마인이야기》로 우리에게 잘 알려진 이 여성작가를 어떻게 설명해야 할까. 그저 생각나는 대로 이 작가에 대한 나의 견해를 밝혀보자.

　나는 지난 십여 년간 국내에 번역된 시오노 나나미의 책 거의 대부분을 읽어보았다. 적어도 그 주요 저작은 최근의《십자군전쟁》에 이르기까지 다 읽었다. 수많은 책을 쏟아냈기 때문에 하나하나 기억하기도 어렵다. 족히 40여 권 가까이 되지 않을까 생각한다.

시오노 나나미를 한마디로 평한다면 '역시 대단한' 작가이다. 그녀의 성향이나 역사서를 집필하는 방법에 대한 이견은 차치하고라도 역사 관련 서적을 이렇게 다양하게 내면서 지속적으로 히트를 치는 작가가 전 세계적으로 있을까? 나는 그것만으로도 평가 받을 만한 작가라 생각한다. 일본에 가서 여러 번 목격했지만, 그곳 서점에서도 시오노 나나미는 특별 대접을 받고 있었다. 대부분의 서점이 그녀의 코너를 따로 만들어 독자들이 그녀의 책 전체를 한자리에서 보면서 살 수 있도록 배려하고 있었다.

서구사회의 역사에서 로마사가 차지하는 비중이 아무리 크다 할지라도 동양사회에서 로마사는 그저 서구 역사의 한 부분으로 이해되어왔다. 내가 중·고등학교 세계사 시간에 배운 로마사라고 하는 것도 그저 그리스 다음에 설명되었을 뿐 무슨 큰 기억거리로 남아 있지 못하다. 그런데 시오노 나나미의 출현으로 일본과 우리나라에서 많은 사람들이 로마사에 대해 새로 이해하기 시작했다. 서양 역사에서 로마사가 차지하는 비중이 절대적이라는 시오노 나나미의 이야기를 매우 자연스럽게 받아들이기 시작한 것이다. 정확하지는 않지만 시오노 나나미 때문에 로마사에 재미를 붙이고 그녀의 책만이 아니라 관련 서적까지 확장해서 읽어가는 독자들이 꽤 많을 것이라 생각한다. 솔직히 말해 나도 그런 사람 중 하나가 아니었을까?

시오노 나나미의 책은 크게 두 가지로 나눌 수 있다. 하나는 역사적 팩트를 중심으로 서술하면서 부족한 부분을 문학적 상상력으로 채워나가는 역사서들이다. 그녀의 대표작 대부분이 여기에 속한다. 《로마인이야기》,《바다의 도시 이야기》,《로마멸망 이후의 지중해 세계》,《십자군전쟁》과 같은 책들이다.

또 다른 하나는 역사문학이라고 할 수 있는 것으로, 여기에서는 문학적 상상력이 중심이고 역사적 팩트는 단지 그녀의 이야기를 이끌어가는 단초에 불과하다. 이 중에서도《은빛 피렌체》,《주홍빛 베네치아》,《황금빛 로마》는 완전한 소설작품이고, 작품활동 초기에 쓴《르네상스 여인들》같은 책은 역사적 팩트와 문학적 상상력이 반반으로 섞인 역사문학서라고 할 수 있다.

알려진 바대로 시오노 나나미는 정통 사학자가 아니다. 그녀는 유럽에서 40년 이상을 살아왔지만 단 한 번도 정규 교육기관에서 역사학을 공부하지 않았다. 오로지 스스로의 힘으로 라틴어를 공부하고, 발로 직접 지중해 연안 고대도시를 답사하면서 역사적 팩트를 확인하고, 그에 기초하여 문학적 상상력을 키워온 사람이다.

나는 그녀의 문학적 상상력의 기초는 수많은 독서와 함께 이루어진 답사여행이라 생각한다. 그녀가 다닌 어느 곳도 고대 로마제국의 화려함을 그대로 보여주지는 않는다. 거기에는 유적과 유물이 있을 뿐이다. 하지만 그녀는 무너진 성곽과 허물어진 신전, 그리고 한 무더기의 돌 더미에서 상상력을 작동한다. 마치 필름을 거꾸로 돌려 2천 년 전으로 거슬러 올라가 그곳에서 수많은 사람들이 활보하는 것을 목격한 것처럼 묘사한다. 이것은 현지답사를 기초로 만들어내는 시오노 나나미만의 탁월한 상상력이다.

하지만 시오노 나나미의 책을 읽으면서 간과하지 않으면 안 되는 사실도 있다. 여기서는 그녀의 대표작인 《로마인이야기》에 국한해서 말해보자. 우선 그녀의 책은 정통 사서가 아니라는 점이다. 정통 사서의 목적은 역사적 팩트를 통해서 역사의 실체와 그 의미를 말하는 것이다. 따라서 알 수 없는 사실은 알 수 없다고 말하지 않으면 안 된다. 섣부른 상상력은 금물이다.

그러나 《로마인이야기》는 그런 유의 사서가 아니다. 이 책에서는 팩트가 중요하기는 하지만 그 이상의 다양한 상상력이 오히려 더 중요한 서술방법이다. 사실 이런 상상력이 없었다면 시오노 나나미의 오늘의 명성은 존재하지 않았을 것이다. 문제는 읽는 이들이 이 책의 모든 내용을 사실로 받아들일 가능성이다. 정통 사서는 상상을 하는 경우라도 그것이 상상임을 밝히지만, 시오노 나나미는 매번 그런 고백을 하면서까지 책을 써나가지는 않는다.

한마디로 말하면 사실과 상상력, 그 경계가 분명치 않은 것이 《로마인이야기》의 실체이다. 그런 면에서 만일 어느 대학이 서양사 교과서로 이 책을 쓴다면, 이는 학생들로 하여금 역사적 사실을 오해케 할 수 있어 매우 부적절하다. 이야기는 이야기로 읽어야지, 그 이상으로 해석하는 것은 진실을 추구하는 학문의 세계에서는 경계해야 한다.

또한, 시오노 나나미의 책을 읽으면서 가장 주의해야 할 것은 그녀가 가진 가치관에 빠져들지 않아야 한다는 점이다. 그녀가 추구하는 가치는 대체로 "힘은 아름답다"라는 말로 표현될 것 같다. 그녀는 공공연히 카이사르를 사랑한다. 공화정을 무너뜨리고 제정의 기초를 닦은 카이사르가 펼친 로마의 정책은 열이면 열 모두가 찬사의 대상이다. 그녀는 로마의 문화를 사랑한다. 로마가 제국화하면서 만들어낸 문명의 이기 — 로마가도, 수도, 건축물 등의 하드웨어뿐만이 아니라 로마의 제도, 법률과 같은 소프트웨어에 이르기까지 — 에 최고의 찬사를 보낸다. 그녀에겐 로마제국이 역사상 가장 완벽한 국가인지도 모른다.

그런데 이러한 로마제국에 대한 동경은 그것으로 끝나지 않는다. 그녀의 역사관은 은연중에 현대사에서 나타난 제국주의에도 묵시의 동조를 보낸다. 제국주의에 희생된 나라와 국민에 대한 배려는 찾을 수 없고 그것을 오로지 역사적 사실로서 받아들이라는 메시지를 책을 통해 보내는 것 같다. 그래서 많은 전문가들은 시오노 나나미가 일본의 우익을 대변한다고 이야기한다. 본인이 이런 비판에 대하여 시인하지 않을지도 모르지만, 그녀의 시인 여부를 떠나 우리가 그의 책에서 간과하지 않으면 안 되는 사항이다.

로마는 길을 만들었고,
중국은 만리장성을 쌓았다?

로마문명 예찬론자인 시오노 나나미는 로마와 중국을 비교하면서 로마는 이민족을 향해 길을 만들었고, 중국은 이민족과의 사이에 방벽을 만들었다고 말한다. 이것은 로마문명을 개방성의 문명으로, 중국문명을 폐쇄성의 문명으로 해석하는 것이다. 그녀의 말을 직접 들어보자.

> … 장성을 건설한 중국인과 도로망을 깐 로마인의 차이는 국가 규모의 대사업에 대한 사고방식의 차이에 있었던 게 아닐까 하는 생각이 든다. 방벽은 사람의 왕래를 차단하지만, 가도는 사람의 왕래를 촉진한다. 국가 방위라는 가장 중요한 목적을 실현하기 위해 이민족과의 왕래를 차단할 것이냐, 아니면 자국 내의 왕래를 촉진할 것이냐.
>
> ― 《로마인이야기》 10권, 22쪽

나는 시오노 나나미의 위와 같은 견해에 대해서 선뜻 동조하기 어렵다. 그저 나타난 현상으로만 보면 그렇게 말할 수 있겠지만, 내용을 보면 전혀 다르기 때문이다.

로마제국은 로마라는 조그만 도시가 팽창에 팽창을 거듭해 지중해 연안 전체를 그 깃발 아래 둠으로써 만들어졌다. 이것은 마치 빅뱅과 같았다. 로마라는 고도로 집적된 에너지원이 어느 순간 폭발하여 무수히 많은 별을 만들어냈다는 말이다. 로마가도는 이 폭발의 과정에서 필연적으로 발생한 빛과 같은 존재였다. 로마라는 하나의 점이 폭발하여 수백 개의 로마를 만들어냈고, 로마가도는 바로 그 원점인 로마와 또 다른 로마를 잇는 생명선이었던 것이다.

로마인들이 로마가도라는 인프라에 특별히 신경을 쓰고 여기에

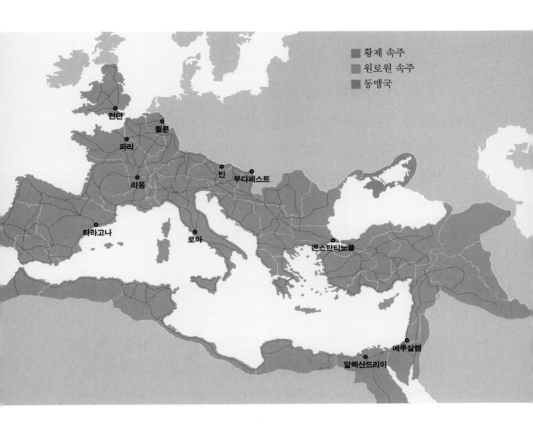

의 범례:
- 황제 속주
- 원로원 속주
- 동맹국

지도 내 지명: 런던, 쾰른, 파리, 리옹, 빈, 부다페스트, 로마, 타라고나, 콘스탄티노플, 에루살렘, 알렉산드리아

로마제국의 가도. 로마가 거대 제국을 통치할 수 있었던 것은 바로 저 길 덕분이다. 지금의 고속도로에 해당하는 로마가도가 제국의 구석구석까지 뻗어 있었다.

국력을 집중하여 관리한 것은 로마가 갖는 태생적 특성 때문이었다. 로마는 제국의 중심이었지만 그 근본은 도시국가였다. 도시국가가 광활한 영토를 다스리는 방법은 수백만 명의 군대를 조직하여 곳곳에 주둔시키는 식이 될 수 없었다. 비록 적은 수지만 로마시민을 중심으로 최고의 강군(이것이 로마군단이다)을 만든 다음 수시로 군사력이 필요한 지역에 급파하는 방법을 쓸 수밖에 없었던 것이다.

이런 방법을 쓰기 위해서는 속도가 문제였다. 제국 곳곳을 단시간 내에 주파할 수 있는 교통혁명이 일어나지 않고서는 도저히 제국을 다스릴 방법이 없었던 것이다. 여기에서 로마인들은 로마가도의 필요성을 절감했다. 빠른 길을 만들어 군대를 보내는 것, 이것이야말로 로마인들이 제국을 유지하는 최고의 비법이었다.

중국문명, 그중에서도 시오노 나나미가 말하는 만리장성이 만들어진 전국시대와 최초의 통일국가를 연 진 왕조를 생각해보자. 당시 중국에는 장강(양자강)과 황하 사이, 즉, 중원이라고 불리는 지역에 이미 고도의 문명을 자랑하는 수많은 도시들이 만들어져 있었고(제자백가를 생각하라, 이들 현자들이 모두 한 고향 사람이 아니지 않는가!), 이들 도시들은 7개(진·초·연·제·한·위·조)의 군웅에 의해 할거된 상태에서 서로 다투고 있었다.

전국시대의 마감은 이런 군웅들이 하나의 영웅에 의해 통합되었다는 것을 의미한다. 따라서 중국에는 로마와 같은 에너지의 발원지가 없었다. 그보다는 스스로 발광하는 별 같은 에너지원이 만리장성을 쌓기 전에 수없이 산재해 있었던 것이다. 중국의 통일은 바로 이

만리장성은 중국 역대 왕조가 북방의 이민족의 침입을 막기 위해 쌓은 방어용 성벽으로, 인류 역사상 최대의 토목공사라 불린다. 동쪽 산하이관에서 서쪽 자위관까지 약 2,700킬로미터에 달한다. ⓒJakub Haɬun

들 별들을 하나의 힘으로 통합한 것이다.

그러니 로마문명이 하나의 점이 수많은 점으로 발산한 반면, 중국문명은 거꾸로 수많은 점이 하나의 점(통일왕조)으로 모인 것이다. 로마가도가 바로 한 점이 수많은 점을 만드는 과정에서 만들어진 선이라면, 만리장성은 하나의 통합된 사회를 대외적으로 구별하기 위한 원주와 같은 것이었다. 원의 안쪽에는 한족이, 밖에는 이민족이 있다는 것을 장성을 통해 보여준 것이다. 이러한 장성을 구축하지 않았다면 시황제가 다스린 제국의 경계는 모호했을 것이며, 이 상태에서 시황제는 계속 싸울 수밖에 없었을 것이다. 따라서 만리장성은 중원을 중심으로 만들어진 중국의 정체성과 관련된 것이며, 평화 유지를 위한 수단이었다.

어느 문명권이든지 조그만 국가에서 광대한 제국을 만든 경우, 그것을 유지하기 위해서는 길이든 운하든 빠른 통신 및 운송수단이 필요했다. 로마문명은 그를 위해 매우 발달된 도로망을 만들었다. 그이전 세계 최대의 제국이었던 페르시아도 마찬가지다. 아케메네스 왕조는 제국의 수도 페르세폴리스로 이어지는 고속도로를 만들어 2,700여 킬로미터가 넘는 광대한 제국 곳곳에 왕의 명령을 전달했다. 이러한 도로망은 역사상 최대 제국을 만든 칭키즈칸에게 있어서도 마찬가지였다. 제국 운영에서 정보통신의 중요성을 안 그는 제국 어디든 빠른 말을 바꾸어가며 24시간 달릴 수 있는 도로망을 구축함으로써 한때나마 제국을 다스릴 수 있었다.

진시황 시절 중국에도 도로의 중요성은 충분히 인식되어 있었다. 기록에 의하면 시황제는 마차나 수레의 바퀴를 통일했다고 한다. 이것은 도로를 정비했다는 의미이다. 다만, 이 시기 중국에서 통신이나 운송수단으로 가장 중요한 것은 도로보다도 강이었다. 중국 문명은 일찍이 강을 이용하여 거대 제국을 다스렸다. 장강(양쯔강)과 황하라는 거대한 물줄기가 흐르는 중국에서는 이 물길만 제대로 이용하면 가장 빠르게 소식을 전하고 사람과 물자를 이동시킬 수 있었다. 그러니 통치자가 돈을 들여 사회간접자본을 만든다면 험난한 지형의 땅보다는 강에 투자하였을 것임은 당연하지 않을까.

따라서 중국인이 로마인에 비하여 길을 제대로 만들지 못하고, 장성을 쌓음으로써 스스로 폐쇄적인 문명을 만들었다는 식의 역사해석은 선뜻 받아들이기 힘들다. 당시의 역사적 상황이나 지리적 조건으로 인해 두 문명이 집중한 부분이 달랐다고 하는 것이 보다 정확한 역사해석이라고 생각한다.

다만 한 가지는 인정해야 할 것 같다. 아래에서 보겠지만 로마인들이 만든 가도의 기술적 수준은 역사상 최고였다는 사실이다. 위에서 이야기한 대로 로마가도는 로마제국 유지의 가장 중요한 수단이었기 때문에 그것은 그 목적에 가장 부합하는 기술로 만들어질 필요가 있었다. 그 결과 로마인들은 인류역사에서 유례를 찾을 수 없는 토목 기술로 길을 만들어 제국 전체를 거미줄처럼 엮어 놓았다. 역사상 어떤 제국도 로마인들처럼 치밀한 기술을 이용하여 완벽한 도로를 만들지는 못했다. 로마인들은 가히 도로의 민족이었다.

로마가도,
도대체 어떤 것이었을까?

이제는 로마가도가 과연 어떤 모습이었는지, 그리고 그것은 어떤 식으로 건설되었는지에 대하여 말해야겠다. 이 부분에 대해서는 나 역시 시오노 나나미의 책에서 신세를 지지 않을 수 없다. 내가 현재 이 글을 쓰고 있는 스웨덴 룬드대학 도서관에서 로마가도에 관한 전문서 몇 권을 빌려 보았지만 독자에게 설명하기에는 역시 그녀의 책을 기준으로 하는 것이 낫다는 판단을 했다. 그러니 여기에 큰 관심이 있는 독자들은 그녀의 책 《로마인이야기》 10권 〈모든 길은 로마로 통한다〉를 읽어보길 바란다. 그녀는 이 권에서 로마의 인프라를 집중적으로 다루었는데, 로마가도는 그 첫 번째 주제였다.

로마가도라 함은 대체로 서로마제국 시절 건설된 것을 의미한다. 세계 어느 지역에서나 발견되는 자연발생적 길이 아니라 정치 공동체가 의도적으로 계획하여 만든 도로로서의 로마가도는 기원전 312년 재무관 아피우스 클라우디우스가 원로원의 승인 아래 착공한 아피아 가도(Via Appia, 이 도로는 로마에서 이탈리아 반도 남부로 향하는 길인데, 처음에는 카푸아까지 가설되었고, 로마가 이탈리아 반도 전역을 영토화한 후 브린디시까지 연결되었다)가 처음이다.

그 후 로마는 제국이 멸망하는 5세기 말까지 약 800년에 걸쳐 제국 곳곳에 로마가도를 건설하였다. 로마가도는 크게 두 가지로 나눌 수 있는데, 주요 도시를 잇는 간선도로와 그 간선도로로 이어지는 지선이 그것이다. 로마제국 시절 로마인들은 간선도로만 무려 8만 킬로미터를 건설했고, 지선까지 포함하면 15만 킬로미터(어떤 자료에 따르면 30만, 혹은 40만 킬로미터라고도 한다) 이상의 로마가도를 건설했다.

로마가도는 로마를 중심으로 제국 전역으로 뻗어 나갔다. 로마제국 말기를 기준으로 하면 제국의 113개 지역에 총 370여 개의 간선도로가 서로 연결된 상태였다고 한다. 간선도로가 인체의 동맥에 해당한다면 거기에서 뻗어나간 지선들은 실핏줄에 해당한다고 할 수

로마가도의 여왕이라 불리는 아피아 가도. 사진은 로마 외곽에 위치한 보존된 가도 모습이다. 지난 2천 년간 수많은 일들이 일어났지만 아직도 아피아 가도를 볼 수 있다는 것에 여행자는 감동하지 않을 수 없다. 2천 년 전에도 사람들은 이 길을 걸었고, 오늘날에도 많은 여행자들이 이 길을 걷는다. ©Radosław Botev

있다. 간선도로 8만여 킬로미터는 대부분 견고한 돌로 포장된 도로였다. 2마리의 마차가 교행할 수 있을 정도의 노폭(약 4미터)에 좌우 각 3미터 정도의 길 어깨가 있었다.

상상만 해도 대단하다. 지금으로부터 2천 년 전에 그 광대한 제국 곳곳이 돌로 포장된 고속도로에 의해 연결되어 있었다니! 쉴 새 없이 박동하는 혈액이 심장을 떠나 신체 곳곳으로 힘차게 흘러가는 것처럼 로마가도는 제국의 핏줄로서 기능한 것이다.

이런 로마가도는 비단 2천 년 전의 역사적 사실로 끝난 것이 아니다. 오늘날 유럽의 주요 도로, 특히 이탈리아의 주요 간선도로(고속도로 및 국도)는 대체로 2천 년 전 로마인들이 만든 가도에 기초한 것들이다. 현재의 이탈리아 1번 국도는 로마에서 북부 제노아까지 잇는 도로인데, 이것은 기원전 241년 착공된 아우렐리아 가도에서 비롯된 것이다. 또한 로마에서 남부의 브린디시를 잇는 7번 국도는 기원전 312년 착공된 로마가도의 원조 아피아 가도에서 비롯된 것이다. 현대 로마인들이 한 일이란 2천 년 조상들이 만든 로마가도에 아스팔트를 깐 것에 불과하다고 말하면 지나친 후손 폄하일까?

로마가도 이야기를 하면서 그것이 얼마나 견고하고 기술적으로 만들어졌는지를 설명하지 않을 수 없다. 로마가도는 (서)로마제국이 멸망한 후 수백 년 동안 별 관리를 하지 않은 상황에서도 건재했다. 6세기 비잔틴제국(동로마제국)의 관헌이 아피아 가도를 지났는데, 건설된 지 800년이 지났음에도 도로는 여전히 완벽한 상태를 유지하였다는 기록이 남아 있을 정도니 말이다. 그러면 어떻게 수백 년, 아니 개중에는 2천 년을 버틸 수 있는 로마가도가 가능했을까. 그 비결은 로마인들의 탁월한 도로 건축술에 있었다.

간선도로 중 포장도로(이것을 로마인들은 Via Munita라 불렀다)에 대해 말한다면, 로마인들은 이 길을 만들 때 1미터 이상 땅을 판 뒤 주먹만 한 자갈을 깔고, 그 위에 작은 크기의 잡석을 넣은 다음, 또 그 위에 석회석 등을 잘게 부순 돌가루를 채우고, 마지막으로 마름모꼴의 석판을 깔았다. 석판과 석판 사이가 얼마나 정교했는지 머리카락 하나 들어갈 틈도 없었다고 한다. 지금도 그 로마가도의 원형을 어느 정도 짐작할 수 있는 길이 일부 보존되어 있다. 그중 하나가 최초

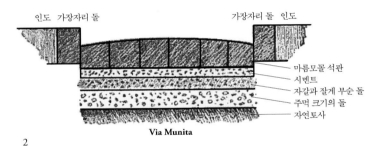

인도　가장자리 돌　　　　　　　　　가장자리 돌　인도

마름모꼴 석판
시멘트
자갈과 잘게 부순 돌
주먹 크기의 돌
자연토사

Via Munita

2

1　폼페이 유적의 가도. 2천 년 전의 마름모 돌들이 아직도 완벽하다. 폼페이의 도로가
화산재로 묻히기 전 어떠했을지 상상하는 것은 어려운 일이 아니다. 나는 이곳에 2012
년 2월 초 어느 날 오후 늦게 도착했다. 로마에서 이곳까지는 두어 시간이면 갈 수 있는
거리였지만 그날 로마에는 20여 년 만에 폭설이 내려 모든 교통이 마비되었다. 그럼에
도 나는 폼페이를 본다는 일념으로 어렵게 이곳에 도착했다. 이날 폼페이는 관광객을
거의 찾아볼 수 없을 정도로 텅 비어 있었다. 나는 2천 년 전 번성했던 폼페이를 상상하
면서 이 골목 저 골목을 돌아다녔다. ©박찬운

2　로마가도 단면도. ©J. D. Redding

의 로마가도, 로마가도의 여왕으로 불렸던 아피아 가도다.

또 하나, 어쩌면 현재 보존되어 있는 아피아 가도보다 로마가도의 원형을 훨씬 더 잘 볼 수 있는 곳이 폼페이 유적이다. 기원후 79년 화산 폭발로 땅속으로 사라진 나폴리 근처의 도시 폼페이, 일시에 땅속으로 사라졌지만 두꺼운 화산재가 오히려 도시 건축물을 2천 년 동안 보호한 것은 인류에겐 또 다른 행운이었다. 2천 년 전 로마제국의 도시가 어떠했는지를 그대로 알려주니 말이다. 125페이지 1번 사진을 보시라. 얼마 전 내가 직접 찍은 사진이다. 비록 도시 내의 도로이지만 로마가도 중 포장도로의 모습도 바로 이와 같았을 것으로 추정되니, 독자들은 지금 로마가도의 정수를 보고 있는 것이나 마찬가지다.

로마가도 이야기를 하다 보니 우리를 돌아보게 된다. 나는 가끔 시내를 돌아다니다가 보도블록 까는 현장을 지나칠 때면 로마가도가 생각나 잠시 걸음을 멈추고 공사현장을 살펴본다. 그런데 기술자가 아닌 내 눈에도 우리의 보도블록 까는 방법은 그저 놀라움 그 자체다. 그 방법은 대체로 이렇다. 우선 땅을 그냥 대충 다진다. 그런 다음 그 위에 모래를 뿌린다. 그리고 그것을 펴고 그 위에 블록을 적당히 얹어 놓는다. 그게 끝이다. 초등학생도 의아하게 생각할 만한 그런 방법, 그것이 대한민국의 보도블록 까는 현실이다.

그러니 비만 한 번 내리면 내려앉을 수밖에 없지 않겠는가. 대한민국 수도 서울 이곳저곳의 보도블록이 대체로 이런 방법으로 깔렸다. 일 년에 수백억 원을 보도블록에 투자하면서도 그 공법은 로마

서울 서초구 삼풍아파트 주변의 보도블록(좌). 2012년 여름 출근길에 이곳을 지나가던 나는 이 장면을 보고 울화가 치밀었다. 후일 자료로 삼기 위해 이것을 촬영했다. 서울 곳곳의 보도블록이 큰 비만 오면 이렇다. 2년이 지난 2014년 좌측 사진 현장 주변의 보도블록(우). 여전히 보도블록은 엉망진창이다. 잠시라도 주의를 게을리하면 보도블록 틈에 구두굽이 빠져 넘어지기 십상이다. 얼마나 엉성하게 보도블록을 깔았는지 마치 구름다리를 걷는 기분이다. ⓒ박찬운

인이 보면 기겁을 할 방법이다. 만일 로마인들이 이렇게 공사를 했더라면 그 감독자는 죽음을 면치 못했을 것이다.

그런데 이 같은 부실공사는 비단 우리만의 문제는 아닌 것 같다. 로마인의 후예라고 하는 유럽의 여러 나라에서도 발견되니 말이다. 내가 연구년 동안 체류한 룬드는 스칸디나비아에서 가장 오래된 도시 중 하나이고, 과거 중세 시절 이곳을 지배한 덴마크의 가장 중요한 종교 도시였다. 아직도 천 년 역사를 지닌 룬드 대성당(종교개혁 이후에는 루터교회가 되었음)이 도시 한가운데 우뚝 서 있고, 여기저기에 중세의 냄새가 물씬 풍기는 고색창연한 건물들이 있는 곳이다. 나는 1년간 이곳 룬드 시내 한가운데 살면서 시내 산책을 거의 유일

룬드 시내의 돌 포장길. 룬드의 구시가지 골목길은 아름답기 그지없다. 하지만 이 돌길을 자세히 보라. 돌과 돌 사이 틈이 얼마나 벌어져 있는지. 이런 길을 어떻게 여성들이 구두를 신고 다닐 수 있을까. 그래서인지 룬드에서 굽 있는 구두를 신고 다니는 여성을 본 적이 없다. 한국 여성들이 멋 내고 이 거리를 걷는다면 아마도 이곳저곳에서 큰 불상사가 일어날 것이다. ⓒ박찬운

한 낙으로 삼았다. 룬드는 내가 보아온 어떤 유럽 도시보다 아름다운 역사도시다.

중세 분위기를 아직도 간직한 룬드 시내의 도로는 폼페이에서 본 듯한 돌 포장길이다. 룬드의 밤거리를 지나다 보면 영락없이 아직도 중세 도시다. 멀리서 다가오는 달가닥거리는 발자국 소리를 듣다 보면 마치 천 년 전 중세의 어느 도시에 있는 것 같다. 그럼 이런 룬드의 돌 포장길 수준은 어떨까. 나는 이런 의문을 품고 가끔 룬드의 돌

포장길 구석구석을 살펴보았다.

하지만 여기도 실망스럽기는 마찬가지다. 로마인들이 보았더라면 서울이나 여기나 오십보백보 수준이다. 돌과 돌 사이의 틈은 손가락이 아니라 발가락이 빠질 정도로 벌어져 있고, 배수시설도 그리 좋아 보이지 않는다. 그러다 보니 룬드에서는 여인들이 굽 높은 구두를 신고 다닌다는 것은 상상도 할 수 없다. 그런 신발을 신고 멋을 내다가는 필시 돌 틈에 굽이 껴 넘어지기 십상이기 때문이다. 얼마 전 포장 공사를 하길래 유심히 지켜보았더니 여기도 그저 모래를 끼얹고 간단히 다진 다음 그 위에 돌을 올려놓는 것이 전부였다. 로마인들이 이런 공사방법을 보았다면 어떤 표정을 지었을까. 생각만 해도 끔찍하다.

로마제국의 여행객은
어떻게 돌아다녔을까?

이제 한번 상상의 나래를 펴보자. 2천 년 전 로마제국에 사는 로마인들은 어떻게 여행을 했을까. 그 당시도 지금처럼 사람들이 이곳저곳을 돌아다녔을까. 물론이다. 로마가도의 주목적은 로마군단의 신속한 이동이었지만, 길이 만들어졌으니 당연히 민간인들도 이 길을 통해 이동했을 것이다. 그것도 아주 활발하게 말이다.

2천 년 전 로마가도는 우리가 생각하는 것보다 훨씬 안전하고 편

로마가도 이정표. 로마가도에는 이런 이정표가 1.5킬로미터마다 있었다고 한다. 이것은 오늘날 고속도로 이정표와 다를 바 없는 시설물이다, 아니, 그것보다 훨씬 견고한 이정표였다. 위키피디아 제공

리한 길이었다. 1마일(로마 마일, 약 1.5킬로미터)마다 이정표가 붙어 있고 역참에 해당하는 스타티오네스(stationes), 혹은 무타티오네스(mutationes)가 일정 간격(8마일, 약 12킬로미터)마다 있어 지금의 고속도로 휴게소 역할을 했다. 60~70킬로미터마다 만시오네스(mansiones)라는 숙소도 마련되어 있어 여행객들은 이 숙소에서 하루를 묵을 수도 있었다.

뿐만이 아니다. 여행객들은 오늘날 도로 노선도에 해당하는 여행용 지도(이를 itinerarium이라고 하는데, 여기에서 여행일정이라는 영어 단어 itinerary가 나왔음)를 가지고 다니며 현재 자신의 위치, 그리고 다음

130

비카렐로의 은잔(Vicarello glasses)이라 불리는 것으로, 스페인 카디츠에서 로마까지의 약 2,700킬로미터 구간을 표시한 것이다. 위키피디아 제공

행선지로 가기 위해 어떤 노선의 로마가도를 선택해야 할지를 알 수 있었다(현재와 같은 지도도 있었지만 그것은 당시 인쇄술로는 대량 제작하기 어려운 것이었다. 그래서 그런 지도는 여행객 소지용이 아닌 도서관 소장용이었다). 현재까지 전해지는 몇 개의 유물이 있는데, 그 하나가 은잔에 새겨진 문자 여정표이다. 여기엔 컵의 표면을 빙 둘러서 문자와 숫자가 새겨져 있는데, 그 내용을 보면 숙박시설, 스타티오네스, 혹은 무타티오네스가 새겨져 있고 그와 함께 시설들 간의 거리가 나타나 있다. 여행자는 이것을 들고 다니면서 다음 행선지를 예측하고 여행계획을 세웠을 것이다.

또 하나의 재미있는 지도로 타불라 페우팅게리아나(Tabula Peutingeriana)도 빼놓을 수 없다. 이 지도는 4세기 중엽 제작되어 11세기에 모사된 것으로, 현재 비엔나 국립도서관에 소장되어 있다. 이는 길

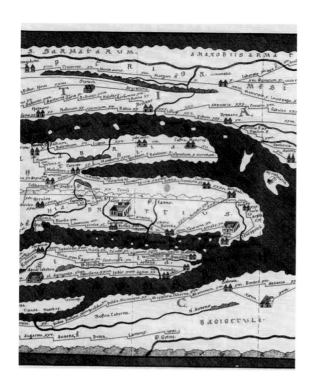

타불라 페우팅게리아나. 이것은 현대의 지하철 노선도나 마찬가지다. 자세한 노선도라고 할까. 여기에는 노선, 노선상의 도시, 숙박시설 등 여행자들을 위한 많은 정보가 담겨 있다. 출처: Bibliotheca Augustana

이 6.75미터, 너비 34센티미터의 두루마기 지도로, 양피지 11장을 길게 이어 맞춘 것이다. 이 지도에는 서쪽으로는 현재의 영국에서 동쪽으로는 인더스 강, 북쪽으로는 발트해에서 남쪽으로는 사하라 사막에 이르는 도로 정보가 담겨 있다.

이 두루마기 지도는 실제 지형의 모습을 그린 것이 아니라 대충의 방위 개념을 토대로 만든 노선도로, 오늘날의 지하철 노선도를 좀 더 자세하게 그린 것이라고 보면 된다. 여기에는 여행객에게 필요한 많은 정보가 담겨 있다. 지하철 노선도에는 그저 노선과 역명 정도의 정보가 들어 있지만, 이 지도에는 로마가도의 노선, 노선상의 도시, 숙박시설(그 등급까지), 구간 거리 등이 자세히 기록되어 있다. 그러니 로마제국 전역을 주유하는 여행객이라면 이런 정도의 지도를 필수품으로 가지고 다녔을 것이다. 간단하게는 은잔 지도를 보았을 것이고, 가도상의 숙소에 들러 잠시 여유를 가질 때는 두루마기 지도를 펼쳐놓고 긴 여정 전체를 체크했을 것이다.

이 로마가도가 얼마나 안전한지는 물론 시대에 따라 달랐을 것이다. 다만 로마제국의 황금기인 오현제 시대에 이 가도가 대단히 안전하게 운영되었음은 기록을 통해 입증된다. 대표적인 이야기가 하드리아누스 황제의 이야기다.

오현제 중 세 번째 황제인 하드리아누스는 살아 있는 동안 로마에 있는 시간보다 제국을 순행한 시간이 더 많았다. 지금도 지중해 연안 곳곳에서 이 황제가 다녀간 흔적을 볼 수 있는데(대표적인 것이 하드리아누스 문이다), 그럼 이 황제는 어떻게 돌아다녔을까. 당연히 그도 로마가도를 이용했을 것이다. 그런데 전해 내려오는 말에 의하면, 이 황제는 제국을 순행할 때 황제의 위엄을 보여주기 위해 수백명의 로마군단을 대동한 것이 아니라 최측근 몇 명만 데리고 단출하게 다녔다고 한다. 로마가도에 수시로 강도가 나타나 인명을 살상하고 물건을 강탈하는 일이 발생했다면 어찌 제국의 황제가 그리 다녔겠는가. 그만큼 로마가도는 안전하게 관리되었다는 말이다.

로마가도에서 얻는 교훈,
"성장이 항상 좋은 것만은 아니야"

여기서 한 가지 잊지 말 것이 있다. 속도에 관한 이야기다. 속도가 높아진다는 것은 곧 에너지를 많이 사용한다는 것 —이것을 물리학에서는 엔트로피 증가 법칙이라고 함— 을 의미한다. 따라서 한 문명이 속도를 극한으로 높이면 결국 사용할 수 있는 에너지는 고갈되고, 그로 말미암아 그 문명은 더 이상 스스로를 지탱할 수 없게 된다. 그토록 찬란했던 로마문명이 종언을 고한 것도 바로 로마가도가 만든 비극(물리학적 귀결)이라고 보는 관점이 이런 시각이다.

로마가도가 물류의 속도를 너무 높여 놓아 사용할 수 있는 에너지가 고갈되었고, 이것으로 말미암아 급속도로 힘이 빠진 로마제국은 결국 이민족의 침입에 제대로 대응하지 못했다는 것이다. 하나만 생각해보라. 로마가도는 혈관이나 마찬가지다. 어떤 이유에서든지 이

핏줄이 막혔다고 가정해보라. 몸 전체가 죽는 것은 시간문제다. 로마의 물질문명 이면에는 이런 위험이 도사리고 있었던 것이다. 혈관과도 같은 로마가도가 막히는 순간 로마제국 전체가 마비되었다는 말이다. 아니, 막히지 않았다고 해도 너무나 빠른 속도로 말미암아 로마제국 시민들이 사용할 수 있는 에너지는 급속도로 고갈되었을 것이다.

로마가도는 필연적으로 로마에게 과도성장의 대가를 치르게 하였다. 로마가도라는 빠른 운송수단을 확보하자 제국의 수도 로마에는 수많은 사람들이 모여들기 시작했다. 로마가 한참 흥성할 때는 인구가 이미 백만을 돌파했다고 한다. 현대도시에서 백만 인구야 중소도시 규모에 불과하지만, 고대도시에서 백만이란 상상을 초월하는 인구이다.

한 도시에 인구가 과잉일 때는 동서고금을 막론하고 많은 문제점이 발생한다. 도시의 우범화, 슬럼화가 일어날 뿐만 아니라 물자가 부족할 때는 삽시간에 인플레가 일어나 민심이 흉흉해진다. 그러니 로마가도가 막혀 물자가 제대로 공급되지 않는 상황이 일어났을 때의 로마 시내를 상상해보라. 끔찍한 일들이 일어나지 않았을까. 수많은 이민족이 뒤섞여 사는 로마는 곧바로 패닉 상태에 돌입했을 것이다. 로마가 망하는 것은 순식간의 일이었던 것이다.

따라서 인류문명적 차원에서 볼 때 인류가 만든 이 빠른 속도의 길과 그것이 가져다준 빠른 성장이 항상 좋다고만 할 수는 없는 일이다. 과도 성장이 가져다주는 폐해는 쉽게 고칠 수 없는 근본적 문제를 야기한다. 큰 것이 언제나 아름다운 것은 아니다. 때론 작은 것이 아름다운 법이다. 수천 년 동안 인류가 걷거나 기껏 우마차 정도를 이용할 때까지는 에너지 고갈을 걱정하지 않았다. 하지만 산업혁명이 일어난 지 200년밖에 안 된 지금 우리는 에너지의 고갈을 걱정한다. 인류가 지난 두 세기 동안 너무나 빠르게 성장한 대가이다. 인류가 이 문제를 해결하지 못하면 현대 문명은 사라진다. 그렇게 되면 인류는 빠른 길을 만들고 너무 급하게 성장해온 것이 결국 인류 문명의 종언으로 이어지는 부메랑이 되었다는 사실을 뒤늦게 깨닫게 될 것이다.

이런 문제에 관심 있는 독자들은 제러미 리프킨의 저작 《엔트로피》를 꼭 한 번 읽어보시라. 문명의 변화가 우리가 사는 우주의 물리적 법칙(그중에서도 에너지 법칙인 엔트로피)과 어떤 관련성이 있는지 통찰력을 얻을 수 있으리라 믿는다. 《엔트로피》는 리프킨이 30대에 쓴 책이다. 그가 쓴 많은 책,《노동의 종말》,《소유의 종말》,《육식의 종말》 등은 이 책의 각론적 성격을 가진 책이다. 나는 지금으로부터 십여 년 전 이 책을 읽고 너무나 큰 충격을 받았다. 내 사고를 근본적으로 점검하는 계기가 된 책이다. 나는 이때부터 내 생활에서 가급적 엔트로피를 줄이려는 노력을 하기 시작했다. 내가 출퇴근 시 지하철을 이용하거나 웬만하면 엘리베이터를 타지 않는 이유가 거기에 있다.

여하튼 이러한 관점에서 중세의 의미를 재해석할 필요가 있지 않을까. 중세의 사회체제는 로마제국과는 전혀 달랐다. 로마제국이

제국 전체가 끊임없이 움직이는 동적 사회였다면, 중세는 모든 것이 한곳에 가만히 정주하는 정적 사회였다. 또한 로마제국은 한 사회가 유지되기 위해서 다른 사회에 의존하지 않을 수 없는 상호의존형 경제구조를 가진 사회였다. 하지만 중세는 자급자족의 경제구조를 기본으로 하는 사회였다. 도시와 그 인근의 교외가 하나의 공동체를 형성하였으며, 중세인들은 거기에서 생산되는 것으로 살았다. 에너지 소비를 생각하면, 중세인들은 로마인들과 비교할 수 없을 정도의 적은 에너지를 소비하면서 검소하게 산 것이다.

이것은 에너지 문명사적 입장에서 보면 로마가 에너지 고소비의 고도성장 사회인 반면, 중세는 에너지 저소비의 저성장 사회였다는 것을 의미한다. 중세시대의 유럽은 더 이상 로마제국과 같은 고소비의 의존적 경제시스템을 유지할 수 없었던 것이다. 중세인들에게는 자급자족형 경제를 만드는 것이 살길이었다.

중세의 이런 저성장 경제는 달리 보면 또 다른 동적 문명을 창조하기 위한 준비기였다고도 할 수 있다. 마치 농경지의 휴경제도와 같은 이치다. 한 농토를 쉬지 않고 경작하면 매년 생산량은 줄어든다. 지력에는 한계가 있기 때문이다. 그렇기에 농부들은 휴경제도를 만들어 일정 기간 특정 토지를 경작하지 않는다. 지력을 회복시키기 위함이다. 그런 의미에서 중세는 인류 문명사에서 재성장(재도약)을 위한 휴경기에 해당한 시기였다고도 말할 수 있을 것이다.

인류사회는 15세기 이후 르네상스를 맞이하고, 뒤이어 대항해시대에 접어들면서 속도를 높이기 시작했다. 그리고 산업혁명을 거치면서 급속도로 높여진 속도는 오늘날까지 계속 유지되고 있다. 중세와는 비교할 수 없는 에너지 고소비 시대로 돌입한 것이다. 만일 중세가 없이 로마제국이 계속되었다면 어떻게 되었을까. 산업혁명은 19세기가 아닌 훨씬 이전에 일어났을 것이고, 인류는 에너지 고갈로 인한 고통을 이미 수 세기 전에 경험했을지도 모른다. 이렇게 보면 로마제국의 멸망은 인류사, 아니 지구사라는 큰 역사(Big History)적 틀로 보면 필연적 운명이었을지도 모른다. 로마제국이 인류사에서 지속되었다면, 오늘날 우리의 문명은 전혀 다른 차원으로 전개되었을 것이다.

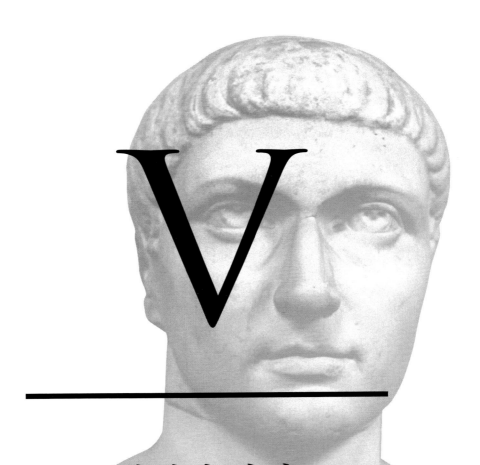

V

시대의 상징,
개선문 이야기

인간의 사회적 욕망,
비석과 개선문을 낳다

인간에게는 누구나 욕망이라는 것이 있다. 인간이 사회를 구성하여 살면서 이 욕망은 단순히 생리적인 것에 국한되지 않고 사회화되었다. 즉, 욕망은 개인의 몸에서 시작하여 사회 구성원 간의 관계적 욕망으로 나타났다. 여기에서 욕망의 단계 이론이 나온다. 20세기에 이름을 떨친 미국 심리학자 에이브러햄 매슬로가 말하는 욕망의 5단계 이론이 바로 그것이다. 인간의 욕망은 생리적 욕구에서 안전에 대한 욕구로, 애정과 소속에 대한 욕구에서 자기존중의 욕구로, 급기야는 자아실현의 욕구로 발전한다는 것이다.

간단하게 말하면 인간은 생리적 욕구가 해결되면 사회적으로 인정받길 원한다. 그래서 사람들은 명예를 본능적으로 존중한다. 그것 때문에 살기도 하고 죽기도 한다. 그냥 눈 딱 감고 잠시 비루함을 참다 보면 곧 잊어버릴 텐데, 그 짧은 시간을 참지 못하고 극단적인 선택을 마다하지 않는다. 인간의 욕구 중 자기존중 혹은 자아실현의 욕구가 얼마나 중요한지를 일깨우는 사태라 할 것이다.

그런 이유로 동서고금을 막론하고 사람들은 큰 명예를 얻었을 때 그것을 사회의 모든 구성원들에게 알리고자 하였다. 어떤 경우에는 단순히 당대에 알리는 것에 그치지 않고 자자손손 후대에 이르기까지 알리고 싶어 하였다. 어떻게 하면 후대의 사람들까지 그 명예를 알게 할 수 있을까. 그렇다. 내구성이 강한 조형물에 그 취지를 기록하는 방법이 있다.

동서를 막론하고 사회적 명예는 여러 가지 업적을 통해 얻어진다. 그중에서도 전쟁에서 승리하는 것은 대단한 명예이다. 한 사람의 위대한 장군으로 말미암아 국가의 운명이 좌우되는 전투에서 이겼다면, 그 장군은 길이 이름을 남길 사람이다. 한 사회를 위해 숭고한 희생을 하거나 덕을 베푼 사람도 마찬가지다. 이런 경우 사람들은 당대를 넘어 후대에 이르기까지 많은 사람들이 그 이름을 칭송하길 원하는 마음으로 조형물을 만들었다.

동양에서는 이를 위해 주로 비석을 세웠다. ○○대첩비나 ○○승전비 혹은 ○○○송덕비 등이 바로 그것이다. 이것은 중국이나 한국에서 공통적으로 볼 수 있는데, 비석만 설치하기도 했지만 때로는 비각을 함께 설치하기도 했다. 열녀문의 경우는 남편이 죽었음에도 정절을 지키며 산 여인의 덕을 존숭하기 위해 집 주변에 지어진 것이다. 그것도 사실은 문 안에 비석을 넣고 비각을 만든 것이다.

서양(로마)에서도 사회적 명예를 당대와 후대에 알리겠다는 생각

황산대첩비. 이 비는 고려시대 이성계가 왜구를 무찌른 것을 기리고자 만든 비석으로, 현재 전북 남원시 운봉면에 있다. 이는 일제강점기에 파괴된 것을 1977년 복원한 것이다. 요즘 도보여행이 인기인데, 그중에서 제주 올레길과 더불어 가장 알려진 도보여행 코스가 바로 지리산 둘레길이다. 이 비는 지리산 둘레길 중 인월-운봉 코스를 걷다 보면 만날 수 있다.

에는 조금도 다를 바가 없다. 다만 그 방법이 동양과는 다를 뿐이다. 서양에서는 거대한 석조 개선문(triumphal arch)을 세웠다. 이것은 원래 전쟁에 승리한 장군이나 황제의 업적을 기리는 승전 기념문이었다. 그러나 개선문은 전쟁과 연결된 업적만을 기리는 것으로 끝나지 않았다. 새로운 식민지를 개척하거나 한 지역에서 황제가 탄생한 경우에도 세워졌다. 나아가 개선문이 순수한 송덕비 노릇을 한 경우도 있었다. 어떤 거부가 자신의 돈으로 다리를 놓거나 도로를 가설하면, 그의 업적을 기리는 문이 그곳에 세워졌다.

베를린 페르가몬박물관의 이쉬타르 문. 신바빌로니아의 왕 네브카드네자르가 만든 바빌론성의 문이다. 이것은 그냥 문이 아니라, 왕과 왕국의 권위를 기리는 문이다. 이 문을 통해 바빌론에 들어가면 네브카드네자르가 만든 하늘에 닿을 듯한 바벨탑과 온갖 수목이 우거진 공중정원이 있었다. ⓒ박찬운

개선문은 로마제국이 만든 대표적 문화유산이다. 로마문명에 앞선 서양문명의 원조인 그리스에서조차 로마의 개선문과 같은 형태의 조형물은 보이지 않는다. 그렇다고 개선문이 오로지 로마제국시대에 만들어진 로마인들만의 독창적인 아이디어라고 보는 것도 정확하지는 않다. 로마인들에게 기술문명을 전수한 에트루리아인은 도시의 입구에 잘 조각된 아치형 문을 설치했다. 또한 기원전 7세기 메소포타미아 지방을 통치한 바빌로니아에는 네브카드네자르(구약 성경에 나오는 느브갓네살) 왕이 만든 이쉬타르 문이 있었다. 이 문은 바빌론 왕조의 위엄을 과시하면서 바빌론성 입구를 장식했다. 로마는 이런 주변 문화의 영향으로 언젠가부터 개선문을 만들기 시작했을 것이다.

아우구스투스, 개선문에
황제의 위엄을 더하다

로마의 개선문은 공화정 시
대에 이미 일반화되었다. 당시 전쟁에서 승리하면 공을 세운 장군은
승리자로 인정되어 이를 기념하는 조각상이 들어간 아치형 조형물
을 스스로 만들었다. 제2차 포에니 전쟁에서 한니발을 꺾어 로마를
위기에서 구한 스키피오 아프리카누스는 자신의 업적을 기념하기
위해 카피톨리노 언덕에 개선문을 세웠다고 한다. 하지만 아쉽게도
공화정 시절의 개선문은 지금은 그 흔적을 찾을 수 없다.

제정 이후 로마 개선문의 의미나 설치 절차는 크게 바뀌었다. 초
대 황제 아우구스투스는 전쟁을 승리로 이끈 장군이 스스로 개선문
을 만드는 것을 금지하고 오로지 황제만이 그것을 설치할 수 있도록
제도를 정비하였다. 이는 개선문이 전쟁에서 승리한 장군 개인의 사
적 치적물에서 국가가 관장하는 공적 기념물로 바뀌었음을 의미한
다. 제정 이후에는 전쟁에서 승리한 것을 기리는 개선문을 만드는
경우라도 그것은 장군 개인의 기념물이 아니라 원로원의 승인 아래
황제가 세우는 국가적 기념물이 된 것이다. 오늘날 우리가 과거 로
마제국의 주요 도시에서 볼 수 있는 모든 개선문은 제정 이후에 만
들어진 것이다.

로마에 가면 시내 한가운데에 '포로 로마노'라는 유적지가 있다.
카피톨리노 언덕이나 옆의 팔라티나 언덕에 올라서 아래를 내려다
보면 그 전경을 볼 수 있는데, 비록 무너진 제국의 유적지이지만 상

포로 로마노. 이곳은 19세기까지만 해도 대부분 땅속에 있었다. 오른쪽에 티투스 개선문, 그 뒤로 콜로세움이 보인다. 로마를 찾는 여행객이라면 누구나 포로 로마노를 찾게 될 것이다. 이 유적은 2천 년 전의 조상이 후손들에게 준 너무나 큰 선물이다. 수도 한가운데 이런 거대한 유적이 있는 곳은 로마의 이곳과 아테네의 아크로폴리스 두 곳뿐이다. 어쩌면 이 두 유적지가 서구문명의 자존심일지도 모른다. ⓒ박찬운

상력을 조금만 발휘한다면 화려했던 로마제국의 수도가 어땠는지 가늠할 수 있다. 거기엔 신전이 있고, 공회당이 있고, 사람들이 활보하던 거리가 있으며, 시장이 있다. 그리고 두 개의 개선문이 눈에 들어온다. 카피톨리노 언덕에 붙어 있는 셉티미우스 세베루스 개선문과 맞은편 콜로세움 쪽에 있는 티투스 개선문이다. 그리고 또 하나, 포로 로마노 유적은 아니지만 티투스 개선문 너머로 콜로세움과 함께 서 있는 개선문이 있다. 바로 콘스탄티누스 개선문이다.

개선문의 모양은 한 가지가 아니다. 로마에 현재 남아 있는 개선

문은 위의 3개인데, 그중 티투스 개선문은 아치가 하나이고, 나머지 두 개, 셉티미우스 세베루스 개선문과 콘스탄티누스 개선문은 아치가 3개이다. 이외에도 리비아의 렙티스 마그나에 있는 셉티미우스 세베루스 개선문과 같이 4면에 아치를 하나씩 배치하여 만든 사각 4면 개선문도 있다.

로마제국의 개선문은 통상 표면에 여러 장식을 넣어 만들었다. 전면을 보면 대리석 기둥이 아치 양쪽에 장식되어 있고, 아치 상단에는 승리자의 업적을 기리는 글자가 새겨져 있다. 아치의 옆 표면에는 여러 가지 부조가 붙여져 있는데, 주로 군대의 행진, 승리자의 역할과 업적, 적으로부터 노획한 무기 등이 묘사되어 있다.

팔레스타인 분쟁의 원흉, 티투스 황제

로마의 세 개선문 중에서 내가 우선 설명하고자 하는 대상은 티투스 개선문이다. 이 개선문은 로마의 현존하는 세 개선문 중 연대에 있어 제일 앞설 뿐만 아니라 후대의 개선문 건축에서 하나의 롤 모델 역할을 해왔다. 나는 이 티투스 개선문을 볼 때마다 건축 양식에 대해서도 관심이 있지만 솔직히 이 황제와 연관된 이야기가 더 흥미롭다. 티투스? 과연 그는 누구인가.

티투스(39~81년, 79~81년 재위)의 본명은 티투스 플라비우스 베스

티투스 두상(좌), 베스파시아누스 두상(우), 코펜하겐 칼스버그 글립토테크미술관 소장. 오른쪽이 플라비우스 왕가를 세운 베스파시아누스이며 왼쪽은 그의 아들 티투스이다. ©박찬운

파시아누스(Titus Flavius Vespasianus, '플라비우스 가문의 베스파시아누스의 아들 티투스'라는 뜻이다)이며, 기원후 1세기경 로마의 명문가문인 플라비우스 가문의 적장자로 태어났다. 아버지 베스파시아누스는 후일 플라비우스 왕가의 초대 황제가 되는 집정관 출신의 장군이었다. 그가 태어난 기원후 39년은 바로 네로 황제가 태어난 2년 뒤다. 그는 네로와 동년배로 살았으며, 어린 시절 네로의 아버지인 클라우디우스 황제의 황궁을 제집같이 들락날락거리며 당시 황태자였던 두 살 아래 브리타니쿠스와 소꿉친구로 자라났다.

　티투스는 성년이 되어 아버지를 따라 로마군단의 장교로 성장한다. 그는 게르마니아와 브리타니카에서 전공을 세우며 주가를 올리기 시작했는데, 그가 전승 장군으로서 개선문까지 선물 받게 된 동기는 팔레스타인 유대인들과의 악연이었다. 그는 기원후 70년에 있었던 로마군단의 예루살렘성 파괴의 선봉장으로서, 유대인들의 반란을 성공적으로 진압한 업적으로 개선문을 선물 받게 된다. 티투스의 성공적인 진압은 유대인들로 하여금 팔레스타인을 떠나 세계 각국으로 흩어지도록 했고, 유대인들은 이후 2천 년을 유랑하다가 20세기에 들어서 팔레스타인에 이스라엘을 세웠다. 중동이 세계의 화약고가 되는 먼 원인을 티투스가 제공한 것이다.

이 시기 로마제국은 혼미의 와중에 있었다. 역사상 최악의 폭군 중 하나로 불리는 네로가 68년 반란군에 의해 죽임을 당하기 직전 스스로 자살한다. 그가 죽고 난 후 로마군단을 거느린 사령관 중에서 힘깨나 쓰는 장군들이 황제로 등극하지만, 취임 후 곧 제거되는 정변 사태가 계속된다. 1년 사이에 무려 3명의 황제(갈바, 오토, 비텔리우스)가 나타났다가 사라진 것이다. 이때 홀연히 나타난 사나이가 티투스의 아버지 베스파시아누스이다. 그는 네로 생전에 일어난 팔레스타인 반란사건을 진압하기 위해 네로에 의해 총사령관으로 임명되어 팔레스타인에 나와 있었다.

베스파시아누스는 그의 아들 티투스와 함께 유대인들의 반란지역을 하나하나 접수하면서 내란을 진압한다. 티투스는 이 전쟁에서 교활하면서도 과감한 작전을 전개함으로써 큰 공적으로 세워 그 이름을 제국 전역에 떨쳤다. 이러한 상황에서 네로가 죽고 황제들이 나타나 서로 죽고 죽이는 내란이 일어난 것이다.

유대인
디아스포라

　　　　　　　　　　베스파시아누스는 자신의
휘하 로마군단 병사들에 의해 황제로 추대된 뒤 말 발굽을 로마로
옮긴다. 이때 그는 팔레스타인의 수습을 아들 티투스에게 맡긴다.
기원후 70년 티투스는 유대인 팔레스타인 반란 진압작전의 전권을
쥐고 마지막 공략지인 예루살렘성으로 향한다. 이 해에 벌어진 예루
살렘 전투는 유대인 역사에서 가장 참혹한 전투였다.

　수십 일간의 항전이 계속되었지만 유대인들이 막강한 로마군단
을 막는다는 것은 불가능한 일이었다. 티투스가 이끄는 로마군단은
드디어 예루살렘 성벽을 허물고 성내로 들어가 유대인들을 도륙한
다. 이로 인해 유대인들이 그렇게 신성시하던 성전은 완전히 파괴되
었다(이 전투에서 예루살렘 성전은 완전히 파괴되는데, 이때 무너지지 않
은 성벽이 바로 지금까지 남아 있는 통곡의 벽이다).

　이 시기 유대인으로서 이 사건을 기록한 요세푸스는 백만 명 이상
의 유대인들이 로마군단에 의해 죽임을 당했고(아무리 생각해도 이
숫자는 과장된 것 같다), 십여만 명의 유대인들이 잡혀 노예가 되었다
고 썼다. 그리고 살아남은 유대인들은 고향을 떠나 세계를 떠돌기
시작했다. 유대인 디아스포라가 본격적으로 시작된 것이다.

　물론 유대인 디아스포라가 70년의 예루살렘성 함락에서 비롯된
것이라고 간단히 말할 수는 없다. 이것을 자세히 설명하려면 꽤 길
어지는데, 독자의 이해를 위해 조금만 더 부연해보자. 구약성경을

읽다 보면 유대인들이 팔레스타인을 떠나 다른 지역에서 자신들의 공동체를 형성하는 것(이것이 바로 유대인 디아스포라의 뜻이다)을 대략 알 수 있는 대목이 두 번에 걸쳐 나온다. 첫 번째는 기원전 8세기 아시리아에 의한 이스라엘 왕국 멸망이다(구약 열왕기상). 당시 유대인들은 남북 왕조를 형성하고 있었는데, 북쪽의 이스라엘 왕국이 아시리아에 의해 멸망하여(기원전 722년) 많은 유대인들이 아시리아로 끌려간다. 그러나 본격적인 유대인 디아스포라의 출발점은 그로부터 대략 200년 뒤에 나타난다.

기원전 7세기 초에 바빌론에 강력한 왕조가 들어서는데, 바로 구약성경에 나오는 느브갓네살(네브카드네자르 2세)이 다스린 왕조(신바빌로니아)이다. 그는 팔레스타인 땅에서 명맥을 유지하던 유대왕국을 멸망(기원전 586년)시키고 유대인들을 바빌론으로 끌고 간다(구약 역대상). 우리는 이를 바빌론 유수(Babylonian captivity)라 부른다.

그러나 바빌론 왕국은 곧 페르시아의 아케메네스 왕조에 의해 멸망한다. 아케메네스의 창설자인 키루스는 유대인들에 대해 새로운 정책을 취한다. 팔레스타인으로 돌아가고 싶은 유대인들은 돌아가도 좋다는 선린책을 취한 것이다. 이렇게 해서 많은 유대인들이 고향 땅으로 돌아와 다시 성전을 일으킨다. 하지만 이 귀환 후에도 여전히 많은 유대인들이 바빌론 등지에 남아 유대인 공동체를 만들어 갔다. 유대인들은 그 후 헬레니즘시대와 로마제국시대를 맞이하여 이곳저곳으로 흩어져 자신들의 공동체를 형성하면서 유대인 디아스포라를 만들어간다.

로마제국시대에는 기원전 1세기 후반으로 오면서 로마에 의한 유대인 탄압이 시작되는데, 이후 유대인들은 고향을 떠나 지중해 이곳저곳에 둥지를 틀게 된다. 그 대표적인 곳이 로마제국의 동방 수도라 할 수 있는 안티오크, 그리고 헬레니즘의 수도라 부를 수 있는 이집트 알렉산드리아였다. 이들 도시에는 수많은 유대인들이 모여들어 하나님 말씀 토라(구약성경 중 모세 5경이라 불리는 창세기, 출애굽기, 레위기, 민수기, 신명기를 말하는 것으로, 유대교 율법서를 뜻한다)와 그것을 가르치는 선생인 랍비를 중심으로 그들만의 독특한 정체성을 유지해나갔다. 종교로 무장하고 독특한 혈연주의를 바탕으로 한 유대인들의 공동체 의식에는 다른 어떤 민족과도 구별되는 특징이 있었다. 이러한 특징이 바로 유대인 디아스포라가 세계사에서 주목을 받는 이유이다.

이런 상황에서도 기원후 1세기 중반까지는 팔레스타인에 유대인들의 강력한 본거지가 살아 있었다. 많은 유대인들이 최고의 성전이라 부르는 예루살렘을 중심으로 팔레스타인을 떠나지 않고 유대인들의 본향으로서의 지위를 유지해간 것이다. 그런데 바로 이런 마지막 성지를 티투스가 철저히 유린하였다. 그리고 그 파괴는 이후 오현제 시대의 트라야누스와 하드리아누스 황제로 이어져, 팔레스타인에서 유대인 본거지는 완전히 파괴되고 더 이상 유대인들의 공동체는 보이지 않게 되었다. 이렇게 해서 2세기 초 유대인들의 디아스포라가 본격화되었다.

역사에 가정은 없다. 하지만 지금 세계의 화약고인 중동의 현실을 보면 그 가정에 유혹을 느낀다. 만일 티투스에 의한 예루살렘 함락이 없었다면, 그리고 수많은 유대인들이 로마군단에 의해 죽임을 당하지 않고 팔레스타인 땅에서 오늘날까지 평화롭게 살았다면 역사는 어떻게 되었을까. 팔레스타인 분쟁은 일어나지 않았을까? 아니, 그것보다 후일 일어난 이슬람교 자체가 발생하지 않았을지도 모른다. 그렇다면 세계사는 전혀 다른 방향으로 흘러가지 않았을까? 꼬리에 꼬리를 무는 역사적 상상이 머릿속에서 일어난다.

근대 개선문의 원조,
티투스 개선문

티투스는 로마인들에게 꽤 나 인상 깊은 황제였다. 아버지 베스파시아누스 황제 때 짓기 시작한 로마인들의 투기장 콜로세움이 그의 치세에 완공되었고, 이것은 그 후 거의 2천 년 동안 로마문명의 상징으로 여겨졌다. 그리고 황제 즉위년인 79년에는 베수비우스 화산 폭발로 나폴리 인근 도시 폼페이가 지상에서 자취를 감추었다. 그로 인해 수많은 사상자가 발생하고 주변 도시도 폐허가 되었다. 이를 수습하는 것은 만만치 않은 과업이었는데, 티투스는 이러한 시련을 맞아 황제로서의 임무를 적절히 수행하였다. 그로 인해 그는 제국의 신민들로부터 큰 신망을 얻었다. 하지만 그의 운명은 그것으로 끝이었다. 황제 즉위 2년 만에 급사한 것이다. 그는 원인을 알 수 없는 열병이 찾아와 41세의 나이에 조용히 운명한다.

이제 티투스가 어떤 인물인지 알았으니 그의 개선문을 바라보자. 포로 로마노의 남동쪽 끄트머리에 자리 잡은 이 개선문은 티투스가 즉위 2년 만에 요절한 후 뒤를 넘겨받은 그의 동생 도미티아누스가 형의 70년 예루살렘 공략을 기리기 위해 즉위 즉시(82년) 건설한 것이다. 이 개선문이 역사적으로 유명한 것은 18세기 이후 유럽 각국에 세워지는 여러 개선문의 모델로서 가치가 있기 때문이다. 대표적인 것이 후에 보게 되는 프랑스 파리의 개선문이다.

티투스 개선문의 전체 크기는 높이 15.4미터에 폭 15.5미터, 아치 크기는 높이 8.3미터에 폭 5.36미터로, 다른 개선문에 비해 그리 웅장한 것은 아니다. 이 개선문에서 특별히 주목되는 것은 우선 개선문 상단의 문장이다. 로마시대의 어느 개선문에서도 볼 수 있는 헌사가 있다. 지금도 다음과 같은 명문을 생생하게 볼 수 있다.

SENATVS

POPVLVSQVE · ROMANVS

DIVO · TITO · DIVI · VESPASIANI · F

VESPASIANO · AVGVSTO

이것을 해석하면 이렇다. "로마의 원로원과 시민은 신격 베스파시아누스의 아들, 신격 티투스 베스파시아누스 아우구스투스에게 이 개선문을 바친다."

티투스 개선문. 포로 로마노의 남동쪽 끄트머리에 자리 잡은 이 개선문은 18세기 이후 유럽 각국에 세워진 여러 개선문의 모델이 되었다. 대표적인 예가 프랑스 파리의 개선문이다.
©Peter Gerstbach

이 개선문에서 특별히 눈길을 끄는 것은 남쪽 면의 부조다. 바로 티투스가 예루살렘을 함락한 다음 성전을 파괴하고 그곳에 소장된 주요 보물을 약탈하는 장면이다. 성전의 대형 촛대를 병사들이 옮기는 장면이 2천 년 전 티투스에 의해 철저히 파괴된 예루살렘의 성전을 목전에서 보는 듯하다. 유대인들은 지금도 이 장면을 보면 가슴이 메어진다. 이 촛대는 그냥 촛대가 아니고 2천 년 유랑을 예고하는 상징 중의 상징이기 때문이다.

나는 로마에 갈 때마다 티투스 개선문을 살펴보았다. 그때마다 하나의 의문이 맴돌았다. 이 개선문이 어떻게 2천 년을 버티고 우리 앞에 서 있는가. 이 개선문 앞의 포로 로마노는 20세기 전까지만 해도 그 대부분이 땅속에 있던 유적지다. 그런데 바로 그 근처에 있는 개선문이 이렇게 당당하게 서 있게 된 데에는 어떤 곡절이 있었을까. 자료를 찾아본바, 이 개선문이 살아남을 수 있었던 것은 로마의 다른 개선문(콘스탄티누스 개선문과 셉티미우스 세베루스 개선문)과 같이 중세와 르네상스 시대를 거치면서 로마 유력자 저택의 일부분이 되었기 때문이다. 워낙 견고하고 잘생긴 탓에 기독교인들도 파괴하기가 너무나 아쉬웠던 모양이다.

티투스 개선문은 18세기까지 한 가문의 저택 망루로 사용되다가 19세기에 들어와 원래대로 복원되었다. 이 복원은 당시 교황 비오 7세의 지시하에 이루어진 것이다. 이로 인해 이 개선문 상단의 다른 한쪽에는 비오 7세의 복원을 기리는 명문이 새겨져 있다.

진정한 세계주의의 표상,
셉티미우스 세베루스

티투스 개선문에서 포로 로마노 한쪽 끝 카피톨리노 언덕 쪽으로 오다 보면 언덕 부근에서 만나는 개선문이 셉티미우스 세베루스 개선문이다. 이 개선문은 티투스 개선문보다 크기가 훨씬 크고 양식도 사뭇 다르다. 무엇보다 다른 게 아치문의 개수다. 티투스의 것은 아치가 하나뿐인데, 이것은 아치가 세 개나 된다.

셉티미우스 세베루스(146~211년, 193~211년 재위)는 로마 역사상 최초의 아프리카 출신 황제다. 그는 현재의 리비아 땅에 있던 도시 렙티스 마그나 출신이다. 로마는 2세기, 오현제 시대를 맞이하여 가장 융성한 제국을 만들었다. 이때에 들어서면 황제마저도 능력만 있

셉티미우스 세베루스 두상, 코펜하겐 칼스버그 글립토테크미술관 소장. 재미있는 것은, 이 조각상은 청동으로 되어 있어 뒤에 보이는 다른 황제의 흰 대리석상과는 구별된다는 점이다. 셉티미우스 세베루스 황제의 피부색이 특징적이었다는 것을 의미하는 것은 아닐까. ⓒ박찬운

으면 되는 시대가 되었다. 오현제 중 두 번째 황제 트라야누스와 세 번째 황제 하드리아누스 모두 로마가 고향이 아니라 히스파니아(스페인) 출신이었다. 이방인이 로마에 와서 황제가 되었다는 말이다. 지방색이라는 것이 조금이라도 있었다면 불가능한 일이었을 것이다. 이런 기풍이 오현제 시대가 끝난 시점에서는 더욱 확산된다. 로마시민권은 제국 전역으로 확산되어 명실상부한 세계화가 이루어지고 있었다.

셉티미우스 세베루스는 순수 로마인은 아니었다. 그의 어머니는 이탈리아계이고, 아버지는 당시 아프리카의 베르베르족 출신으로 알려져 있기 때문이다. 베르베르족은 백인계라고는 하지만 흑백의 경계선에 있는 부족이다. 따라서 그의 피부는 순수 이탈리아계 로마인보다는 다소 검었을 것으로 생각된다. 다만, 피부색과 관계없이

렙티스 마그나에 있는 셉티미우스 세베루스 개선문. 동서남북 각 방향으로 문이 난 이러한 형태의 개선문은 다른 곳에서는 보기 힘들다. ©Daviegunn

세베루스 가문은 매우 부유했고, 일찌감치 그와 가까운 친척들은 로마 정계에 입문해 있었다. 이런 이유로 세베루스도 일찍 로마로 들어가 정치인으로 성장할 수 있었다.

세베루스가 한참 활동할 시기의 황제는 우리에게 철인 황제로 알려진 마르쿠스 아우렐리우스, 그리고 그의 아들 콤모두스다. 아버지는 철인이었지만 아들은 천하의 망나니로, 직접 검투사가 되어 콜로세움의 군중 앞에서 호기를 부리고 있었다. 콤모두스가 황제가 되고 나서 로마제국은 점점 그 빛을 잃기 시작한다. 로마는 다시 혼란에 빠졌고 콤모두스 사후 1년에 5명의 황제가 나오는 대 혼란기에 접어든다. 황제가 되기만 하면 죽는 피비린내 나는 혈투가 벌어진 것이다. 세베루스는 이 혈투의 최후 승리자가 된다.

세베루스는 매우 영리한 사람이었던 것 같다. 그는 제국의 변방을 누비며 국경을 다시 안정화하였다. 그 덕분에 내리막길에 있던 로마는 잠시나마 이전의 영화를 되찾는 듯했다. 하지만 오현제 이후 로마는 결코 그 화려했던 시절로 돌아가지 못했다. 세베루스 재위 기간 로마제국의 위용은 잠시 반짝했을 뿐이다.

셉티미우스 세베루스 개선문은 세베루스가 재위 기간 중(203년) 당시 메소포타미아를 지배하던 파르티아와의 전쟁에서 승리한 자신의 업적을 기념하기 위해 만든 것이다. 이 개선문은 티투스의 것보다 훨씬 웅장하다. 전체 크기는 높이 20.88미터, 폭 23.27미터다. 또한 여기에는 아치문이 세 개 있는데, 중앙의 큰 아치문이 높이 12미터, 폭 7미터이고, 그 양옆으로 서 있는 작은 아치문은 각각 높이 7.8

로마의 셉티미우스 세베루스 개선문. 뒤쪽이 카피톨리노 언덕이다. ⓒ박찬운

미터, 폭 3미터이다.

이 개선문이 엄혹한 중세를 살아남고 18세기 이후 복원된 것은 그 주변에 있던 교회 건물의 한 부분으로 들어갔기 때문이다. 수백 년 간 남의 집 대문 역할을 하다가 어느 날 건물의 다른 부분은 해체되고 그 대문만이 로마제국 황제의 개선문으로 나타나는 순간 사람들은 어떤 생각을 하였을까. 기구한 운명이지만 그 긴 생명력에 경의를 표한다.

얼마 전 함부르크를 방문했을 때 그곳 미술관(함부르크 쿤스탈레)을 방문한 적이 있다. 여기에서 나는 셉티미우스 세베루스 개선문과 관련된 아주 귀한 그림을 발견했다. 요한 하인리히 쉴바하(Johann Heinrich Schilbach)가 1827년 로마의 포로 로마노를 그린 그림이었다.

요한 하인리히 쉴바하가 그린 포로 로마노, 함부르크 쿤스탈레 소장. 그림 속의 개선문이 셉티미우스 세베루스 개선문이다. 자세히 보면 개선문의 절반 정도가 지표 아래에 있는데, 흙을 파낸 다음 펜스로 두른 것을 볼 수 있다. ⓒ박찬운

이 그림을 자세히 보면 19세기 초 셉티미우스 세베루스 개선문이 어느 정도 복원되기 시작했다는 것을 알 수 있다. 개선문의 거의 절반이 지표 아래에 있지만, 주변 땅을 파낸 다음 거기에 시멘트 펜스를 두른 것을 볼 수 있다.

기독교의 수호자인가, 사악한 냉혈한인가.
황제 중의 황제 콘스탄티누스

콘스탄티누스! 그가 누군가. 그는 다른 황제와는 달리 대제(the Great)라는 수식어를 달고 다닌다. 로마제국 역사에서 이 황제 이전에 대제라는 수식어를 붙인 황제는 없었다. 콘스탄티누스는 그만큼 로마사, 아니 세계사에서 큰 의미를 지닌다. 그의 개선문이 로마에 있다. 바로 콜로세움 옆에 서

콘스탄티누스 대제 두상, 키아라몬티박
물관 소장. 이목구비가 뚜렷하고 인상
이 강인하다. 젊은 날의 콘스탄티누스
임이 분명하다.

있는데, 그 크기 또한 대제의 것답게 매우 크다.

콘스탄티누스(272~337년, 306~337년 재위)를 어떻게 설명해야 할
까. 우선 그의 인간성 자체를 생각하면, 역사상 어떤 권력자도 사악
함과 포악함에 있어 그를 능가하기는 힘들 것이다. 그는 황제가 된
후 처와 아들을 죽였다. 아들은 그의 후계자가 될 황태자였음에도,
처는 황제(막시미아누스)의 딸로 그가 권력을 쟁취하는 데 도움을 주
었음에도, 석연치 않은 이유로 아들은 독살하고 처는 끓는 목욕물에
서 나오지 못하게 하여 죽여버렸다. 정말 끔찍한 사람이다. 그뿐이
아니다. 그는 정적들에 대해서도 무자비했다. 공동황제였던 루키니
우스(콘스탄티누스 여동생의 남편)도 끝내 그의 앞에 무릎을 꿇고 정

계를 은퇴했지만, 그를 모반했다는 죄명으로 아들(콘스탄티누스의 조카)과 함께 살해되고 말았다.

이런 황제임에도 역사는 콘스탄티누스를 기독교의 수호자로 기록한다. 권력과 종교가 어떤 관계를 맺어 공생했는지를 우리는 콘스탄티누스를 통해 여실히 알 수 있다. 종교에 대해서 매우 조심스런 생각을 가진 사람으로서 기독교에 대해서 함부로 비판할 생각은 없다. 여기서 말하고자 하는 것은, 종교가 보편화되는 과정에서 정치권력이 절대적으로 작용한다는 것이다. 이것은 세계적 종교가 된 그어떤 종교에서도 예외가 없다. 속세의 권력이 뒷받침해주지 않았다면 오늘날 세계종교라 불리는 어떠한 것도 존재할 수 없을 것이다.

기독교가 이른바 보편종교로서 서구사회를 지배하는 데 콘스탄티누스의 권력이 절대적으로 작용한 것만은 틀림이 없다. 이것은 로마제국의 절대황제가 되는 과정에서 기독교를 이용하고자 했던 그의 판단에서 비롯되었을 것이다. 그는 어머니 헬레나를 통해 기독교를 알게 되었다고 하지만, 그가 결정적으로 기독교가 자신을 수호하고 황제의 권력을 도와줄 것이라 믿게 된 것은 그의 숙적 막센티우스를 격파한 밀비아 다리 전투 때였다.

당시 로마제국은 몇 명의 공동황제에 의해 지배되고 있었다. 콘스탄티누스는 아버지로부터 제위를 이어받았으나 로마에 있는 막센티우스는 이를 인정하지 않았다. 그를 꺾어야만 하는 상황에 이르게 되자 콘스탄티누스는 회심의 일전을 치르기 위해 로마로 진격한다. 312년 어느 날 이 둘은 드디어 로마 외곽에서 맞붙게 되는데, 전날

밀비아 다리. 기원전 206년에 세워진 이 다리는 콘스탄티누스가 대권을 걸머쥐는 결정적 계기를 만든 곳이다. 오랜 세월 보수되어 원형 그대로는 아니지만 2천 년이 넘는 동안 테베레 강을 건너는 주요 다리로서 기능을 해왔다. ⓒAnthony Majanlaht

밤 콘스탄티누스에게는 하나님의 계시가 있었다고 한다. 콘스탄티누스는 이 계시에 따라 그의 부하 장병의 모든 방패에 십자가를 그려 넣게 하고 전투에 임했다. 결과는 대승이었다. 막센티우스의 군대를 도륙해 로마 한가운데를 흐르는 테베레 강에 던져버린 것이다. 이날 이후로 콘스탄티누스는 기독교가 자신을 수호한다고 믿게 되었다고 한다.

이런 이야기를 얼마나 믿어야 할까. 아무리 생각해도 다 믿을 수는 없다. 여기서 우리가 취할 수 있는 것은 콘스탄티누스가 권력을 잡는 과정에서 기독교와 손을 잡았다는 사실 정도이다. 기독교 입장에서도 오랜 세월 박해에서 벗어나 공인 종교로 인정받을 수 있는 절호의 찬스를 만난 것이다.

기독교 역사에서 콘스탄티누스가 중요한 것은 크게 보아 세 가지 사건과 관련이 있다. 첫째는 기독교 공인이다. 콘스탄티누스는 313년 드디어 기독교를 공인한다. 역사는 이를 밀라노 칙령이라 부른다. 이제 기독교는 지하에서 활동할 필요가 없게 되었다. 기독교도는 당당히 세상 밖으로 나와 포교하고 재산을 가질 수 있었다. 콘스탄티누스가 이를 보장했다. 그는 오히려 한 발 더 나아가 과거 황제(특히 도미티아누스)가 몰수한 재산까지 돌려줌으로써 기독교에 물질적 기반을 만들어준다. 그리고 시간이 갈수록 기독교는 공인에서 끝나지 않고 사실상 국교화되는 단계로 나아간다.

두 번째는 325년의 니케아 종교회의이다. 이 당시 기독교는 중세나 그 이후처럼 교황을 정점으로 하는 교회체제를 만들지 못한 상황이었다. 여기에서 많은 분파가 생겼는데, 크게는 삼위일체를 주장하는 아타나시우스파와 이에 반대하여 예수의 신성을 부인하는 아리우스파가 서로 대립했다. 이 둘의 관계를 제대로 정리하지 못하면 기독교는 강력한 종교로 성장하기 어려운 상황이었다. 콘스탄티누스는 개인적으로 이 중 어떤 것이 옳은지 전혀 알 수 없었지만, 교회의 안녕을 빈다는 차원에서 아타나시우스파의 손을 들어준다. 이로써 기독교 역사에서 아리우스파는 이단으로 지목되어 박해를 받게된다.

세 번째는 콘스탄티누스가 교황에게 이탈리아 반도와 서유럽 전체를 기부했다는 이야기다. 이른바 콘스탄티누스의 기진장(寄進狀)

에 관한 것인데, 기독교인들은 교황의 권위를 높이기 위해서 '콘스탄티누스가 교황에게 기진장을 만들어주었으므로 속세의 왕은 교황에게 복종해야 한다'는 논리를 만들어냈다. 그러나 이 이야기는 중세시절 교황의 권위를 높이기 위해 기독교 내부에서 만든 거짓말이었다. 기진장 원본이라는 것이 있었지만, 그것은 가짜였던 것이다. 콘스탄티누스는 결코 그런 문서를 만든 적이 없었다. 이것을 최종적으로 밝힌 이가 15세기의 로렌초 발라(Lorenzo Valla)다. 그는 이 기진장에 들어 있는 단어가 콘스탄티누스가 살아 있을 때인 4세기보다 400년이나 뒤인 8세기의 언어라는 것을 밝혀냄으로써 교회사에 일대 파란을 일으켰다.

콘스탄티누스에 대해서 한 가지 더 말해둘 것은 그로 말미암아 비잔틴제국, 즉 동로마제국이 시작되었다는 점이다. 콘스탄티누스는 공동 황제들을 모두 제거하고 단독 황제가 되었지만 더 이상 로마를 수도로 삼지 않았다. 대신 그는 과감하게 새로운 수도를 만드는데, 그것이 바로 비잔티움, 즉 후일의 콘스탄티노플(현재의 이스탄불)이다. 이로써 로마제국은 로마를 중심으로 하는 서로마제국과 콘스탄티노플을 중심으로 하는 동로마제국으로 나뉘었고, 5세기 말 서로마제국이 게르만족의 침입으로 멸망하면서 동로마제국은 로마제국의 이름을 이어받아 다시 천 년의 역사를 쓰게 된다. 이렇게 콘스탄티누스는 유럽의 역사를 다시 쓴 장본인인 것이다.

콘스탄티누스,
기독교 수호자의 정체

콘스탄티누스는 대충 이런 인물이었다. 그를 기념하는 개선문이 바로 콜로세움 옆에 서 있는 것이다. 이 개선문은 315년 완공되었는데, 바로 콘스탄티누스가 밀비아 다리 전투(312년)를 통해 로마제국의 완벽한 황제로 부상한 시점이다(물론 콘스탄티누스가 동·서 로마제국 전체의 유일한 황제가 되는 것은 그로부터 12년 후인 324년이다). 이 개선문은 현재 로마에 남은 개선문 중에서 가장 늦게 건립된 것인데, 큰 특징은 대부분의 장식품들이 남의 기념물에서 가지고 온 것이라는 점이다. 2세기 오현제 시대의 황제들, 트라야누스, 하드리아누스, 마르쿠스 아우렐리우스의 개선문이나 그들의 업적을 기리는 기념물에서 장식품을 떼어와 여기에 붙였다는 말이다. 참으로 이상한 개선문이다. 어떻게 이런 일이 일어날 수 있을까.

이 개선문의 전체 크기는 높이 21미터, 폭 25.9미터이며, 3개의 아치 중 가운데 큰 아치의 크기는 높이 11.5미터, 폭 6.5미터, 작은 두 개 아치의 크기는 높이 7.4미터, 폭 3.4미터이다. 로마에 있는 3개의 로마제국 개선문 중에서는 가장 크다. 양식은 앞에서 본 셉티미우스 세베루스의 것과 흡사하지만, 독창성은 한마디로 꽝이다. 남의 장식품을 떼어내서 재활용한 것이니 말이다.

이렇게 만든 이유로는 크게 두 가지 설이 있다. 하나는 촉박한 시간 때문이라는 것이다. 3년 만에 그 큰 개선문을 만든다는 게 당시

콘스탄티누스 개선문. 이 웅장한 개선문을 자세히 보면 놀랍게도 곁에 붙어 있는 장식물은 대부분 다른 기념물에서 뜯어 온 것이다. 한마디로 말하면 이 개선문은 재활용품이라 할 수 있다. ⓒ박찬운

상황으로서는 보통 큰일이 아니었다고 한다. 그래서 어쩔 수 없이 로마 시내에 있는 과거 개선문에서 실례를 할 수밖에 없었다는 설명이다. 또 하나의 설은 당시(4세기 초) 로마의 건축기술 및 예술 수준이 전대를 도저히 따라가지 못했다는 것이다. 그래서 로마 시내에 있는 기존의 개선문 이상의 수준으로 만들 수가 없어 선대의 개선문에 실례를 범했다는 것이다. 사실 어느 쪽 가설도 신빙하기는 어렵다. 다만 나는 이 문제에 대하여 나름대로의 가설을 한 가지 내놓고 싶다.

그것은 콘스탄티누스가 자신을 로마제국이 아닌 새로운 제국의 황제로 자리매김했다는 가설이다. 오현제 시대의 황제는 그 이후의 황제들에게도 하나의 전범이 되는 황제들이다. 훌륭한 조상이라는

뜻이다. 그런데 어찌 감히 그 위대한 조상의 장식품에 손을 대 자신의 개선문을 만든다는 말인가. 따라서 콘스탄티누스가 오현제의 개선문에 손을 댔다면, 이것은 그가 이룬 새로운 왕조가 과거의 로마와는 다르다고 선언한 것이라 보아야 할 것이다. 새로운 왕조이니 선대가 이루어놓은 업적은 자신과는 관계없는 것이다. 콘스탄티누스가 비잔티움을 제국의 새로운 수도로 선택한 것도 그 때문이었다. 그런 황제이기에 자신의 개선문을 만들기 위해 과거 로마황제의 장식품을 떼어오는 것은 아무런 문제가 아니었다는 말이다.

또 하나 이 개선문을 유심히 살피면 일어나는 의문이 있다. 개선문 어디에도 기독교 냄새가 나지 않는다는 사실이다. 콘스탄티누스는 이 개선문이 만들어지기 2년 전 기독교를 공인하여 기독교인들에게 신앙의 자유를 주었다. 그런 연유로 기독교에서는 이 황제를 기독교의 수호자, 성인 중의 성인으로 칭한다. 그런 그의 개선문에 기독교의 흔적이 없다? 이것은 참으로 이상한 일이다. 여기엔 여전히 로마 신화의 신들, 아폴로, 헤라클레스, 다이아나가 나온다(하드리아누스 시기의 장식품을 떼어내 붙인 것이다). 어찌 이런 일이? 생각해 보면 이것도 기독교에 대한 콘스탄티누스의 생각이 그리 깊지 않음을 알려주는 예라고 할 수 있다. 그러니 밀비아 다리 전투에서 그가 꿈에서 계시를 받고 승리했다는 것도 믿을 수 없다.

그는 기독교를 자신의 권력을 유지하기 위한 방편으로 사용했을 뿐이지, 순수한 신앙심으로 대하지 않았다. 그러니 그가 원로원으로부터 개선문을 받을 때 그 내용이 어떤 내용이든, 비록 기독교의 입장에서 보면 이교도의 내용이라 할지라도, 상관이 없었던 것이다. 비록 기독교를 공인했다고 해도, 적어도 그의 나이 40 전후에는 그것이 결코 자신의 신앙은 아니었다는 이야기다.

민족주의로 덧씌운
파리 개선문

로마제국의 개선문은 제국이 멸망한 이후 대부분 폐허가 되었고, 살아남았다 해도 오랫동안 권력가 저택의 망루 정도로만 사용되었다. 그러던 개선문이 18세기 이후 새롭게 조명되었다. 세계 각국에서 로마의 개선문을 흉내낸 개선문들이 나타난 것이다. 이것은 근대 민족주의의 출현과 깊은 관련이 있다. 나폴레옹 전쟁 이후 유럽 대륙에서는 민족주의가 급격히 고양되어, 급기야는 건축물에까지 이런 현상이 나타나기 시작했다. 수도의 중앙광장이나 대로 한가운데에 거대한 개선문이 세워진 것이다. 이는 민족주의에서 발전한 국가주의의 예술적 표현이라고 할 수 있다. 그 대표적 예가 바로 파리의 개선문이다.

파리에 가면 어디에서 증명사진을 찍을까. 아마 십중팔구는 이곳일 것이다. 개선문 앞 말이다. 그렇다, 개선문은 파리의 상징이고 모든 파리 관광객의 필수 방문지이다. 그러니 오늘날 이 개선문은 최고의 관광상품으로서의 의미가 더 클 것 같다. 하지만 이 개선문이야말로 프랑스 민족주의의 산물이다.

파리 개선문. 파리에 가는 여행자들이라면 이곳은 빼놓을 수 없는 명소다. 이 개선문은 처음 만들어질 때는 나폴레옹의 전쟁 승리를 기념하기 위한 것이었지만, 현재는 세계대전에서 죽은 무명용사를 위한 묘지이기도 하다. 그런 면에서 이곳은 파리의 국립묘지라고도 할 수 있다. ⓒ박찬운

파리 개선문은 1806년 나폴레옹이 그의 전쟁 승리를 기념하기 위해 직접 제작을 지시한 것이다. 나폴레옹의 전성기에 시작된 공사는 이후 나폴레옹이 영국에 패함으로써 중단되었다. 그러다가 한참 후 루이 나폴레옹이 권력을 잡고 나서야 비로소 공사가 재개되어 1836년 완공되었다.

파리 개선문은 멀리서 보더라도 그 장중함이 돋보인다. 그만큼 과거의 개선문보다 훨씬 크다. 높이가 50미터, 폭이 45미터로, 과거 로마제국 시절의 개선문에 비해 2배 이상이나 된다. 이 개선문은 오로지 전쟁 승리를 기념하는 것만을 목적으로 하지 않는다. 개선문 아치 아래 바닥은 무명용사의 무덤이기도 하다. 프랑스는 제1차 세

계대전이 끝나고 전쟁에서 명멸한 젊은 영혼들을 이곳에 모셨다. 그러니까 파리 개선문은 프랑스 국민들에게 과거의 영광에 대한 자긍심을 불러일으키면서 동시에 조국을 위해 죽음을 불사한다는 희생정신을 요구하는 곳이다. 그런 의미에서 이곳은 프랑스의 진정한 국립묘지이다.

이 파리 개선문은 많은 나라에 영향을 주었다. 19세기와 20세기를 거치면서 세계 대부분의 나라에서는 민족주의의 열풍이 불었고, 집단을 위한 개인의 희생이 요구되었다. 따라서 민족적 긍지를 심어주는 한편 전체주의를 확산하기 위해 이런 유의 개선문이 많은 나라에서 만들어졌다. 그럴 때마다 파리 개선문은 하나의 롤 모델이 되었다.

서재필, 그는 왜
독립문을 만들었을까

파리 개선문에서 발현된 민족주의는 우리나라에서도 예외는 아니었다. 서울 서대문구 현저동에 가면 서대문 독립공원이 있다. 이곳에는 일제강점기 우리 독립투사들이 고문을 받고 죽어간 서대문형무소와 함께 우뚝 서 있는 것이 있다. 바로 독립문이다. 우리 역사에 조금이라도 관심 있는 사람들이라면 이 독립문이 어떻게 여기에 세워졌는지 알 것이다. 독립문은 1896년 독립협회가 중심이 되어 조선왕조 500년 동안 중국 사신을 맞이하던 영은문을 헐고 그 자리에 세운 것으로, 세계사적으로 볼 때 19세기를 풍미한 민족주의의 우리 식 표현이라고 할 수 있다. 원래 독립문은 현재 위치에서 남동쪽으로 약 70미터 떨어진 지점에 있었는데, 1979년 성산대교 공사로 인해 현재의 위치에 이전, 복원해 놓았다.

바로 이 독립문은 독립협회를 이끈 서재필이 스스로 스케치한 것을 바탕으로 당시 독일 공사관의 스위스 기사가 설계했다고 전해진다. 건축과 관련하여 구체적인 이야기는 자료에 따라 다소 차이가 나긴 하지만, 분명한 것은 이 독립문을 만듦에 있어 서재필의 역할이 결정적이었다는 사실이다.

이 독립문은 파리 개선문의 영향을 받았다고 하지만, 사실 미적 관점에서는 보잘것없다. 개선문 양식으로 이 문을 만들려고 했다면 서구 개선문의 기본 양식을 제대로 가져왔어야 했는데, 이 점에서 엉성하기 그지없다. 우선, 개선문의 기본 양식이라고 할 수 있는 아치 위의 상단 부분(attic)이 거의 생략되어 있다. 서양의 개선문에서 이 상단 부분은 통상 그 문이 언제, 누구에 의해, 왜 만들어졌는지 간단히 기록하는 곳으로, 양식상 빠질 수 없는 부분이다. 또한 서양의 개선문에는 그 목적과 관련된 각종 예술적 장식물(부조)이 등장한다. 하지만 우리 독립문에서 이런 것들은 모두 생략되었으며, 화강석을 쌓은 다음 앞뒤 현판석에 독립문이라는 글자를 한글과 한자로 써놓고, 양 옆에 태극 문양을 그려 넣은 것이 사실상 장식의 전부이다.

나는 이 독립문을 보면 120여 년 전으로 거슬러 올라가 독립협회의 중심인물 서재필을 생각한다. 과연 그는 이 독립문을 구상하면

독립문. 120년 전 서재필 등이 중심이 되어 대한제국이 독립국임을 알리기 위해 만든 것이다. 현재 주변은 서대문형무소와 함께 독립공원으로 조성되었다. 서재필의 동상은 독립문을 바라보고 서 있다. ⓒ박찬운

서 어떤 생각을 했을까. 이것을 알려면 우선 그의 이력을 알아야 한다. 그는 당대를 산 조선의 젊은이 중에서 참으로 특이한 사람이었다. 서재필에 대한 정보는 그의 자서전이나 근현대사 관련서에 비교적 자세히 나오니 관심 있는 독자들은 그것들을 참고하기 바란다. 여기서는 나의 상상과 관련된 부분만 들추어내, 독립문을 만든 과정을 추적해보기로 하자.

익히 알려진 바와 같이 좋은 가문에서 태어난 서재필은 한양에 올

라와 당시 최고 지식인들과 교유한다. 초기 개화파의 핵심인물인 서광범은 그의 5촌 당숙이었고, 개화파의 지도자인 김옥균과도 깊이 교유하는 사이가 되었다. 그런 이유로 서재필은 나이 스무 살이 되는 해인 1884년 이들 개화파 지도자들과 함께 갑신정변의 주역으로 등장한다. 하지만 정변은 3일 천하로 끝나고, 그 주모자들은 반역자로 몰려 조국을 등지지 않으면 안 되었다. 서재필은 우여곡절 끝에 1885년 일본을 통해 미국으로 망명한다. 아마도 서재필은 조선인으로서는 1883년 보빙사(報聘使)로 파견된 민영익 일행(여기에 유길준이 포함되어 있었다)을 제외하면 두 번째로 미국 땅을 밟은 사람일 것이다.

서재필은 미국에서 놀라운 적응력을 보인다. 매우 뛰어난 머리를 가진 조선의 지식인이었기에 가능했을 것이다. 영어를 한마디도 못한 채 미국에 갔지만, 나이 스물을 갓 넘긴 조선의 영재는 빠른 속도로 영어를 마스터하고 급기야는 의대에 진학하여 의사가 된 후 모교인 조지워싱턴대학 의과대학(당시 컬럼비아 의과대학)의 강사가 된다. 그리고 이 사이에 미국 여성과 결혼도 했다. 서재필이 이렇게 미국 사회에서 대학을 나오고 결혼까지 한 것은 다시는 조선 땅을 밟지 못할 것이라는 체념이 깔려 있었기 때문이다. 갑신정변으로 처자식이 다 죽고 집안은 풍비박산 난 상황에서 고국에 온들 무슨 희망이 있었겠는가.

하지만 미국에서 십 년 세월을 보내는 동안 조선의 상황은 급변하고 있었다. 갑신정변의 주역들이 다시 권력의 전면에 나서는 상황에서 서재필은 조국을 떠난 지 12년 만에 조선 땅을 다시 밟는다. 그렇게 해서 만든 것이 독립협회다. 서재필은 12년 동안 미국에서 단지 의학을 공부하고 의사가 된 것에 만족하지 않았을 것이다. 조선의 영민한 청년은 서구문명의 심장부에서 끝없이 발전하는 서구문명의 실체를 보고 매일같이 놀라면서 그것을 배워나갔을 것이다. 당시 미국은 남북전쟁이 끝난 후 질풍노도와 같은 속도로 산업사회로 성장해가고 있었다. 서재필은 미국의 산업혁명을 현장에서 목격하고 독립한 지 100년 만에 세계 정상급의 대국으로 발전한 미국에서 무엇인가 큰 깨달음을 얻었을 것이다.

이런 경력의 서재필이 국내로 돌아와 아직도 서구문명의 실체를 모르고 정쟁을 일삼는 권력층을 보았을 때 어떤 생각을 했을까. 아직도 미몽에서 깨지 못하고 살아가는 조선 민중을 보면서 어떤 생각을 했을까. 거기서 그는 계몽의 필요성을 절감했다. 〈독립신문〉을 만들어 직접 논설을 쓰면서 우리가 빨리 서구문명을 받아들여야 함을 호소한 것은 그의 이력에 비추어 자연스런 일이었다.

하지만 글만으로는 계몽하는 데 한계가 있었다. 일반 대중이 매일 같이 지나다니는 대로에 큰 기념물을 만들어 계몽하는 것, 그것은 12년간의 외국 생활을 통해 배운 매우 익숙한 방법이었다. 이즈음 그는 미국에서 알게 된 파리 개선문을 떠올렸을 것이다. 19세기 후반 서구 세계에서는 민족주의와 식민지 쟁탈전이 한창이었다. 이 과정에서 각국은 자신들의 힘과 영광을 보여주기 위해 수도 한복판에 거대한 개선문을 만들었다. 서재필도 그것을 알았다. "그래, 우리도 그런 것을 만들어보자." 서재필은 그렇게 외쳤을 것이다.

뉴욕 워싱턴스퀘어파크의 워싱턴 개선문. 이 개선문은 1889년 초대 대통령 조지 워싱턴의 대통령 취임 100주년을 기념하기 위해 만들어졌다. 완성된 해가 1889년이니 서재필이 귀국하기 7년 전, 미국에서 한참 공부할 때 만들어진 것이다. 서재필은 이 개선문을 직접 보거나 신문을 통해 알았을 것이다. ⓒJean-Christophe BENOIST

　아무리 기록을 뒤져도 서재필이 조선에 귀국한 1896년 전에 파리 개선문을 직접 보았다는 흔적은 없다. 아마도 그는 그것을 미국에서 책을 통해 보았을 것이다. 하지만 그가 귀국하기 얼마 전 뉴욕 워싱턴스퀘어파크에 완공된 워싱턴 개선문은 그의 뇌리에 생생했을 것이다. 이 개선문은 1889년 초대 대통령 조지 워싱턴의 대통령 취임 100주년을 기념하기 위해 만든 것인데, 이 또한 파리 개선문을 본떠 만들어졌다. 완성된 해가 1889년이니, 서재필이 귀국하기 7년 전 미국에서 한참 공부할 때였다. 서재필은 직접 혹은 신문 등을 통해 이 개선문을 여러 번 보았을 것이다. 그리고 그것이 파리의 개선문을 본떠 만들어졌다는 것도 물론 알았을 것이다.

　서재필이 귀국하여 독립문을 만들 때 세계는 민족주의와 제국주의의 소용돌이 속으로 깊이 빠져들고 있었다. 그가 독립문을 만드는 과정은 바로 이런 세계사의 한 장면이다. 안타까운 것은 이런 노력이 너무 늦었다는 것이다. 서재필의 노력과 관계없이 당시 조선은 이미 제국주의의 제물이 되는 위험한 선을 넘고 있었다.

북한, 세계에서 가장 큰
개선문을 짓다

　　　　　　　　　　　　세계에서 가장 큰 개선문은 개선문의 고향 유럽에 있지 않다. 재미있게도 이 한반도에 있다. 바로 평양 시내에 우뚝 선 개선문이다. 김일성의 항일 빨치산 활동과 평양 입성을 기념하기 위해 김일성 70회 생일에 맞춰 그가 살아온 70년 하루하루를 기리는 벽돌 25,500개를 사용하여 만든 것이다. 높이는 무려 약 60미터, 폭은 50미터다. 정말로 북한 사람들 대단하다. 어떻게 이런 것까지 세계 1등을 원했는가. 그래야만 자신들의 자존심을 세계만방에 알린다고 생각한 것인가.

　스탈린 사회주의가 판을 치던 냉전 시기, 이런 유의 조형물은 당시 소련을 비롯한 동구권 여러 나라에서도 만들어졌다. 만들기만 하면 세계 최고, 제일이라는 수식어가 붙어 다녔다. 인간 본연의 예술적 심성과는 전혀 관계가 없는 조형물이다. 사람의 의식을 마비시키

평양의 개선문. 세계에서 가장 큰 개선문이다. 개선문 2층에는 김일성 장군의 노래가
새겨져 있다. 아치 상단에 3층의 지붕을 설치한 것이 특이하다. ©Gilad.rom

는 도구, 절대 지도자(수령)의 권위를 보여줌으로써 어떤 반대도 용서치 않겠다는 살벌한 기념물일 뿐이다. 이런 조형물이 한반도에 아직도 남아 있다. 참으로 답답한 일이다.

개선문, 국가주의와 전체주의를 넘어
민주주의의 상징으로

로마제국이 만들어낸 개선문은 근현대로 들어와 재발견되었다. 그것은 전쟁에서 이긴 장군이나 황제의 업적을 기리는 것보다는 민족 간의 대립에서 한 민족의 우월성을 나타내는 상징으로써, 때론 숨 막히는 전체주의 국가에서 수령의 우상화를 위한 도구로써 사용되었다. 민주주의 시대를 사는 우리로서는 그런 개선문에서 도저히 감동을 받을 수 없다. 개선문이 사람과 사람, 민중과 권력의 화합을 나타내는 상징으로 만들어질 수는 없을까. 나는 1년 동안 스웨덴에서 그것을 목격했다. 매우 감동적으로 말이다.

스웨덴은 일찍이 사회민주주의를 성공시켜 세계 최고의 복지국가를 만들었다. 국민의 행복지수는 세계 최고 수준이고, 민주주의 또한 최고 수준이다. 이러한 나라에 개선문이 들어선다면 어떤 모습일까. 181페이지의 사진을 보라.

이 사진은 스톡홀름에 있는 국회의사당 건물이다. 그런데 잘 보면 사람들이 의사당 중앙을 활보한다. 그렇다. 스웨덴 국회의사당 한

스웨덴 국회의사당. 의사당 가운데 길이 나 있고, 그 길 양끝에 개선문이 건물과 건물을 잇는다. 그리고 사람들이 그 길을 활보한다. 이런 모습을 보자면 우리 여의도 국회의사당과 비교된다. 의사당 외관만 다른 것이 아니다. 스웨덴의 국회의원은 비서관도 없고 기사가 모는 차도 없다. 스웨덴 국회의사당은 밤늦게까지 불야성을 이룬다. 의원들 스스로 공부하면서 법안을 준비하기 때문이다. 지방에서 올라온 의원들에게 조그만 아파트가 주어지지만, 가족들이 오는 경우 그 비용은 별도로 계산해야 한다. ⓒ박찬운

가운데는 이렇게 사람들이 마음대로 활보할 수 있도록 만들어졌다. 의사당 한가운데를 관통하는 이 길은 왕궁에서 스톡홀름 도심 한복판으로 뻗는 가장 번화한 길(드로트닝가탄)의 일부분이다.

그런데 자세히 보라. 이 의사당의 길 양편에 무엇이 있는가. 개선문이다. 3개의 아치가 있는 개선문 두 개가 의사당 길 양편에 하나씩 설치되어 있다. 이는 개선문이 항상 국가주의나 전체주의를 위해 사용되는 것이 아니라 스웨덴처럼 민주주의 국가에서도 사용될 수 있다는 증거이다. 그런 경우 개선문은 사람과 사람, 민중과 권력을 이

어주는 민주주의의 상징물이 될 수 있다. 우리도 이제 이런 개선문
을 만들어 시민들이 그 아래를 활보할 수 있도록 할 수는 없을까?

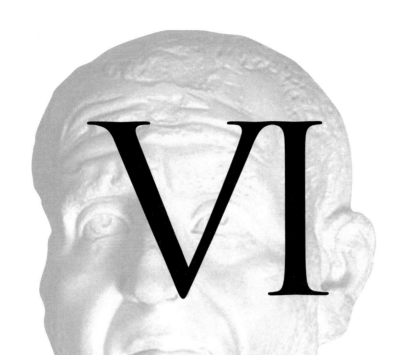

VI

콜로세움,
팍스 로마나의 상징인가,
로마 쇠망의
출발점인가

잠실 올림픽주경기장을 보면
로마 원형경기장이 보인다

나는 1년간 룬드대학에서 연구년을 보내면서 연구소 근처의 중앙도서관을 자주 방문했다. 19세기에 만들어진 이 도서관은 조용하면서도 아름다운 건물이다. 나는 이 도서관에 갈 때마다 3층 서가에 꽂혀 있는 로마문명 관련 책들을 살펴보았다. 그러다가 봄가드너의 《로마 원형경기장 이야기》 (*The Story of the Roman Amphitheater*)라는 책을 발견했다. 나중에 알고 보니 이 책은 로마 원형경기장에 관한 최고의 전문서적이었다.

봄가드너는 지중해 연안에 산재한 로마제국의 원형경기장을 발로 찾아다니며 개개 극장의 건축시기를 밝히고 그것을 토대로 그 극장들이 어떤 과정을 거쳐 만들어졌는지를 소상히 밝혔다. 그리고 거기에 주요 원형극장의 구조와 건축방법에 대한 매우 자세한 설명을 붙였다(그의 박사학위 논문은 바로 로마 원형경기장에 관한 것이었다). 나는 이 책을 읽으면서 로마 원형경기장에 얽힌 많은 이야기를 접할 수 있었다.

원형경기장 혹은 원형극장의 영어 명칭은 amphitheater인데, 이 단어는 '양쪽에서'(on both sides)라는 뜻의 amphi와 '극장'이라는 뜻의 theater의 합성어이다. 즉, 어떤 공연이나 경기를 관중이 여러 방향에서 동시에 볼 수 있는 시설을 말하는 것이다. 이러한 원형극장의 시조는 그리스에서 시작되었다. 다만 그리스의 원형극장은 원형(타원 포함)이 아니라 반원형이었다. 이것은 통상 도시에 있는 언덕 한편의 경사지를 이용하여 만들어졌는데, 공연을 하는 시설(무대)과 그것을 조망할 수 있는 원형의 다층 계단식 관람석으로 이루어졌다.

주제에서 좀 빗나가지만 이 원형극장의 의미를 부연하고 싶다. 나는 이 원형극장이 그리스 자연철학에서 비롯된 서구의 과학주의와 깊은 관련이 있다고 생각한다. 원형극장은 모든 사람이 특정의 대상을 동시에 볼 수 있는 시설이다. 중인환시리(衆人環視裡)라는 말을 그대로 실현하는 장치라고 할 수 있다. 여러 사람이 동시에 보면 사물에 대한 판단이 정확해질 수밖에 없다. 소수의 독단은 용납이 안 되기 때문이다. 원형극장은 정확성과 합리성을 추구하는 과학에서 비롯된 건축양식이라고 할 수 있다.

187페이지 사진을 보기 바란다. 이 사진은 내가 2013년 5월 스웨덴 웁살라대학에 갔을 때 그곳 박물관(구스타비아눔)에서 찍은 사진이다. 17세기 이 대학 해부학 강의실의 모습이다. 가운데 탁자 위에서 시체 해부가 이루어지면 학생들은 원형극장 모양의 자리에서 그것을 동시에 보게 된다. 이 시설에서 교수는 여러 학생들이 보는 가

웁살라대학 박물관에 있는 해부학 강의실. 17세기 중반에 만들어진 것으로, 파도 바대학에 이어 유럽에서 두 번째로 만들어진 원형극장식 해부학 강의실(anatomical amphitheater)이다. 중앙의 탁자 위에서 시체 해부가 이루어지고, 학생들은 이를 둘러싼 계단식 관람석에서 해부장면을 관찰하였다. 여기가 바로 과학적 합리주의의 생생한 현장이라고 말할 수 있다. 같은 시기 우리는 "신체발부수지부모"(身體髮膚受之父母)라고 하면서 신체에 칼을 대는 것을 금기시했다. ©박찬운

운데 해부 실연을 보여주면서 강의를 할 수 있었던 것이다.

그럼 서구에서는 언제부터 이런 시설을 만들어 사용하였을까. 서양에서 해부학 강의실이 처음 만들어진 것은 1594년 이탈리아 파도 바대학에서라고 한다. 우리 국토가 왜군의 침략으로 유린되고 있을 때 지구 반대편에서는 이런 과학적 시설을 만들어 해부학을 강의한 것이다. 같은 시대를 산 조선의 의성 허준 선생이 이것을 보았다면 어떤 생각을 했을까.

분명한 것은 르네상스 이후 한 세기 만에 서양의 과학주의가 궁극적인 지점까지 도달했다는 사실이다. 급기야는 금기의 대상이었던

사람의 신체까지 과학의 대상이 되었다. 바로 그것이 그 후 서양이 세계를 지배한 중요한 원인이기도 했다. 이 사진 한 장으로 우리는 이 시기 서양과 동양의 과학 사이에 얼마나 차이가 있었는가를 알 수 있다.

본론으로 돌아가 하던 이야기를 계속 하자. 지금도 그리스 아테네 아크로폴리스 근처에 가면 두 개의 원형극장을 볼 수 있는데, 하나는 디오니소스 극장이고, 다른 하나는 헤로데스 극장이다. 이 두 개의 극장은 모두 아크로폴리스의 언덕 경사면을 이용하여 객석을 만들었다.

디오니소스 극장은 기원전 4세기에 만들어진 그리스의 전통적인 원형극장인 반면, 헤로데스 극장은 기원후 2세기 로마제국시대에 만들어진 것이다. 사진으로만 보아도 헤로데스 극장에는 로마제국의 위용이 넘친다. 그리스 극장이 작고 자연친화적이라면 로마극장은 크고 인위적이다.

헤로데스 극장에서 보듯, 로마제국 시절에도 그리스식의 원형극장(Roman-Greco amphitheater)이 제국 곳곳에 만들어졌다. 즉, 도시의 언덕을 이용하여 반원형극장을 만든 것인데, 이것은 구조상 연극과 같은 공연이나 대중집회를 위한 것이었다. 내가 가본 곳 중에서는 터키의 파묵칼레 극장이나 에페소스 극장도 모두 로마제국 시절에 만들어진 그리스식 극장이다.

기원전 공화정 시대에 나타나기 시작한 로마 특유의 원형극장은 아우구스투스 황제 이후 제정 시대에 로마제국 전역에 우후죽순처

1 아테네 아크로폴리스 근처의 헤로데스 극장. 이것은 기원후 2세기 로마제국 시절에 만들어진 것인데, 그 보존상태가 매우 훌륭하여 지금도 여름철이면 공연이 가능하다. 아크로폴리스에서 아래를 내려다보면 극장의 객석이 한눈에 들어온다. ©박찬운

2 디오니소스 극장. 헤로데스 극장에서 수백 미터를 걸어가면 만날 수 있는 이 극장은 기원전 4세기에 만들어졌다. 이 극장은 1만 7천 명을 수용하는 대형 야외극장이었다. 지금은 그 규모가 매우 작아 보이지만, 그럼에도 화려했던 과거를 상상하는 것은 그리 어렵지 않다. 이곳에서 그리스의 비극들이 공연되었다. 소포클레스의 〈안티고네〉는 최고의 작품으로, 보는 이들의 눈에서 눈물이 흐르게 만들었을 것이다. ©박찬운

1 터키 에페소스 극장. 신약성경에서 바울이 전도여행을 했던 소아시아 최대 도시 중
하나인 에페소스에 있는 이 극장은 2만 4천 명을 수용할 수 있었다. 사도 바울은 전도
여행을 하는 도중 에페소스를 들렀는데, 그의 설교로 생업이 위험에 처한 사람들이 바
로 이 극장에서 소요를 일으키는 바람에 죽음에 직면했다. 이 이야기는 사도행전 19장
23절 이하에 나온다. © Norman Herr normherr

2 터키 파묵칼레 극장. 파묵칼레는 로마시대에 유명한 온천도시였다. 여기에 1만 명
이 넘는 관중이 들어갈 수 있는 원형극장이 있다. 보존상태가 좋아 지금도 각종 공연이
이루어진다. ©박찬운

럼 나타났다. 이 원형극장은 그리스식과는 달리 도심 한가운데 평지에 만들어졌는데, 모양은 중앙무대를 원형의 계단식 객석이 둘러싼 형태였다. 크게는 5만여 명의 관객이 들어갈 수 있는 대형극장부터 작게는 1~2만 명의 관객이 들어가는 소형극장까지 도시의 크기에 따라 다양한 형태의 극장이 제국 곳곳에 만들어졌다. 이곳에서 로마인들은 연극 대신 검투사들이 벌이는 살인경기와 사람과 맹수가 싸우는 투기경기를 열광적으로 관람했다. 그러니 이때부터는 단순히 원형극장이라기보다는 원형경기장이라고 부르는 것이 나을 것이다. 이 원형경기장이 바로 로마가 만들어낸 로마식 원형극장(Roman amphitheater)이다. 우리가 보게 될 콜로세움이 그 대표적 예이다.

로마의 원형경기장은 로마제국의 멸망, 기독교 시대의 도래와 함께 대부분 폐허가 되었다. 제국 곳곳에서 위용을 자랑하던 원형경기장 중 극히 일부가 현대에 이르기까지 살아남았다. 이탈리아 북부 베로나에 있는 원형경기장에선 여름마다 오페라 축제가 열린다. 비록 이곳저곳이 허물어져 로마시대의 늠름함은 사라졌지만 그 본래의 모습을 상상하기는 어렵지 않다. 이들 원형경기장은 지난 2천 년간 여러 용도로 사용되었다. 한때는 도시의 요새로 사용되기도 하고, 교회 시설로도 사용되었다. 혹은 채석장 역할도 했다. 도시의 건축 수요에 맞게 돌이 필요할 때 이 거대한 원형경기장은 그것을 제공하는 최고의 채석광산이 되었던 것이다.

한 가지 알아야 할 것은 로마의 원형경기장이 현대에 이르기까지 동서양의 공공 건축물에 큰 영향을 주었다는 사실이다. 길게 생각할

이탈리아 베로나의 원형극장. 이 원형극장은 3만 명을 수용할 수 있는 매우 큰 규모의 극장으로, 기원후 30년에 만들어졌다. 용도는 콜로세움과 크게 다르지 않았을 것으로 보인다. 팍스 로마나 시기에 이런 원형극장이 로마제국 곳곳에 세워졌다. 보존상태가 좋아 현재도 여름철에는 이곳에서 베로나 가극 축제가 개최된다. 베로나는 셰익스피어의 〈로미오와 줄리엣〉의 배경이 된 도시다. ©박찬운

것도 없이 대한민국에서 가장 큰 경기장인 서울 잠실 올림픽주경기장을 보라. 이 경기장은 바로 로마의 원형경기장을 현대식을 변용한 것에 불과하다. 2천 년 전 로마인들이 만든 콜로세움이 시대를 바꿔가면서 살아남아 우리 앞에 서 있다고 해도 과언이 아니다.

네로 황제의 황금 궁전 위에
콜로세움을 세운 이유는

콜로세움은 플라비우스 왕조(69~98년, 베스파시아누스, 티투스, 도미티아누스)의 상징물이다(그래서 이를 플라비우스 원형경기장이라고도 부른다). 그것은 단순한 원형경기장이 아니라 플라비우스 왕조의 권위와 자비를 동시에 보여주고자 만들어진 것이다. 폭군 네로가 갑자기 살해되고 나서 3명의 황제(오토, 갈바, 비텔리우스)가 나타났으나 이들도 곧 죽임을 당한다. 베스파시아누스는 이런 살육전 속에서 최후의 승자가 되었기 때문에, 어떤 황제보다도 그의 왕조가 안정되면서도 영속하기를 원했다. 이를 위해서는 황제의 권위와 자비를 시민들에게 동시에 보여줄 필요가 있었다.

콜로세움은 그런 필요를 충족시키기 위한 것이었다. 때문에 콜로세움은 시민들이 보는 순간 그 규모와 시설에 감탄하고 고개를 숙일 수밖에 없도록 만들어져야 했다. 그리고 그곳에서는 시민들이 열광적으로 좋아하는 각종 투기경기가 황제의 자비 속에서 이루어져야만 했다. 그럴 때 로마시민들은 황제의 권위를 인정하고 충성을 바칠 수 있다고 생각한 것이다.

한번 상상해보자. 네로 사후 민심은 여전히 흉흉했을 것이다. 이때 베스파시아누스가 황제에 오르면서 대공사를 시작한다(기원후 70년). 공사는 매우 빠르게 진행되어 10년 만인 기원후 80년 베스파시아누스의 아들 티투스가 황제에 즉위하면서 완공된다. 로마 한가

콜로세움. 거의 2천 년을 버텨온 로마제국의 대표적 건축물이다. 이 경기장에 사용된 석재의 절반 이상은 중세 이후 로마의 성당 건축이나 귀족의 저택 공사에 들어갔다. 그럼에도 콜로세움은 아직도 늠름하게 로마 시내 한가운데서 그 위용을 뽐내고 있다.
©박찬운

운데 전대미문의 초대형 원형경기장이 들어선 것이다. 이것은 황제가 로마시민에게 준 선물이었다.

이제 로마시민이라면 누구나 이 엄청난 경기장에 들어와 로마제국 최고의 인기 검투사들이 벌이는 살인경기와 맹수 사냥을 볼 수 있게 되었다. 황제가 주는 공짜 티켓으로 들어온 시민들이 황제의 자비에 환호하지 않을 수 없었을 것이다. 동서고금을 통해 위정자들은 스포츠를 중시했다. 그것이야말로 가장 손쉬운 체제안정 수단이었기 때문이다.

이 콜로세움이 세워진 위치 또한 매우 극적인 것이었다. 바로 천하의 네로 황제 황궁을 터로 만든 것이다. 시민들의 원성의 표적이 었던 네로 황궁에 이제 로마시민이 매일같이 드나들 수 있는 시민의 궁전 콜로세움이 세워졌으니 그것이 상징하는 바는 말로 설명할 필요도 없다.

네로의 황궁 도무스 아우레아(Domus Aurea)는 그 명칭대로 황금 궁전이었다. 미치광이 예술가이기도 했던 네로의 꿈을 실현시킨 곳이다. 네로는 66년에 일어난 로마 대화재를 기화로 로마 시내 한가운데에 자신의 궁전을 만들 것을 결심하고 거기에 막대한 돈과 자원을 쏟아 부었다.

그렇게 해서 완성된 네로의 황금 궁전에 대해서 당시 로마의 역사가 수에토니우스는 "황금 궁전의 천정은 시간을 두고 바뀌며, 그 천정으로부터는 향기 나는 물보라와 장미 꽃잎이 비처럼 연회장으로 흘러내린다"고 기록했다. 네로의 황금 궁전은 한마디로 인민의 고혈로 만들어진 폭정의 상징이었다. 베스파시아누스는 이것을 헐어버리고 로마시민이라면 누구나 올 수 있는 시민 공간으로 만든 것이다.

콜로세움이 운영된 과정을 연구해보면 로마사회의 본질을 이해하는 데 많은 도움이 된다. 로마사회의 본질은 공화정 시기이든 제정 시기이든 원로원을 구성하는 귀족과 일반 자유시민(평민)의 공생구조였다. 이 구조는 다분히 피라미드식이었는데, 한 귀족이 일정수의 평민을 물질적으로 후원하면 이들은 그 귀족의 정치적 지지자가 되어 밀접한 관계를 유지했다. 나아가 그들 평민은 또 다시 각자 몇 명씩의 하급 평민과 후원-지지의 관계를 맺었고, 이런 구조는 사회의 밑바닥까지 이어졌다.

제정 시대에는 이 구조의 맨 꼭대기에 황제가 있었다. 황제는 전 로마를 수중에 넣었지만 밑바닥 시민까지 직접 상대하지는 않았다. 그가 관리한 것은 위와 같은 구조에서 상층부를 구성하는 원로원 귀족이었다. 황제는 원로원 귀족과 후원자-지지자의 관계를 맺음으로써 전 로마사회를 통치할 수 있었다.

이런 사회구조 속에서 황제는 콜로세움 티켓 전체를 일괄하여 소수의 귀족들에게 나누어주었고, 귀족들은 자신들이 돌봐야 하는 평민들에게 그것을 나누어주었다. 평민들 사이에서도 부유한 평민은 가난한 평민에게 이 티켓을 다시 나누어줌으로써 가난한 평민이라도 콜로세움에서 이루어지는 경기를 관람할 수 있었다.

폭력과 잔혹의 상징, 로마인.
하지만 그것은 인간의 본성

로마인들이 콜로세움을 비롯한 제국 곳곳의 원형경기장에서 검투사의 경기나 맹수와의 싸움을 즐긴 것을 보면 그들의 폭력성과 잔혹성에 혀를 내두르지 않을 수 없다. 로마제국을 배경으로 하는 영화를 보라. 〈글래디에이터〉, 〈칼리굴라〉, 〈스파르타쿠스〉 같은 영화는 예외 없이 로마제국의 황제나 귀족들이 얼마나 인간을 잔학하게 다루고 타인에게 고통을 가하면서 즐거워하는가를 보여준다. 수많은 문헌 또한 로마인의 폭력성과 잔혹성을 증언한다. 콜로세움은 그것을 웅변적으로 증명하는 증거물이다.

로마인들의 잔혹성에 대한 유명한 일화가 하나 있다. 아우구스투스 황제의 고문 중에서 베디우스 폴리오라는 인물이 있었다. 그는 노예 출신이었다가 자유인이 된 사람의 아들이었다. 어느 날 그는 황제를 초청하여 거창한 연회를 열었는데, 집안 노예 하나가 수정으로 된 잔을 황제 앞에 떨어뜨려 깨뜨리는 사건이 일어났다.

베디우스는 집 뜰에 있던 칠성장어 양식장에 그 노예를 집어 던지라고 다른 노예에게 명하였다. 그 노예는 칠성장어 떼에게 온몸을 뜯어먹혀 죽을 판이었다. 만찬에 초대된 손님들은 노예 하나가 눈앞에서 장어 떼에게 잡아먹히는 장면을 지켜볼 참이었다. 그때 아우구스투스 황제가 나서서 베디우스에게 명을 거두라고 명령한 덕에 그 노예는 칠성장어 밥이 되는 신세를 면했다.

로마시대 문헌에 의하면 노예들은 이런 사소한 이유로도 죽거나 채찍질을 당했다. 그들은 시도 때도 없이 그 집의 가장, 부인, 아이들의 폭력의 대상이 되었다. 로마의 이 집 저 집에서 노예들에게 채찍 갈기는 소리가 날이 새도록 들려와도 이상할 것이 없는 상황이었다. 채찍질은 부드러운 처벌에 불과했다. 때로는 노예를 벌주고 고문하는 일을 직업으로 하는 사람을 고용해서 노예를 처벌하기도 했다. 또한 노예 주인은 노예의 생명을 박탈할 수도 있었다. 이탈리아 전역의 어느 도시에나 푼돈만 집어주면 노예를 십자가에 처형하는 일을 도맡아 처리하는 대행업자가 있었다.

기원전 61년 로마 귀족 페다니우스 세쿤두스가 의문의 주검으로
발견되었을 때 그의 집에는 노예가 400명 있었는데, 그들은 나이, 성
별, 죄의 유무와 관계없이 모두 무자비하게 처형당했다고 한다. 로
마인들의 폭력과 잔혹성에 대해 전문가의 자세한 설명을 듣고자 한
다면 레이 로렌스의 《로마제국 쾌락의 역사》를 읽어보시라. 끔찍한
이야기가 삽화와 함께 제공될 것이다.

여하튼 예의 로마인들의 잔혹성이 콜로세움을 채운 수만 관중의
환호성의 배경이다. 그럼 이들은 왜 이리도 폭력적이고 잔혹했을까.
나는 그 이유를 공포에서 찾고자 한다. 로마는 노예를 기초로 한 사
회였으며, 로마의 위대한 건축물은 대부분 노예의 손에 의해 건축되
었다. 노예가 없다면 로마는 유지될 수 없었다. 로마 거주민 중에서
노예의 수는 귀족이나 자유민보다 몇 배나 많았다.

이런 상황에서 로마인들의 마음속에는 언제나 노예들의 반란에
대한 공포가 있었다. 우리에게도 잘 알려진 스파르타쿠스의 난(기원
전 73년)은 로마인들에게 노예들의 반란이 무엇인지, 그리고 노예 반
란을 막기 위해서는 무엇을 해야 할지를 알려준 사건이었다.

따라서 로마인들은 평상시에 노예들의 반란 의지를 미연에 막을
필요가 있었다. 어떻게? 잔혹함으로 말이다. 깡패들의 세계에서는
지금도 통하는 이야기지만, 상대의 보복 의지를 꺾는 방법은 무자비
함이라고 한다. 한 번 누를 때는 처절하게, 두 번 다시 도전할 수 없
도록 힘을 보여주어야 반격을 막을 수 있다는 것이다. 노예 주인들
은 일상사를 통해 노예들에게 그런 메시지를 전달한 것이다. '반란

하지 마라, 반란하면 이렇게 죽는다'고 말이다.

　나는 로마인들의 잔혹사를 읽을 때마다 인간의 본성을 생각한다. 인간은 과연 이렇게 잔혹한 존재인가. 그렇다면 인간의 선량함은 어디에서 나오는가. 인간이 가지는 잔혹성과 선량함의 이중성을 인정하지 않을 수 없다. 인간은 이 두 개의 상반된 본성을 조절하며 살아간다. 문명화라는 것이 다른 것이 아니다. 인간의 잔혹성을 적절히 통제하면서 선량함을 증진시켜나가는 것이 아닐까.

　인간사회는 잔혹성을 비난하면서 그것을 적절히 통제하고자 하지만, 인간의 잔혹성 그 자체를 근원적으로 통제할 수 있는 방법은 없다. 중요한 것은 사회질서를 유지하면서 적절하게 이를 분출시키는 기술이다. 그것이 바로 통치기술이다.

　여기에서 채택된 것이 스포츠라는 경기, 그중에서도 투기경기이다. 투기경기는 한 사회가 동의하는 룰을 만들어놓고, 그 룰 안에서 인간의 폭력성과 잔혹성을 분출시키는 장치이다. 2,500여 년 전 그리스인이 올림피아드에서 즐긴 각종 격투기, 그리고 그 후예인 지금의 수많은 격투경기를 생각해보라. 오늘날 각종 격투경기를 보면서 광분하는 관중들이 2천 년 전 로마인들과 본질적으로 무엇이 다른가. 아무것도 다르지 않다고 나는 생각한다.

　격투기는 실제로 치고받고 해야 재미있다. 만일 격투가 그저 관중들에게 보여주기 위한 쇼맨십에 불과하다면, 그 사실을 아는 순간 관중들은 더 이상 그 격투경기를 즐기지 않는다. 그런 쇼맨십은 인간의 잔학한 본성을 자극하지 않기 때문이다.

로마인들이 아무리 잔혹한들 20세기에 일어난 나치의 만행과 비교될 순 없다. 나치에게 체포되어 수용소로 끌려가는 유대인들.

　1970년대까지 절대적인 인기를 모았던 프로레슬링이 그것을 웅변적으로 말해준다. 김일의 박치기, 천규덕의 태권도가 진짜인 줄 알고 광분했던 관중들이 어느 날 그 모든 것이 하나의 쇼에 불과했다는 사실을 안 순간, 프로 레슬링은 더 이상 존재의 가치가 없었다. 그날로 그 경기는 파산하고 만 것이다. 로마인들이 콜로세움에서 그토록 열광한 것은 검투사의 경기나 맹수와의 싸움이 진짜였기 때문이다. 수많은 관중 앞에서 인간과 맹수가 죽어가는 것을 볼 때 그들은 흥분했다.

　전쟁은 인간의 폭력성과 잔혹성을 여실히 보여주는 증거다. 이것은 고대부터 현대에 이르기까지 조금도 변함이 없다. 제2차 세계대전 중 나치의 만행, 일본군 731부대의 생체실험, 부녀자에 대한 성노예화, 미군에 의한 원폭 투하 등, 그리고 얼마 전 시리아에서 일어난 민간인에 대한 화학무기 사용까지. 이러한 현대인의 잔인함은 고대 로마인의 잔혹함과 조금도 다르지 않다. 아니, 그 강도로 보면 수백 배, 수천 배가 넘는 폭력이다.

인류의 위대한 문화유산
콜로세움

　　　　　　　　　　　이제 콜로세움을 설명해보자. 이것은 5만 명 이상의 관중이 들어갈 수 있는 로마제국 역사상 가장 큰 원형경기장이었다. 바닥 면적 2만 4천 평방미터, 길이 189미터, 폭 156미터의 타원형 극장으로, 그 외벽의 높이는 48미터, 둘레는 545미터이다. 콜로세움의 중앙에는 타원형 무대가 있는데, 그 길이는 87미터, 폭은 55미터이며, 높이 5미터의 담장에 둘러싸여 있다. 내부의 관람석은 가파르게 경사져 있어 관중들은 어디에서나 중앙 무대에서 펼쳐지는 공연을 잘 볼 수 있었다.

　콜로세움의 수용인원이 5만 명을 넘는다면, 어떻게 그 많은 사람들이 경기장을 드나들었을까. 현대식 경기장에서도 이는 쉽지 않을 텐데 말이다. 그 비밀은 출입구의 수에 있었다. 무려 76개의 출입구가 있어(각각의 출입구에는 번호가 매겨져 있었다. 현재도 그 흔적을 볼 수 있는데, 23번부터 54번까지의 문에는 아직도 번호가 보인다) 아무리 많은 사람이 들어와도 순식간에 빠져나갈 수 있도록 했다. 어떤 자료에 따르면, 화재가 나는 경우 관객들이 모두 콜로세움 밖으로 탈출하는 데 불과 15분 정도밖에 걸리지 않았다고 한다.

이 대목은 상상이 되지 않는다. 만일 우리나라의 잠실 올림픽주경기장에서 대형 화재가 났다고 하자. 혼비백산한 수만 명의 관중이 어떻게 그 화마 속에서 단 15분 만에 빠져나올 수 있을까. 현대의 각종 소방시설도 콜로세움과 비교하면 유치한 수준에 불과하다고 밖에는 말할 수 없을 것 같다.

콜로세움의 관중석은 철저히 로마사회의 신분에 따라 정해져 있었다. 남쪽과 북쪽 가장자리에 있는 특별석은 중앙무대 전체가 가장 잘 보이는 곳으로, 황제 가족의 전용 특별석이었다. 그 옆으로 같은 층에는 원로원 귀족들이 앉을 수 있었는데, 이들은 자신의 전용 의자를 가져올 수도 있었다. 지금도 일부 좌석에는 원로원 귀족의 이름이 보인다. 아마도 귀족들에겐 지정석이 주어진 모양이다.

원로원석 위로는 원로원 의원이 아닌 귀족들이 앉았고, 그 뒤로 로마의 일반시민이 앉았다. 일반시민석도 둘로 나뉘었는데, 중앙무대에 좀더 가까운 아래쪽에는 부유한 시민이, 그 위에는 가난한 시민이 앉았다. 관람석의 맨 위는 가장 나쁜 자리인데, 여기에도 일군의 사람들이 앉았다. 바로 여자와 노예들이다. 신분이 아무리 낮다고 해도 그 재미있는 경기는 보고 싶었던 모양이다. 가난할수록 부자들이 열광하는 것에 대해 더 큰 욕망이 있었을 것이다.

콜로세움의 중앙무대와 그 지하의 모습. 지하실에는 각종 기계장치와 맹수 우리가 있었으며, 교묘한 장치에 의해 경기 도중 맹수가 땅속에서 솟구쳐 나오기도 했다. 콜로세움이 만들어진 때는 한국사로 보면 원삼국시대인데, 그 시기에 지금 보아도 최신 시설이라고 할 수 있는 이런 건축물이 지구 반대편에 나타났다니, 그저 놀라울 뿐이다.
ⓒ박찬운

콜로세움 중앙무대 아래에는 지하실이 있는데, 이것은 일련의 지하통로로 이루어졌으며, 공연에 쓰인 야생 맹수와 기계장치를 보관하던 곳이다. 조련사 공연 중에 지하에서 맹수가 튀어나올 수 있도록 만들었다고 한다. 아마도 관중들은 이 광경을 보고 깜짝 놀랐을 것이다. 더욱 재미있는 것은, 콜로세움 꼭대기에 240개의 구멍이 있는데 여기에 두꺼운 천을 달아 대낮 공연 시에 뜨거운 햇빛을 막았다고 한다. 지중해의 강렬한 태양 아래에서 관람객들이 쾌적하게 관람할 수 있도록 로마식 돔 천정을 만들어준 것이다.

이제 상상해보자. 2천 년 전 로마 한가운데서 검투사들이 죽느냐

사느냐의 싸움을 할 때 관중들은 열광했을 것이다. 지중해의 뜨거운 햇살 아래 관중이 토해내는 뜨거운 열기가 하늘로 뿜어져나갈 때 콜로세움의 하늘이 스르르 가려지기 시작한다. 거대한 천막을 치기 시작한 것이다. 그것을 본 관중은 또 다시 열광한다. 이것이 바로 2천 년 전 콜로세움의 모습이다.

콜로세움은 로마를 여행하는 모든 관광객의 필수 코스다. 로마 시내 한가운데에 우뚝 서 있는 콜로세움을 보면 아직도 로마제국이 살아 있다는 느낌이 난다. 그것이 수많은 노예들의 피와 땀의 산물일지언정 인류의 문화유산임에는 틀림없다. 유네스코도 그것을 인정하여 1980년 콜로세움을 세계문화유산으로 지정했다. 뿐만 아니라 많은 사람들이 지구상에 남아 있는 인류 문명의 불가사의 중 하나로 콜로세움을 선정하는 데 인색하지 않다.

콜로세움,
로마의 기독교 박해의 상징?

19세기 프랑스 화가 장 레온 제롬이 그린 〈기독교 순교자들의 마지막 기도〉라는 그림을 보면 원형경기장 내에 일단의 기독교인들이 모여 기도를 한다. 그리고 한편에는 밀림의 왕자 사자가 그들을 노려보고 있다. 기도가 끝나면 사자 밥이 된다는 이야기다. 과연 이런 장면들이 초기 기독교 역사에서 많이 있었을까. 적어도 그러한 일들이 콜로세움에서 공식적으로 있

1 장 레온 제롬, 〈기독교 순교자들의 마지막 기도〉, 미국 볼티모어 월터스미술관 소장.
2 바로 이 사람이 기독교인 박해로 유명한 데키우스 황제이다. ©Mary Harrsch

었다는 기록은 현재까지 존재하지 않는다. 하지만 개연성은 있다.

차제에 로마제국의 기독교 탄압에 대하여 잠시 말해보자. 이에 대해서는 기독교와 사가들의 입장 사이에 상당한 차이가 있다. 기독교의 공식 입장은 수많은 초기 기독교인들이 로마제국의 압제하에 순교했다는 것이다. 네로 황제에 의한 기독교 박해는 초기 기독교에서 대표적이며, 철인 황제 마르쿠스 아우렐리우스도 예외는 아니었다. 또한 250년 데키우스 황제는 박해허가장이라는 것을 발부하여 다수의 기독교 지도자들이 수난을 당했다고 한다.

하지만 많은 사가들은 이런 주장에 대해 매우 신중한 견해를 내놓는다. 박해는 인정하지만 그 정도(순교자 수)에 있어서는 기독교 쪽에서 주장하는 만큼 많지 않으며, 로마제국의 입장에서 기독교를 박해한 데에는 그만한 이유도 있다는 것이다. 이것은 《로마제국쇠망사》를 쓴 에드워드 기번의 입장이며, 시오노 나나미가 《로마인이야기》에서 취한 입장이기도 하다.

로마는 대체로 종교에 있어서 포용정책을 취했으며, 속주의 다양한 종교를 금지하기보다는 묵인하였다. 그것이 로마제국이 수백 년간 유지될 수 있었던 배경이다. 만일 로마가 유피테르(주피터)를 중심으로 하는 로마인의 신앙과 황제숭배사상을 절대화하여 속주민의 신앙을 억압했다면 로마의 제국화는 불가능했을 것이다. 그러기에 이집트의 이시스와 오시리스, 동방의 미트라 및 조로아스터교, 나아가 유대교가 모두 로마에서 성행할 수 있었다.

로마(서로마제국)의 쇠망에는 여러 원인이 있지만 종교적 원인도

한몫했을 것이라는 데는 이론이 없다. 다양한 종교가 공존하는 사회에 어느 순간 유일신앙을 받드는 종교가 들어와 다른 종교는 모두 사탄의 종교라고 주장한다면 마찰이 없을 수가 없다. 더욱이 제국을 호령하는 황제에게 신적 권위를 부여한 로마사회에서 이를 부인하는 세력이 성장한다면 로마의 지배세력이 그것을 좌시할 수는 없었을 것이다.

이에 대하여 기번은 《로마제국쇠망사》에서 다음과 같은 말로 당시 상황을 묘사한다.

> 그리스도 교인들은 관습과 교육의 신성한 유대를 끊어놓았고, 국가의 종교 제도를 침범했으며, 선조들이 진리로서 믿고 신성한 것으로 숭배해온 것들을 건방지게도 멸시했다. … 그리스도 교인들은 가정과 도시와 지역의 미신들을 모두 멸시하며 거부했다. 그리스도 교인 전체가 뭉쳐서 로마의 신들, 제국의 신들, 인류의 신들과의 그 어떤 친교도 거부한 것이다. — 《로마제국쇠망사》 1권, 626쪽

예수가 사형을 당한 것은 이런 문제가 일어나기 전이기는 하지만 그 맥락은 유사하다고 할 수 있다. 당시 로마 지배층 입장에서는 예수가 퍼뜨린 사상이 로마 체제를 위협하는 것으로 볼 수밖에 없었다. 예수는 로마의 국가보안법을 위반한 것이다. 그런데 예수 사후 예수의 말씀을 절대화하는 사람들, 곧 기독교인들이 제국 곳곳에서 기하급수로 늘어난다. 제국이 불안해질 수밖에 없었을 것이다.

로마의 정신세계를 담당했던 다신교는 기독교와의 경쟁에서 비교가 되지 않는 유약한 종교였다. 다신교는 그 종교이론에 있어 매우 잡다하며 느슨하고 모호했다. 이 부분에 대해 기번의 말을 들어보자.

그들은 온갖 미신적인 공상들을 제멋대로 받아들였다. 또한 살아가면서 처하는 우발적인 상황에 따라 그때그때 신앙심의 깊이는 물론이고 신앙의 대상까지도 결정했다. 수많은 신들 가운데서 숭배 대상을 연달아 바꾸었기 때문에 그들은 어느 신에게도 마음에서 우러난 진실하고 생생한 열정을 느낄 수가 없었다. —《로마제국쇠망사》1권, 602쪽

결국 로마제국 곳곳에서는 멸망에 앞서 종교투쟁이 전개되었다. 초기에는 황제의 물리력이 기독교인들을 압도했지만 그 힘은 오래가지 못했다. 로마를 지배한 다신신앙은 유일신앙으로 똘똘 뭉친 기독교인들의 열정을 막기에는 역부족이었다. 급기야 로마의 지도층마저 기독교를 받아들이기 시작했으니 로마제국이 무너지는 것은 시간 문제였다. 로마제국을 지탱한 정신적 기초가 흔들리면서 로마는 쇠망의 길로 들어섰다.

여기에서 나는 로마 지배계층이 기독교인을 박해한 근본적인 동인을 발견한다. 로마인들에게 있어서도 로마의 종교관은 대단히 중요한 가치였다. 로마의 종교는 로마를 지탱하는 정신적 기초였던 것이다. 그러니 그것이 밑바닥부터 망가지고 있을 때 로마의 지배계층

이 그냥 두고 볼 수는 없는 일이었다.

《군주론》을 쓴 마키아벨리의 또 다른 대작이 《로마사 논고》인데, 그는 이 책에서 로마는 종교를 기초로 국가를 확립했고, 신에 대한 외경이 로마만큼 강한 나라가 없었다고 기술했다. 이런 국가에서 확립된 종교관에 대한 경멸은 국가의 파멸을 가져온다고도 생각되었을 것이다. 바로 이것이 로마인들이 기독교인들을 박해할 때 가지고 있던 생각이 아니었을까, 나는 그렇게 생각한다. 그러니 콘스탄티누스에 의해 기독교가 공인된 313년까지 기독교인들이 로마제국 전역에서 박해를 받은 것은 피할 수 없는 운명이었다.

VII

카이사르,
서양사 최고의
영웅에 대한 단상

고대 서양사 최고의 위인,
율리우스 카이사르

로마문명 이야기를 하면서 사람 이야기를 하지 않을 수 없다. 만일 로마문명에서 단 한 사람을 뽑아 설명해야 한다면 그 사람이 누구일까. 이 질문에 답하는 데는 긴 시간이 필요 없을 것 같다. 로마문명에 대하여 조금이라도 상식이 있다면 한 사람을 떠올리는 데 시간이 걸리지 않을 것이기 때문이다. 율리우스 카이사르(기원전 100~44년), 바로 이 인물이다.

카이사르를 간단히 소개하면, 그는 정치인이자 군인이요, 문학가이자 역사가였으며, 수사학자라 할 수 있다. 정치인으로서는 한 국가의 최고 위치에 오른 권력자였고, 군인으로서는 거대한 로마제국을 만든 정복자였다. 문학가이자 역사가로서는 전장 속에서 말을 타고 가면서도 책을 써서 라틴문학의 고전 《갈리아 전기》를 탄생시켰다.

수사학자로서는 당대 최고인 키케로에는 못 미쳤지만 후세에 남는 명언을 남겼다. 반역자가 될 것인가 아니면 로마의 새로운 지도

율리우스 카이사르 흉상, 나폴리 국립고고
학박물관 소장. 카이사르는 그리 잘생기지
는 못했다. 머리숱은 적었으며 이마에는 깊
은 주름살이 파여 있었다.
©Andreas Wahra

자가 될 것인가를 판단해야 하는 루비콘 강변에서 그는 주저하는 병
사들을 향해 외쳤다. "주사위는 던져졌다"라고. 로마에 반역한 폰토
스의 왕 파르나케스와의 싸움에서 이긴 다음 원로원에 보낸 전과 보
고는 단 세 마디, "왔노라, 보았노라, 이겼노라"였다. 모두 2천 년 뒤
에도 세계의 이곳저곳에서 회자되는 어록이다.

카이사르를 소개하는 문헌은 위인전을 비롯해서 너무나 많다. 내
가 이곳에서 그것을 요약 정리할 이유는 없다. 나는 단지 그에 대한
역사적 평가를 음미하면서 내 견해를 자유스럽게 밝힐 뿐이다. 그는
일반적으로 영웅 중의 영웅으로 알려졌다. 로마제국시대 사람들도
그를 당대를 넘어 지중해 전 역사상 최고의 위인으로 평가했다.

우리에게 잘 알려진 사가 중 한 사람이 그리스인 플루타르코스다.

그는 기원후 1세기 후반에 《영웅전》이라는 책을 썼다. 이 책에서 그는 그리스와 로마의 위인 50명씩을 선정하여 소개했는데, 흥미롭게도 두 시대마다 같은 격의 영웅을 각각 한 사람씩 찾아내 비교하며 서술하였다. 그래서 이 영웅전을 《비교열전》이라고도 부른다.

이 플루타르코스의 《영웅전》에서 카이사르는 그리스의 최고 영웅 알렉산드로스 대왕과 비교된다. 즉, 로마제국 최고의 시절인 팍스 로마나 시기에 카이사르는 당대를 넘어 그 시절 서양사 최고의 영웅으로 숭앙되던 알렉산드로스 대왕과 비교되는 인물로 평가받은 것이다.

카이사르는 과연
인류사의 영웅인가

객관적으로 드러난 카이사르의 업적은 고대 서양사 최고의 위인으로 일컫기에 부족함이 없지만 그에 대한 역사적 평가가 늘 호의적인 것만은 아니다. 한편에서는 그를 누구와도 비교할 수 없는 영웅 중의 영웅으로 평가하는 반면, 다른 한편에서는 그를 민주주의를 파괴한 희대의 독재자로 평가하기도 한다. 그가 아무리 많은 업적을 이룩했다고 해도 독재자로서 역사에 남긴 해악은 결코 상쇄될 수 없다는 것이다.

십수 년에 걸쳐 2천 년 로마사를 15권의 대작으로 완성한 시오노 나나미는 그중 두 권을 그녀가 누누이 '로마사 최고의 천재'라고 말한 카이사르에게 헌정했다. 그녀에겐 카이사르만이 지도자에게 요구되는 거의 모든 것을 갖춘 위인이었다.《로마인이야기》4권은 이탈리아 일반 고등학교에서 쓰이는 역사 교과서의 한 내용을 소개한다.

지도자에게 요구되는 자질은 다음 다섯 가지다. 지성, 설득력, 지구력, 자제력, 지속적인 의지. 카이사르만이 이 모든 자질을 두루 갖추고 있다.

시오노 나나미는《로마인이야기》이곳저곳에서 카이사르의 어록 하나를 곧잘 소개한다. "누구나 모든 현실을 볼 수 있는 것은 아니다. 대부분의 사람은 자기가 보고 싶어 하는 현실만을 본다." 만일 누군가 카이사르를 비난한다면 그것은 그에게서 자기가 보고 싶어 하는 것만 보기 때문이라는 것이다.

이는 카이사르가 가진 모든 것을 볼 수 있다면 그를 결코 싫어할 수 없다는 말이기도 하다. 그것이 바로 시오노 나나미가 카이사르를 보는 관점이다. 장천을 나는 대붕의 뜻을 어찌 우리 같은 일개 필부가 알 수 있으랴, 이런 뜻으로도 읽히는 대목이다.

카이사르에 대한 반대 평가는 500년간 지속된 로마 공화정의 막을 내린 장본인인 카이사르야말로 민주주의의 적이라는 관점에서 나온 것이다. 그가 죽은 이유는 바로 그 때문이다. 그가 살해당한 것은 단순히 독재를 했기 때문이 아니다. 카이사르가 생각한 로마제국 경영방식과 공화파들이 생각한 그것 사이에는 건널 수 없는 강이 있었기 때문이다. 카이사르 사후 1,500년이 지나, 카이사르의 후예인 마키아벨리가 이러한 관점에서 그를 비난한다.

마키아벨리는 주저 《로마사 논고》에서 공화정을 찬양하면서 이를 파괴한 카이사르에게 맹렬한 비난을 퍼붓는다. 공화국이나 왕국의 창설자는 명성을 누려야 하지만 참주정치(독재정치)의 시조는 응당 비난을 받아야 한다면서, 카이사르가 바로 이 독재정치의 시조라고 몰아붙인다. 또한 마키아벨리는 많은 역사가들이 카이사르를 찬양하지만 그것에 현혹되지 말 것을 부탁한다. 그에게 있어 카이사르를 칭송하는 자들은 그의 재력에 매수되었거나 로마제국이 오래 지속된 것에 압도되어 카이사르의 허상만을 보는 사람에 불과하다.

영웅은
호색한인가?

카이사르에 대한 수많은 인물평이 있는데 이런 주제부터 손을 대려니 선뜻 글이 나가지 않는다. 하지만 이것은 카이사르의 인간적 면모를 이해하는 데 그냥 지나칠 수 없는 주제로, 많은 사가들의 주요 관심사였다. 카이사르는 과연 난봉꾼이었을까? 이 질문에 사가들 사이에는 별로 이론이 없다. 인정할 수밖에 없는 사실이다.

전 11권으로 된 *The Story of Civilization*은 문명사의 대가인 윌 듀런트가 50년에 걸쳐 집필한 책이다. 요즘 이 책이 우리나라에서 《문명이야기》(민음사)라는 이름으로 번역되고 있다. 권당 500~600쪽의 두툼한 책이 11권이나 출판될 테니 정말로 대단한 번역이다. 듀런트는 이 시리즈 중 3-1권(카이사르와 그리스도)에서 카이사르를 다루는데, 그 첫 장을 '난봉꾼'이라는 제목으로 시작한다.

카이사르는 당대에 로마사회에서 "모든 아내들의 남편이며, 모든 남편들의 아내"라고 불렸다. 그의 육체의 향연은 남성과 여성을 가리지 않았으며, 평시는 물론 전투 중에도 습관적으로 이루어졌다. 그는 이집트에서 클레오파트라, 누미디아에서 에우노에 여왕, 그리고 갈리아에서 많은 부인들을 농락했기에 그의 병사들조차 농담조로 그를 대머리 오입쟁이라고 불렀다.

로마 내에서는 카이사르에게 가장 많은 돈을 빌려준 크라수스의 아내 테우토리아, 카이사르 최대의 정적인 폼페이우스의 아내 무키아를 포함하여 원로원 의원 3분의 1이 카이사르에게 아내를 도둑맞았다고 역사가들은 말한다.

이런 사나이임에도 시오노 나나미의 카이사르에 대한 애정에는 변함이 없는데, 역시 카이사르 광팬답다. 그녀는 카이사르의 이 바람기조차 노골적으로 변호한다. 카이사르가 여자라면 누구나 다 좋아한 것이 아니라는 것이다. 그는 취향에 맞는 상대를 골랐고, 그것도 여자의 유혹에 넘어가서가 아니라 그 자신이 원한 것이었다고 한다. 나아가 그녀는 카이사르의 사랑이 매우 강렬했기 때문에 수많은 여인들이 결국 그를 사랑하지 않을 수 없었을 것이라고 한다. 카이사르에겐 여자들이 좋아할 수밖에 없는 사랑의 기술이 있었다는 것이다.

그녀는 말한다. "남자가 강렬히 원하면, 여자다운 여자는 굴복하기 마련이다." 이 글을 읽는 한국의 여인들이여, 이 말에 대하여 어떻게 생각하는가. 당신은 여자다운 여자인가. 그렇다면 어떤 남자가 당신을 강렬히 원하면 당신은 결국 그에게 굴복할 것인가. 나는 여기에서 시오노 나나미의 남성관을 엿본다. 일종의 마조히즘적 애정관이라고 해야 할까. 강한 남자에게 철저히 굴복하는 것에서 희열을 느끼는. 그래서 그녀가 조금은 가련한 여성으로 보이는 것은 나만의 편견인가.

어쨌든 카이사르가 여성으로부터 대단한 인기를 얻은 사람임에는 틀림이 없다. 사실 그는 결코 여자들이 줄줄 따를 만큼 잘생긴 남자는 아니었다. 그의 초상 조각을 보면 머리는 대머리이고, 이마에는 깊은 주름살이 파여 있다. 잘생긴 그의 후계자 아우구스투스와는 비교가 안 되는 얼굴이다.

그럼에도 어떻게 그런 인기를 얻을 수 있었을까. 더구나 그는 그 많은 과거의 여자들한테 원한을 사는 법이 없었다. 시오노 나나미의 말대로 이것이야말로 바람기 많은 남자가 마음속에 품고 있는 로망 중의 로망일 텐데 말이다.

이 역시 시오노 나나미의 분석을 들어 보면 재미있다. 중요한 원인 중 하나가 애인들을 화려한 선물로 공략했기 때문이라는 것이다. 그런데 여기서도 시오노 나나미의 독특한 선물철학이 나온다. 아마도 그녀가 바라는 남자는 이런 선물을 하는 남자이리라.

선물을 받으면 여자들은 기뻐한다. 카이사르는 인기를 얻기 위해 선물한 것이 아니라 여자들을 기쁘게 해주고 싶어서 선물한 게 아닐까. 여자는 인기를 얻으려고 선물하는 남자와 상대를 기쁘게 해주고 싶은 일념으로 선물하는 남자의 차이를 알아차리는 법이다.

— 《로마인이야기》 4권, 94쪽

카이사르, 부하로부터
진정한 충성을 받아낸 지도자

카이사르가 로마 공화정을 폐지하고 제정이라는 1인 독재의 길로 나아갔음에도 그의 인간적 매력은 대단했다. 아마도 그것이 카이사르의 신화를 지난 2천 년간 가능케 한 요인이 아니었을까. 충성심으로 똘똘 뭉친 병사들은 언제나 그와 생사고락을 같이했다. 이것은 그와 경쟁관계에 있었던 폼페이우스나 크라수스에게는 없는 덕성이다. 카이사르가 죽은 지 100년 후의 그리스 역사가 플루타르코스는 카이사르와 부하 병사들의 관계에 대하여 《영웅전》에서 다음과 같이 기술한다.

카이사르는 군사들에게 충성심을 심어주고 호감을 사는 데 남다른 재능을 갖고 있었다. 여태까지는 전투에서 별로 두각을 나타내지 못하던 군사들도 카이사르의 명예를 높여주기 위해서라면 저항할 수 없는 불패의 용사가 되었으며 어떤 위험이든 무릅쓸 각오가 되어 있었다. 예컨대 아킬리우스는 맛실리아 앞바다의 해전에서 적선에 올라가 오른손이

적의 칼에 절단되었음에도 왼손으로 방패를 거머쥐고는 적들의 얼굴을 후려쳐 마침내 적군을 모두 패주케 함으로써 그 배를 차지했다.

　　　　　　　　　　　 —《플루타르코스 영웅전》, 천병희 옮김, 152~153쪽

그러면 어떻게 부하들의 이런 충성심을 얻어낼 수 있었을까. 플루타르코스가 《영웅전》에서 말하는 것을 계속 들어보자.

첫째, 그는 아낌없이 보수를 주고 포상을 함으로써 그가 전쟁에서 부를 축적하는 것은 혼자 잘 먹고 잘살기 위해서가 아니라 용감한 행위를 위한 공동 기금으로 잘 간수해두려는 것이며, 그의 몫은 그럴 가치가 있는 군사들에게 그것을 나눠주는 것 이상은 아니라는 것을 분명히 했다. 둘째, 그는 모든 위험을 기꺼이 감수하고 어떤 노고도 마다하지 않았다.

　　　　　　　　　　　　　　　　 —《플루타르코스 영웅전》, 154쪽

한마디로 카이사르는 혼자 배불리 먹었던 것이 아니다. 전투 현장에서 혼자 안전한 곳을 찾지도 않았다. 솔선수범의 미덕을 보이면서 부하들로부터 진정한 충성을 얻어낸 것이다. 아무리 그를 미워한다고 해도 이런 미덕을 보는 순간 그에 대한 저주는 봄 눈 녹듯 사라진다. 플루타르코스는 전하는 바로는 이런 예도 있다.

한번은 행군 중에 그와 그의 측근들이 비바람을 피해 가난한 농부의 오두막으로 들어가게 되었는데, 사람 하나 겨우 누울 수 있는 방이 하나

밖에 없자 그는 측근들에게 명예에 관한 것들이라면 당연히 가장 강한 자에게 주어져야 하지만 꼭 필요한 것들은 가장 약한 자에게 주어져야 한다고 말하고 나서 옵피우스더러 방에 누우라고 명령하고 자신은 다른 군사들과 함께 문간에서 잤다.

— 《플루타르코스 영웅전》, 156쪽

이 글을 읽는 독자들 중에는 카이사르 이야기를 하다 엉뚱한 곳으로 빗나간다고 비판하는 이가 있을지 모르지만, 잠시 우리 이야기 좀 해야겠다. 내가 로마문명 이야기를 쓰는 이유는 단지 로마의 옛날이야기를 독자들에게 들려주기 위함이 아니다. 그것과 함께 오늘의 문제를 이야기하는 게 목적이다. 이것이 옛사람들이 말한 온고지신(溫故知新)을 실천하는 것이라 믿기 때문이다.

카이사르의 지도자로서의 덕성은 오늘날 대한민국 지도자들에게 많은 것을 시사한다. 카이사르는 자신을 희생하고 백성의 어려움과 즐거움을 자기 것으로 만들 줄 아는 공감의 미덕을 갖춘 지도자다. 이런 지도자가 백성과 함께하는 사회는 대개 그 사회에 다가오는 위난도 극복할 수 있고, 구성원 대부분이 미래에 대한 꿈을 가질 수 있다. 그런 이유로 지도자의 덕성은 동서고금을 불문하고 중요시될 수밖에 없다.

카이사르의 덕성,
한국의 재벌에게 묻다

오늘날 우리 지도자들은 고락을 같이하는 이들에게 자기희생을 통한 감동을 주지 못한다. 재벌 회장의 영광은 수많은 노동자들의 피와 땀으로 이루어졌건만, 그들과 동고동락하면서 마음에서 우러나오는 존경을 받으려는 회장은 눈을 씻고 보아도 발견되지 않는다.

최근(2013년 말) 동양그룹의 경우를 보자. 그룹 전체가 파탄 일보 직전에 처해 수많은 고객과 노동자들의 미래가 암담한 상황에서 회장 부인이자 그룹의 부회장은 법정관리 신청 직전에 구좌에서 거액의 현금을 인출하고 동양증권 개인금고에서 현금과 금괴로 의심되는 물건을 가방 몇 개에 담아갔다고 한다. 이게 우리 재벌의 현주소다. 고객이 죽든 자신의 회사를 위해 일하는 노동자가 죽든 그것은 내 일이 아니라는 것이다. 한마디로 탐욕스런 재벌이다. 그 엄중한 순간에도 내가 먼저 살고 볼 일이라고 생각하고 그것을 몸소 실행했으니 말이다.

재벌 이야기가 나왔으니 이 말은 해야겠다. 재벌의 사회적 책임이다. 외국 이야기는 가급적 하지 않으려고 했지만 소중한 경험을 공유한다는 의미에서 내가 1년간 지내본 스웨덴 이야기를 해보자.

오늘날 스웨덴은 세계 최고의 복지국가이면서 국가 경쟁력 또한 세계 최고 수준이다. 이것을 스웨덴 패러독스라고 하는데, 어떻게 이게 가능했을까. 복지와 경제성장은 함께 가기 어렵다는데 말이다.

나의 관찰로는, 여러 원인 중 하나가 바로 우리와 사뭇 다른 역할을 해온 스웨덴 재벌이다.

발렌베리 가문, 이들은 스웨덴 사람들에게는 하나의 전설이다. 150여 년 전부터 오늘날까지 스웨덴의 경제 전체를 휘어잡고 있는 불세출의 가문이다. 지금도 스위스 GDP의 30%, 스웨덴 주식시장의 시가 총액 40%에 해당하는 돈을 이 가문이 움직인다고 한다. 사회민주주의 국가에 웬 이런 공룡재벌이 있다는 말인가. 그것이 바로 스웨덴 패러독스에 대한 답이다. 공룡재벌이 있으면서도 그것이 오히려 국민의 평등에 기여하는 나라, 그곳이 바로 스웨덴이다.

발렌베리 가문은 두 가지로 유명하다. 하나는 부의 철저한 사회환원이다. 이를 위해 만든 것이 공익법인 발렌베리 재단인데, 이곳은 발렌베리 가문이 소유한 모든 기업 이윤이 최종적으로 도착하는 종착역이다. 이 재단은 공익기부를 통해 사회민주주의 국가 건설에 협조하는 역할을 무려 100년간 지속해왔다. 매년 대학과 연구기관 등에 기부하는 기부금 총액이 지난 5년간만 무려 8,500억 원에 달한다. 그러니 스웨덴 과학기술 발전에 있어 이 재단의 역할은 결정적이라 할 수 있다.

두 번째로 발렌베리 가문을 유명케 한 것은 이 가문의 사회적 처신이다. "존재하되 드러내지 않는다." 이 말은 웬만한 스웨덴 사람이라면 모두 아는 이 가문의 좌우명이다. 따라서 이 가문이 기업 소유와 관련하여 사회적 룰을 위반하거나 탈세를 함으로써 세간의 입방아에 오르내리는 일은 없었다.

이스라엘 텔아비브에 있는 라울 발렌베리 동상. 이 사람이 수만 명의 유대인을 사지에서 구해냈다. 유대인들은 그의 인도주의 정신에 가슴 속 깊은 존경을 보낸다. 2012년 그의 탄생 100주년을 맞아 유럽에서는 그를 추모하는 많은 행사가 열렸다. 위키피디아 제공

한 가지 더, 이 가문에 이른바 노블레스 오블리주의 이미지를 각인시킨 인물이 있다. 바로 내가 있었던 연구소 이름(룬드대학 발렌베리 인권연구소)의 주인공 라울 발렌베리다. 이 사람은 제2차 세계대전 중 헝가리 외교관으로 있으면서 가스실로 끌려가는 유대인들 수만 명의 생명을 구한 인물이다.

그는 중립국인 스웨덴의 위치를 이용하여 가짜 여권과 비자를 대량으로 발급해줌으로써 당시 생사의 기로에 선 유대인들의 목숨을 구했다. 라울 발렌베리는 지금 서구사회에서 인권과 평화의 대명사다. 그의 이름을 딴 연구재단, 연구소 등이 몇 개나 있는지 모른다.

이런 일은 그저 서구의 부유한 나라의 이야기일 뿐인가. 그렇지 않다. 스웨덴 사람들도 한국인을 대단하게 여긴다. 삼성 스마트폰은 이미 스웨덴 시장을 완전히 장악했다. 한국은 이제 과거의 한국이 아니다. 우리라고 이런 재벌을 갖지 못할 이유가 없다.

카이사르의 덕성,
한국의 정치 지도자에게 묻다

이왕 말이 나온 김에 정치 지도자들에 대해서도 한마디 하자. 우리 정치 지도자들은 권력을 행사하는 것에만 능하지 국민의 아픔이 무엇인지를 헤아리는 공감 능력이 매우 부족하다. 현재 대한민국의 현안을 생각해보자. 지금 이 글을 쓰는 2014년 벽두, 우리 국민을 가장 아프게 하는 게 무엇인가. 나는 두 가지가 많은 국민들을 좌절 속으로 빠트리고 있다고 생각한다.

첫째는 국정원의 선거개입으로 대한민국 민주주의가 위태로운 상황에 놓여 있다는 것이다. 언필칭 민주국가에서 정보기관이 선거에 개입한다는 것은 있을 수 없다. 이 문제를 제대로 풀지 못하면 우리 국민은 좌절할 수밖에 없다. 반드시 이 문제에 책임 있는 사람들을 처벌하고, 국정원을 뿌리부터 개혁해야 한다. 그렇지 않으면 우리 대한민국 민주주의의 내일은 없다.

둘째는 4대강이 썩어가면서 전국의 산하가 신음한다는 사실이다. 이것을 보고 우리 국민들은 통곡한다. 이 문제를 하루빨리 해결하지 못하면 우리는 후대의 자손들에게 버림받는 선조가 될 것이다. 시간이 없다. 우리의 모든 역량을 동원해서 강을 복원해야 한다. 아직도 이명박 씨는 4대강 사업의 죄과를 인정하지 않고 자전거 길을 돌면서 시원한 강바람을 즐기는 모양인데, 그 뻔뻔함이 수백만 년을 흐른 한반도의 아름다운 강을 망쳐놓았다.

아무리 생각해도 현 시국을 해결할 열쇠는 박근혜 대통령이 쥐고 있다. 그가 어떻게 하느냐에 따라 상황은 호전될 수 있고, 깨진 정치도 복원될 수 있다. 그러니 나는 카이사르 이야기를 쓰면서 이렇게 호소할 수밖에 없다.

"박근혜 대통령이시여, 카이사르의 미덕을 보십시오. 국민의 아픔을 함께하십시오. 저는 당신(여기서 '당신'은 3인칭 존칭을 뜻한다. 가끔 이 대명사가 대통령을 격하하는 것으로 오인되는데, 나는 지금 분명히 경칭으로 사용하고 있다)이 적어도 이 나라의 지도자로서 전임 대통령과 같은 우를 범하지는 않을 것이라 믿습니다. 저는 당신의 청렴함과 조국 사랑을 믿고자 합니다. 부디 국민의 아픔을 함께하는 미덕의 지도자가 되십시오. 그것이 지금 우리 국민이 당신에게 바라는 최고의 바람입니다."

유럽의 창시자, 카이사르.
역시 대단해

카이사르는 로마제국의 기틀을 만든 사람이다. 로마는 카르타고와 3차에 걸쳐 벌인 포에니 전쟁으로 지중해를 '우리의 바다'로 만들고 제국화의 길로 들어섰다. 그러나 그 길이 순탄하지만은 않았다. 바다를 자신들의 것으로 만들었지만 광대한 유럽대륙과 중동, 북아프리카 지역이 단숨에 로마의 영토가 된 것은 아니다. 이 땅들이 로마제국의 영토로 편입되는 데는 로마군단을 이끈 많은 영웅들의 노력이 있었다. 이 중에서도 카이사르는 발군의 실력을 발휘했다.

그의 업적 중 하나는 갈리아 원정을 포함하여 수많은 전투를 통한 로마의 영토 확장이었다. 알프스 이북 중 현재 독일 일부를 제외한 대부분의 서유럽 땅이 그의 손을 거쳐 로마의 속주가 되었다. 뿐만 아니라 그는 도버해협을 넘어 영국(브리타니아)까지 침공해 들어가 현재의 영국 대부분이 로마제국의 속주가 되는 데도 초석을 쌓았다.

여기에서 장군으로서의 카이사르가 어떤 인물인지 알아보기 위해 세계 전사(戰史)에 빛나는 전투를 하나만 소개해보자. 그것은 카이사르 갈리아 원정의 하이라이트라고 할 수 있는 알레시아 공성전(기원전 52년)이다. 이 전투에서 갈리아 부족 연합은 그들의 영웅 베르킨게토릭스의 지휘 아래 모여 로마군단과 일합을 겨루었다. 이 싸움에서 카이사르가 지면 로마는 갈리아를 포기할 판이었다. 그러기에 카이사르로서는 물러설 수 없는 한판이었다.

카이사르는 베르킨게토릭스가 이끄는 갈리아 연합군이 알레시아 성에 주둔하고 있다는 사실을 알고 먼저 공략에 나선다. 상대는 로마군단에 비해 압도적으로 많은 대군이다. 더구나 다른 한편에서는 또 다른 수십만의 갈리아 연합군이 카이사르의 군단을 향해 다가오고 있었다. 카이사르군은 자칫하면 양쪽으로부터 협공을 받아 전멸할 위기에 처한 것이다.

카이사르는 이 상황에서 알레시아 성을 에워싸는 높이 4미터의 성벽을 세웠다. 단 3주 만에 18킬로미터의 대공사를 완성한 것이었다. 이것으로 성 안의 갈리아 연합군은 독 안에 든 쥐가 되었다. 그리고 다가오는 갈리아 연합군과의 전투에 대비하여 첫 번째 성벽에서 400여 미터 떨어진 곳에 첫 번째 성벽을 둘러싸는 두 번째 성벽을 세웠다. 30여 킬로미터의 방벽이었다.

이로써 카이사르군은 알레시아 성을 에워싼 공격자인 동시에, 갈리아 연합군과의 싸움에서는 농성자의 위치에 서게 되었다. 이런 상황에서 갈리아군은 카이사르군을 공격했지만, 그때마다 패퇴하고 말았다. 그들이 두 개의 성벽 사이에 배치된 로마군단을 물리치기란 불가능한 일이었다.

전투가 시작된 지 일주일 후, 갈리아 원군은 병참과 규율 부족으로 혼란에 빠져 해체된 채 도주하였고, 베르킨게토릭스가 지킨 알레시아 성채에서는 식량이 바닥을 드러냈다. 마침내 베르킨게토릭스는 성문을 열어 항복하고 카이사르의 포로가 되었다. 세계 전사에서 전무후무한 신기의 작전이 가져다준 승리였다. 이로써 갈리아 땅은 최종적으로 로마제국의 일부가 되었다.

카이사르는 루비콘 강을 넘어 내전을 일으킨 이후 폼페이우스 등에 의해 다져진 동방의 땅과 이집트, 북아프리카도 손에 넣음으로써 로마가 대제국화하는 데 결정적인 기여를 했다. 이러한 제국화가 바로 유럽이라는 영토적 개념의 시작이다. 많은 사가들은 만일 카이사르가 없었다면 오늘날 같은 동질성 있는 유럽이 가능했겠는가 하고 반문한다. 카이사르는 로마제국의 토대를 만들었고, 로마제국은 바로 유럽의 시작이니, 오늘날 유럽은 카이사르에 빚을 졌다는 이야기다.

카이사르는 내전에서 승리한 다음 빠른 시간 내에 여러 가지 변

1 리오넬 로이어, 〈카이사르에게 항복하는 베르킨게토릭스〉, 프랑스 르퓌앙벌레이 크로자티에르박물관 소장. 카이사르는 갈리아 원정에서 알프스 이북 갈리아를 로마의 속주로 만드는 혁혁한 전공을 세웠다. 갈리아 원정 중 최대의 전투는 기원전 52년 갈리아의 영웅 베르킨게토릭스와 싸운 알레시아 전투이다. 카이사르는 이 전투에서 신출귀몰하는 공성전을 벌여 승리한다.

2 폼페이우스 흉상, 코펜하겐 칼스버그 글립토테크미술관 소장. 폼페이우스는 카이사르의 동지이자 최대 정적이었다. 그는 루비콘 강을 건너 로마로 진격한 카이사르를 국가 반란자로 규정하고 맞섰으나 결국 그리스 파르살로스 전투에서 패하고 만다. 이후 이집트로 도주해 그곳에서 권토중래하고자 하였으나, 도착 즉시 부하에게 살해되었다.
ⓒ박찬운

혁 조치를 취한다. 원로원을 개편하여(의석수를 600석에서 900석으로 늘림) 속주화된 지역 사람들도 로마 원로원 의원으로 받아들임으로써 제국의 결속을 다졌으며, 대규모 건축사업을 벌여 로마를 제국의 수도답게 만들기 위한 전면적인 도시계획을 단행하였다. 또한 그는 살아생전에 율리우스 공회당, 율리우스 포럼을 건설하고, 침체한 경제를 살리기 위한 각종 경제개혁 프로그램을 단행하였다. 이에 시민들은 환호하였다.

그뿐인가, 카이사르는 달력을 개혁하여 로마를 넘어 지난 2천 년 동안 세계의 모든 이들이 사용해온 정확한 역법을 선물한다. 지금 우리가 사용하는 365일 양력 체계는 카이사르가 제정한 율리우스력에서 비롯된 것이다. 16세기에 교황 그레고리우스 13세에 의해 소소한 수정이 가해졌지만, 그 원형은 그대로 남아 있다.

이런 그가 암살되었다. 왜일까? 민중으로부터 그리도 칭송받고 그것을 토대로 절대권력을 행사하던 그가 왜 갑자기 자신이 사면한 반대파(카이사르를 암살한 카시우스와 브루투스는 모두 폼페이우스파로, 내전 중에 적대 관계에 있었다. 하지만 카이사르는 내전이 끝난 후 이들을 모두 사면하고 원로원 의원으로 복귀하는 것을 허용한다)로부터 칼침을 받지 않으면 안 되었을까.

암살로 막을 내린 영웅의 최후.
황제정의 역사를 막지 못해

　　　　　　　　　　　　　카이사르의 암살을 설명
하기 위해서는 로마 공화정의 본질을 이해해야 한다. 로마는 기원전
753년 나라를 세워 약 200년 동안 왕정을 경험한 후 기원전 6세기에
공화정으로 정체를 바꾼다. 더 이상 1인 군주의 독주를 허용하지 않
은 것이다. 그리고 이런 공화정을 500년간 유지하였다.

　로마 공화정의 본질은 한마디로 말하면 권력분립이다. 로마의 평
상시 정치권력은 집정관(콘술)을 중심으로 하는 행정권과 이를 견
제하는 원로원의 권력으로 양분되어 행사되었다. 특히 원로원은 돈
줄을 완전히 쥐고 있었다. 재정권을 가진 원로원은 로마 정치에서
그 자체로 막강할 수밖에 없었다.

　여기에 평민회라는 존재가 더해진다. 평민들은 평민회(이것은 단
일 기구가 아니었다. 구역별 평민회인 쿠리아 민회, 로마군단 중심의 켄투
리아 민회와 부족별 평민회인 트리부스 민회가 있었다)를 통해 집정관을
포함한 정무관(켄투리아 민회 선출)과 그들의 이익을 대변하는 호민
관(트리부스 민회 선출)을 뽑았다. 호민관은 집정관이나 원로원의 권
력을 견제할 수 있는 막강한 권한을 가지고 있었다. 이들 권력이 결
정한 법령 등이 평민들의 이익을 저해한다고 판단하면 이를 거부할
수 있는 권한이 그것이다.

　로마인들은 기원전에 500년간 이러한 권력분립형 공화정을 유지
해왔다. 그런 이유로 로마인들은 어느 한 사람이 무소불위의 권력을

행사하는 것을 끔찍하게 생각하고, 그런 시도를 여지없이 거부하였다. 그들은 절대권력을 행사하는 왕이라는 존재를 인정할 수 없었던 것이다.

그런데 카이사르가 내전의 최종 승리자가 되자, 로마의 모든 권력이 그에게 집중되기 시작했다. 처음에는 10년 기한의 독재관이 되더니만 그가 죽는 해(기원전 44년)에는 종신 독재관이 되었다. 그는 집정관으로서 법률을 발의하고 집행했으며, 감찰관으로서 원로원 의원을 임명하거나 면직시킬 수 있었다. 이제 완전히 그의 통제권으로 들어온 원로원은 꼭두각시에 불과한 국가기관이 되었다.

물론 카이사르에게도 변명은 있다. 이런 새로운 정체를 만든 것은 로마제국의 내일을 걱정했기 때문이라는 변명이다. 당시 로마의 공화정은 부정부패로 병들었고, 수없는 정변이 일어나 드넓은 제국을 통치하기 힘들었다. 그럼에도 공화파는 로마제국의 속주를 단지 로마의 식민지로만 인식하고 그에 맞게 지배해야 한다고 주장했다.

이에 대해 카이사르는 속주의 로마화를 통해 지배해야 한다는 생각을 가졌다. 그는 로마제국 어디라도 로마와 다르지 않은 또 다른 로마이길 바랬다. 그는 로마 공화정을 완전히 해체하지 않으면 로마제국은 유지될 수 없다고 생각했다. 이러니 두 세력은 필연적으로 충돌하지 않을 수 없는 운명이었다.

기원전 44년 3월 15일, 카이사르에게 운명의 날이 왔다. 하지만 그는 이날이 그의 마지막 날이라고는 꿈에도 생각하지 못했다. 전하는 말에 의하면 점쟁이 스푸린나는 그날이 있기 얼마 전 원로원으로 가

칼 폰 필로티, 〈카이사르의 최후〉, 하노버 니더작센 주립미술관 소장.

는 카이사르에게 귓속말로 "3월 15일을 조심하십시오"라고 한 적이 있었다. 하지만 카이사르는 이 말을 듣고 그냥 웃어 넘겼다. 이날 카이사르는 원로원으로 가는 도중 다시 그 점쟁이를 만났다. 카이사르는 미소를 지으면서 3월 15일이 왔으며 만사가 순탄하다고 말했다. "하지만 3월 15일이 아직 다 지나가지 않았습니다"라고 점쟁이는 대답했다.

카이사르가 원로원에 도착했을 때 폼페이우스 극장 앞에서는 원로원 회기를 알리는 제물을 바치고 있었다. 이때 그날의 음모를 알리는 두루마리가 그의 수중에 들어왔다. 플루타르코스에 의하면 그날 브루투스 일파의 암살 모의를 알고 있던 아르테미도로스라는 사람이 그 음모를 적어 카이사르에게 전했다고 한다.

그러나 그는 카이사르가 그런 두루마리를 받는 족족 시종에게 넘기는 것을 보고 그에게 바짝 다가가 "카이사르여, 이것을 직접 읽으시되 빨리 읽으셔야 합니다. 중대하고도 그대와 직접 관계되는 내용입니다"라고 말했다. 하지만 그는 수많은 사람을 면담하는 바람에 그 두루마리를 읽을 수 없었다. 죽음이란 운명은 그 어떤 것보다 강하기에, 그것을 막을 수 있는 것은 아무 것도 없었다.

이렇게 해서 카이사르는 실제로는 황제라고 할 수 있는 '종신 독재관' 자리에 오른 지 두 달 만에 브루투스 일파에 의해 원로원 의사당의 폼페이우스 조각상 아래에서 암살된다. 그러나 브루투스 일파는 카이사르를 찔러 죽이는 데는 성공했지만, 그가 세운 체제를 무너뜨리지는 못했다. 카이사르 암살 이후에 벌어질 일에 대하여 아무런 대책과 해결책을 갖고 있지 못했던 것이다. 그들은 카이사르만 죽으면 공화정은 복구될 것이라고 생각했지만, 역사는 그렇게 흘러가지 않았다.

카이사르의 죽음에서 박정희를 읽다

10월 26일. 매년 이날이 오면 나는 좀 생각이 많아진다. 이날은 대한민국 현대사에서 역사적인 날이다. 1909년 같은 날 안중근 의사는 만주 하얼빈 역에서 한반도 침략의 원흉 이토 히로부미의 심장을 향해 총을 쏘았다. 이토 히로부미는 메이지유신 이후 일본 근대화의 아버지와 같은 역할을 한 인물이다. 물론 일본이 군국주의화하면서 그 총부리를 한반도와 중국으로 돌리는 데 크나큰 역할을 한 이도 그다. 안 의사는 그를 역사의

박정희, 이 사람은 대한민국 민주주의의 적이자 근대화의 공로자로 그 평가가 판이하게 갈린다. 21세기 초 대한민국의 이념 지도를 50 대 50으로 만든 장본인이기도 하다.

이름으로 처단함으로써 동양의 평화를 회복하려 했다.

하지만 이토 히로부미가 저세상으로 떠났음에도 일본의 군국주의 물결은 조금도 사그라지지 않았다. 이토가 그 물결을 타는 배의 선장이긴 하였지만, 당시 일본이라는 거함에는 이토를 대신할 수 있는 그의 아바타들이 수없이 많았기 때문이다.

1979년 같은 날, 서울 궁정동 안가에서 당시 중앙정보부장 김재규는 그가 절대적으로 충성을 맹세해온 박정희 대통령을 향해 총을 쏘았다. 박정희는 그렇게도 총애하던 김재규의 손에 운명했다. 이 장면은 카이사르가 총애하는 브루투스의 손에 의해 죽임을 당한 것과 오버랩된다.

박정희는 1961년 5·16 군사쿠데타를 일으키면서 민주당 정부의 무능과 부패 그리고 극도의 무질서를 바로잡겠다는 명분을 내세웠다. 시절의 운은 그에게 있었던지 쿠데타는 성공하여 마침내 그는 대한민국 대통령이 되었다. 이후 1969년 3선 개헌을 통해 영구집권의 기반을 닦은 그는 1972년 드디어 유신헌법을 만들어 사실상 종신 대통령이 되었다. 대통령 선출방식을 국민 직선제에서 통일주체국민회의라는 대의원 선거제로 바꾸어버린 것이다. 그 대의원 선거는 말이 선거지, 민주주의 선거와는 전혀 관계없는 것이었다.

박정희는 이 간선제 선거로 두 번에 걸쳐 대통령에 당선되었는데, 두 번 모두 전체 대의원의 99% 찬성을 받았다. 1972년 유신헌법이 만들어진 해 대통령 선거에서는 투표 2,359명에 찬성 2,357표, 무효 2표로 당선되었고, 1978년 두 번째 선거에서는 투표 2,578명에 찬성 2,577표, 무효 1표로 당선되었다.

뿐만 아니다. 국회의원 3분의 1을 통일주체국민회의에서 뽑았는데(이들이 국회 내에서 만든 원내교섭단체가 유신정우회였다), 이들은 모두 대통령이 추천한 인물들이었으니, 국회의원 3분의 1을 대통령이 사실상 임명한 것이나 마찬가지였다. 이로써 대통령을 견제해야 할 의회는 완전히 대통령의 거수기로 전락해버렸다. 이는 카이사르가 원로원의 정수를 600명에서 900명으로 늘이고, 그 늘어난 원로원 의원의 임명권을 자신이 행사한 것과 매우 흡사하다.

이런 과정에서 한국의 민주주의는 임종을 맞이했고, 사망 직전 10·26 사건이 터졌다. 박 대통령을 숭모하는 사람들은 그의 삶이 어쩌면 카이사르와 비견될 수 있다고 생각할 것이다. 그 둘의 삶을 비교하면 의외로 많은 부분이 겹치기 때문이다. 한국의 근대화를 이루었다고 하는 박정희, 로마제국의 초석을 쌓은 카이사르, 이 둘 모두 역사에 뚜렷한 명암을 남긴 채 비명에 갔으니 그런 생각도 무리는 아니다.

박정희는 자신을 추종하는 일단의 군인들을 대동하고 한강을 넘어 쿠데타를 일으켰고, 그것으로 정권을 잡았다. 카이사르는 그를 지지하는 군단과 함께 루비콘 강을 넘어 로마에 들어왔고 정적을 일소한 다음 제국의 1인자가 되었다.

박정희는 유신헌법을 만들어 종신 대통령으로의 길을 열고 국회를 거수기로 만들었다. 카이사르는 제국의 1인자가 된 후 종신 독재관이 되었고, 원로원을 무력화시켜 사실상의 황제가 되었다.

박정희는 자신이 총애하는 부하 김재규의 총에 의해 비극적으로 삶을 마감했다. 카이사르는 그가 아들이라고까지 부른 브루투스 일파의 칼에 의해 절명했다.

그러나 두 사람에게 있어 적어도 한 가지는 완전히 달랐다. 카이사르는 정적의 생각을 인정했다. 그들이 자신의 생각을 갖고 그에 따라 살아가는 것을 인정했다. 다음 말을 한번 음미해보자. 카이사르가 키케로에게 보낸 편지의 일부다.

내가 석방한 사람들이 다시 나한테 칼을 들이댄다 해도, 그런 일로 마음을 어지럽히고 싶지는 않소. 내가 무엇보다도 나 자신에게 요구하는 것은 내 생각에 충실하게 사는 거요. 따라서 남들도 자기 생각에 충실하게 사는 것이 당연하다고 생각하오. ─《로마인이야기》 5권, 29쪽

박정희는 다른 사람의 생각을 인정하지 않았다. 자신의 생각과

238

다른 사람, 자신의 생각에 도전하는 사람을 철저히 응징했다. 긴급 조치를 남발하며 정권에 대한 어떠한 반대도 용납하지 않았다. 박정희를 비판하는 사람들이 택할 수 있는 길은 아무것도 없었다. 감옥에 가든지 급기야는 죽음으로 내몰리지 않으면 안 되었다. 정적 김대중은 피랍되어 현해탄에서 수장 직전에 살아났고, 오랜 기간 박정희에 도전했던 장준하는 어느 날 산속에서 의문의 주검으로 발견되었다.

정권에 반대하는 지식인들은 재판이라는 이름하에 죽어갔다. 이름하여 사법살인이다. 지난 40년간 인구에 회자된 인혁당 사건을 보라. 유신정권에 반대하던 사람들이 중앙정보부에 의해 고문 받으면서 사건은 과장·조작되었다. 법원 확정 판결이 난 지 단 18시간 만에 8명이 형장의 이슬로 사라졌다. 그렇지만 30년 후 이 사건의 진상은 밝혀졌고, 모두 무죄가 되었다. 권위주의 시대가 우리에게 준 공포치고는 너무나 큰 충격이었다. 우리 현대사의 비극이다.

전하는 말에 의하면, 김재규는 더 이상 민주주의가 한 독재자에 의해 유린되는 것을 볼 수 없어 유신의 심장부인 박 대통령을 쏘았다고 한다. 이는 마치 브루투스 일파가 로마 공화정을 지키기 위해 카이사르의 심장을 찔렀다는 것과 흡사하다.

하지만 카이사르를 살해하였어도 그의 후계자 옥타비아누스에 의해 시작된 화려한 황제정은 막지 못한 브루투스처럼, 대한민국 현대사에서 김재규의 박정희 암살은 민주주의 회복으로 직결되지 못했다. 또 다른 권력의 화신 전두환의 출현을 막지 못했기 때문이다.

한국의 민주주의는 그 뒤에도 십수 년을 기다리면서 수많은 사람들의 피와 땀을 요구하고 나서야 우리 앞에 나타났다.

VIII

라틴문학의 왕자
키케로,
지혜를 말하다

인문교양을 배워야 하는
이유에 대하여

나는 2013년 가을학기에 〈법과 인권〉이라는 학부 교양과목을 담당했다. 로스쿨이 만들어진 다음 학부 수업을 못했는데, 1년간 유럽에서 연구년을 보내고 귀국하자 어떻게 해서라도 교양과목 하나를 맡고 싶었다. 실용적인 면에서는 조금 거리가 있을지라도 무엇이 진짜 '앎'인지 학생들과 이야기를 나누고 싶었다. 나는 〈법과 인권〉을 가급적 인문교양적 관점에서 강의하려고 노력했다.

인권교육은 감수성과 지식 두 가지를 함께 추구하지 않으면 안 되는데, 이 중에서 역시 어려운 것은 감수성 교육이다. 대체로 인권교육 시간에 학생들이 선생 말에 귀를 기울이지 않고 꾸벅꾸벅 존다면, 그것은 감수성을 자극하는 교육이 이루어지지 않기 때문이다. 그렇다면 인권 감수성을 자극하는 교육은 어떻게 해야 할까. 경험으로 터득한 것이지만, 인문적 방법으로 접근할 때 학생들의 인권 감각은 살아난다. 인권을 인간의 본성과 역사 속에서 실감나게 그릴 때 법조문의 숲에서 무료함으로 허우적대는 학생들에게 앎의 새로운 지평이 열리는 것이다.

〈법과 인권〉 강의에는 20개가 넘는 학과 소속 학생들이 참여했다. 이 중 법대생 수는 전체 수강생의 10분의 1도 안 되었다. 그러니 나로서는 이 과목을 더욱 인문적으로 만들어야 한다는 책임감을 느꼈다. 특히 내 강의에는 공대생들이 많았다. 이들 몇 명으로부터 내 강의에 참여한 이유를 들어보았다. 답변인즉, 자신들에게 부족한 인문적 사고를 내 강의를 통해 채우고 싶다는 것이었다. 내 책임감이 커졌다.

종강을 앞둔 어느 날 나는 공대생들을 의식하고 이런 말을 했다. "공대생들은 자신들이 배우는 과학기술을 나 같은 일반인들에게 공학도의 언어가 아닌 일반 언어로 알기 쉽게 설명할 수 있어야 한다. 그 과학기술이 인류사회에 왜 필요한지, 그것이 인류사회에 어떻게 공헌할 수 있을지 설명할 수 있어야 한다. 자동차는 과학기술자들이 개발했지만, 그것을 길 위에서 달릴 수 있게 한 것은 과학기술 전문가가 아니라 대통령을 비롯한 정치인들이라는 사실을 알아야 한다. 이런 이해를 위해서 과학기술자에게 필요한 것이 인문교양이다. 인문교양이 없는 과학기술자가 현대의 복잡다기한 과학기술을 일반인에게 알기 쉽게 설명하기는 어려울 것이다."

로마문명 이야기를 하면서 이런 이야기를 하는 것은 이 글의 목적을 다시 한 번 생각해보기 위해서다. 나는 이 글을 통해 역사라는 인

서울 남부순환로. 도로 위로 수많은 차들이 질주한다. 저 차들을 개발하고 만든 이는 과학자요, 기술자다. 그러나 저 차들이 도로 위를 질주할 수 있도록 한 이는 정치가나 행정관료들이다. 만일 그들이 자동차의 유용성에 대해 이해하지 못했다면 저 길이 만들어졌을까? 혹시 이런 생각을 해보진 않았는가. 만일 자동차 회사가 차를 팔기 위해 저 도로까지 만들어야 했다면 저 차들의 가격이 얼마나 되었을까, 모르긴 몰라도 지금보다 10배는 더 비싸야 했을 것이다. 그렇게 비싼 가격이라면 자동차는 팔리지 않았을 것이고, 지금의 자동차 문화는 불가능했을 것이다. ⓒ박찬운

문적 지식이 그저 옛날이야기에 불과한 것이 아니라 오늘을 사는 우리에게 지혜를 주는 보고임을 모두가 깨닫기를 바란다. 로마문명은 이탈리아인만의, 아니 서구인만의 역사가 아니다. 그것을 자세히 들여다보면 오늘을 사는 한국인에게도 많은 것을 시사한다. 2천 년 전 로마인들이 바로 우리 곁으로 다가와 이야기를 거는 것이다. 그 이야기는 그들만의 문제가 아닌 우리 모두의 문제, 인류의 문제이다. 그만큼 로마인의 역사는 인류가 경험한 보편역사의 한 부분이다.

　로마문명은 2천 년 전 로마인들이 만든 수많은 유적을 통해 아직도 우리 눈앞에 생생하게 나타난다. 역시 철학은 그리스인에게, 건축은 로마인에게 배우라는 말은 여전히 유효하다. 하지만 우리가 로마인에게 무엇인가 배우기를 원한다면 로마인 스스로 그 시대 사람

들에게 말한 것만큼 직접적인 것이 없다. 그들이 말한 것이 남아 있다. 글의 형태로 말이다. 로마인의 말은 2천 년의 시간을 극복하고 글에서 글로 이어져왔다.

　　로마인들의 글은 2천 년의 역사를 담은 건축의 금자탑 콜로세움이나 판테온에서 경험할 수 없는 감동이다. 그것은 이제 라틴문학이라는 이름으로 세계의 지식인들에게 다가간다. 로마인들이 전하는 이야기는 비록 2천 년 전의 것이지만, 오늘날에도 여전히 그 울림은 크다. 그래서 고전이다. 고전은 아무리 시간이 지난들 그것에 의해 마모되지 않는다. 언제나 우리의 삶을 자극하면서 지혜를 준다. 그 옛날 공자의 말씀이 논어로 기록되어 2천 년 동안 수많은 사람들을 자극한 것처럼, 로마인들의 이야기도 비슷한 기간, 비슷한 방법으로 사람들을 자극했다.

로마의 데모스테네스,
라틴문학의 왕자, 키케로

　　　　　　　　　　　　오늘 나는 또 다른 로마인을 소개한다. 그 이름 마르쿠스 툴리우스 키케로. 키케로는 로마의 정치인이자 웅변가로 잘 알려진 사람이다. 이 사람에 대해서는 이미 카이사르를 다루면서 간단히 언급했다. 그는 로마 공화정이 위기에 처해 있을 때 공화정의 옹호자로서 황제정을 구상하는 카이사르의 정적이 되지 않으면 안 되었던 비운의 정치인이다. 하지만 카이사르

246

는 도량이 넓은 위인이었기에 키케로를 죽이지 않았다. 키케로가 폼페이우스 편을 들어 그에게 반기를 들었지만 카이사르는 내전 이후 키케로를 사면함으로써 그의 정치적 소신을 존중했다.

그렇지만 키케로의 운명은 카이사르의 죽음과 함께 다하고 말았다. 카이사르의 후계자를 자처하는 이들은 더 이상 반대파를 용인하지 않았기 때문이다. 카이사르의 오른팔이었던 안토니우스는 어느 날 키케로에게 자객을 보냈다. 그의 목이 베이고, 팔이 잘렸다. 화려했던 60년 삶은 그렇게 처참하게 종지부를 찍었다.

키케로는 로마시대에 이미 영웅적 평가를 받았다. 플루타르코스는 《영웅전》에서 키케로를 다루면서 그를 그리스 시대의 정치인이자 웅변가인 데모스테네스(기원전 384~322년)와 비교했다. 데모스테네스가 누구인가? 그는 알렉산드로스 대왕이 그리스 전역을 통일하기 이전 선왕 필리포스에 대적하여 반마케도니아 운동의 선봉에 선 인물이었다. 그는 결국 알렉산드로스 사후 마케도니아에 의해 사형선고를 받자 도주하여 음독자살함으로써 비극적으로 삶을 마감했다. 참으로 재미있는 역사의 재연이다. 역사는 돌고 도는가. 알렉산드로스에 비교되는 카이사르, 그에 반기를 든 키케로, 그리고 처참한 죽음 … . 그러니 키케로의 삶은 데모스테네스의 것과 많이 닮았다고 할 수밖에 없다.

키케로는 안토니우스에 의해 죽임을 당했지만, 그의 운명이 그것으로 끝난 것은 아니었다. 그가 남긴 말과 글이 2천 년 동안 사람들의 눈과 귀를 사로잡았기 때문이다. 키케로는 로마의 최고 지성으로

1 키케로 흉상, 기원후 1세기 중엽 추정, 로마 카피톨리노박물관 소장. 키케로의 흉상은 마치 살아 있는 키케로를 박제한 것같이 사실적이다. 역시 로마인들이 만든 흉상은 단순한 예술품이 아니라 돌로 만든 초상화다. 키케로의 얼굴을 자세히 보면 카이사르와 같이 머리숱은 적고 이마는 넓다. 무엇인가 강인한 의지를 엿볼 수 있는 인상이다. ©Glauco92

2 데모스테네스 입상, 코펜하겐 칼스버그 글립토테크미술관 소장. 사실 나는 2012년 겨울 칼스버그 글립토테크미술관에 갈 때까지 이 사람에 대해서 잘 몰랐다. 그런데 그 앞에 서자 무엇인가 강한 포스를 느꼈다. 순간 보통 사람이 아니라는 생각에 자연스레 카메라 셔터를 누르고 말았다. 집에 돌아와 이 인물에 대하여 자료를 찾아보았다. 내가 데모스테네스를 알고 그를 키케로와 연결하는 순간이었다. ©박찬운

서, 라틴문학의 왕자로서 후대의 사람들에게 말을 건다. 적어도 그는 모든 로마인들 중에서 카이사르 다음가는 명성을 얻었다. 로마시대는 물론 그가 죽은 후 천 년이 지나 서양세계에 르네상스의 바람이 불 때, 그는 라틴문학의 왕자로서 화려하게 다시 등장했다. 윌 듀런트는 키케로에 대하여 이렇게 찬사를 보낸다.

> 분명히 키케로 이전이나 이후 라틴어를 그렇게 유혹하듯 매력적이고 유창하게, 열정적으로 말한 사람은 아무도 없었다. 키케로야말로 라틴어 산문의 정점이었다. ─ 《문명이야기》 3-1권, 277쪽

키케로 생전에 그의 정적 카이사르 또한 직접 이런 찬사를 보내기도 했다. 카이사르는 《키케로와의 유사성》이라는 책을 써서 키케로에게 헌정하면서 이렇게 말했다.

> 당신은 웅변술에 관한 모든 보물을 발견했습니다. 그리고 당신은 처음으로 그 보물을 사용했습니다. 그럼으로써 당신은 로마인들에게 엄청난 은혜를 베풀었습니다. 그리고 당신은 당신 조국의 명예가 되었습니다. 당신은 가장 위대한 장군들이 거둔 승리보다 더 값진 승리를 거두었습니다. 왜냐하면 로마제국의 경계보다 인간 지성의 경계를 넓히는 것이 더 고귀한 일이기 때문입니다.
> ─ 《문명이야기》 3-1권, 277~278쪽

천하의 명변호사,
수사학의 대가 키케로

키케로의 명성은 오늘날로 보면 변호사로서의 탁월한 웅변에서 시작되었다. 그는 법정에서 자기가 변호하는 의뢰인을 위해 최고의 변론을 했다. 그는 맡은 사건마다 이기는 아주 잘나가는 변호사였다. 중산계급과 평민은 탁월하고 용기 있는 그의 연설에 감사를 표했다. 그런 이유로 맺어진 의뢰인들은 죽어가면서 키케로에게 고마움을 표시했다. 막대한 돈을 키케로에게 유증한 것이다.

당시 로마법은 변호사가 변론의 대가로 돈을 요구하는 것을 금하였다(2장 '로마법, 시공을 넘어 세계를 지배하다' 참고). 사람의 생명과 재산을 보호하는 변호사는 정의로워야 한다는 것이었을까. 돈은 그러한 정의를 가로막는 장애물이라 생각했던 것이었을까. 그럼에도 의뢰인이 선의로 사례하는 것은 막지 않았다. 키케로는 그렇게 돈을 벌었다. 그에겐 여기저기 고가의 별장이 있었다. 물론 장가도 잘 갔던지 신부로부터 막대한 지참금도 받은 그는 젊은 시절부터 돈의 궁핍함을 느끼지 않고 살았다.

그의 아버지는 비록 귀족은 아니었지만 돈 많은 사람이었다. 그랬기에 영민한 아들 키케로가 최상의 교육을 받는 데 돈을 아끼지 않았다. 그리스 시인 아르키아스를 고용해 키케로에게 문학과 그리스어를 가르쳤고, 당대 최고의 법학자였던 스카이볼라에게 아들을 보내 법률 공부를 하게 했다. 또한 키케로는 독재자 술라가 한때 로마를 휘어잡고 있을 때 몸을 피해 그리스로 가 웅변술과 철학을 공부했으며, 로도스섬으로 건너가 아폴로니우스에게 수사학을, 포세이도니우스에게 스토아 철학을 배웠다.

키케로의 웅변술은 이른바 수사학이라는 이름으로 완성되었다. 이것은 한마디로 말하면 '말하는 방법'에 관한 그의 이론이다. 그는 말년에 자신의 이론을 책으로 남겼는데, 그것이 《수사학》이라고 번역할 수 있는 *Partitiones Oratoriae* 라는 책이다. 이 책의 원전이 한국에서도 번역되었다. 《수사학: 말하기의 규칙과 체계》(안재원 편역)라는 책이다.

말이 나왔으니 우리나라의 키케로 연구에 대하여 간단히 한마디하자. 최근 들어 우리나라의 서구 인문학 연구는 해가 다르게 진일보하고 있다. 대학에 있는 사람으로서 이런 일이 얼마나 힘든 일인지 안다. 한국 대학은 온통 대학경쟁이라는 마술에 걸려, 순수한 인문학은 고사 직전에 있다. 그럼에도 인문학자들 중 일부는 그것과 상관없이 자신의 길을 걷고 있으니 경의를 표할 일이다. 나는 그런 분들에게 많은 빚을 졌다. 그런 분들의 노고가 없었다면 내가 어찌 키케로의 원전에 다가갈 수 있었을까. 이 기회를 빌려 감사를 드린다.

과거의 라틴고전 번역은 일본어를 통한 중역이 대부분이었는데, 이제는 우리 연구자들이 라틴어와 그리스어를 공부해 원전을 번역하는 수준에 이르렀다. 키케로의 저작에 대해서는 10여 년 전 서울대 허승일 교수(로마사 전공)가 중심이 되어 만든 키케로학회가 있다. 이 학회는 매주 라틴원전 독회를 개최하여 그 결과를 하나하나 우리말로 번역해왔다. 순수 인문학자들의 열정이 빚어낸 아름다운 결실이다.

수사학을 제대로 배우지 않는 나라,
민주주의가 위험하다

이제 수사학의 정수라 할 수 있는 웅변술에 대하여 이야기해보자. 우리나라에도 웅변이란 말이 있고, 내가 초등학교 시절인 1970년대 초반에는 웅변대회가 전국 여기저기에서 열렸다. 지금 생각해보면 웅변대회라는 것이 대부분 정부시책을 홍보하는 용도로 개최된 것인데, 당시 나는 그 취지가 무엇인지도 모른 채 몇 번 대회에 나갔다. 6·25 기념 반공웅변대회나 혼분식 장려 웅변대회에서 목청을 높인 게 기억 저편에서 아스라이 떠오른다.

이 당시 웅변대회에서 상을 받기 위해서는 일단 목소리가 좋아야 하고, 클라이맥스 부분에서는 손을 하늘 높이 뻗으며 목청껏 소리를 지르는 것이 필수적이었다. 웅변에 대한 나의 기억은 그런 것이다. 웅변이 무엇인지에 대해서는 도대체 배운 바 없이 선생님이 써준 원고를 달달 외고, 날달걀로 목을 축인 다음, 과장된 몸짓을 섞어 큰 소리를 치는 것, 그것이 내 웅변역사의 전부였다.

하지만 웅변은 그런 것이 아니다. 웅변(雄辯)은 말 그대로 '최고의 말'이다. 웅변의 목적은 내 생각을 청중에게 전하며 공감을 호소하는 것이다. 그래서 결국에는 내 말에 따라 청중이 움직이도록 하는 힘을 말한다. 그러기 위해서 웅변의 구성은 잘 조직되고 논리적이어야 한다. 거기에 청중의 심금을 울릴 수 있는 감정이 들어가야 한다. 따라서 웅변은 논리와 감성이라는 두 가지 요소가 적절히 조화를 이룬 언어의 예술이다.

나는 요즘 우리나라 교육에서 가장 부족한 부분이 수사학과 관련된 교육이라고 생각한다. 현대는 그 어느 때보다 소통이 중요한 시대다. 그래서 정치인들은 선거에 출마할 때마다 소통을 강조한다. 하지만 그 소통을 강조하는 사람도 일단 당선만 되면 마이동풍이다. 도대체 커뮤니케이션이 안 된다. 이 말 하면 딴말하니 기가 찬다. 말하는 것을 잘 들어보아도 도대체 그 진의를 알기 어려울 때가 많다.

소통이 민주주의 발전의 요체라는 것은 누구나 다 아는 사실이다. 그러니 우리는 어린 시절부터 소통 교육을 해야 한다. 소통 교육은 무엇으로 해야 할까. 말과 글로써 해야 한다. 교육을 제대로 받은 사람이라면 누구나 자신의 의사를 말과 글로 적절히 표현할 수 있어야 한다. 그런데 우리는 이것이 안 된다.

우리나라는 세계에서 대학교육이 가장 보편화된 나라 중 하나다. 고등학교를 졸업한 젊은이 중 80% 이상이 대학에 가니 말이다. 하지만 그들 대부분이 쓰는 말과 글을 면밀히 분석하면 소통이 매우 힘든 언어를 구사한다는 사실에 놀라지 않을 수 없다. 대학입학시험 논술고사라는 것이 있지만, 이것은 소통능력을 검증하는 것이 아니라 머리 좋은 학생을 뽑는 수단이다. 전국의 이렇다 할 대학에서 출제하는 논술고사 시험문제를 자세히 읽어보시라. 무슨 말을 하는 것인지 도통 알 수가 없다.

대학교수들을 무작위로 뽑아 그 시험을 보게 하면 그들은 과연 몇 점이나 받을 수 있을까. 내가 가끔 시험감독을 하면서 문제를 읽어

제시문 다 세계 여러 나라의 인간개발지수
(Human Development Index)와 관련 지표 비교

인간개발지수 순위		인간개발지수	평균수명 (세)	성인문자 해독률(%)	총취학률 (%)	1인 GDP (구매력 기준 달러)	취학
1위	노르웨이	0.971	80.5	99.0	98.6	53,433	4
2위	오스트레일리아	0.970	81.4	99.0	114.2	34,923	20
3위	아이슬란드	0.969	81.7	99.0	96.0	35,742	16
10위	일본	0.960	82.7	99.0	86.6	33,632	16
24위	홍콩	0.944	82.2	99.0	74.4	42,306	-13
25위	한국	0.937	79.2	99.0	98.5	24,801	9
93위	중국	0.772	72.9	93.3	68.7	5,383	10
182위	니제르	0.340	50.8	29.7	27.2	627	-6

출처: UNDP, 《2009인간개발보고서》, 2007년 통계

주: 인간개발지수는 국제연합개발계획(UNDP)이 매년 각국의 교육수준과 국민소득, 평균수명 등을 조사하여 인간개발 성취 정도를 평가한 지수로, 국가별 삶의 질을 알 수 있는 자료이다. '순위차'는 1인당 GDP 순위에서 인간개발지수 순위를 뺀 값이다(《고등학교사회》 교과서).

[문제] [다]의 표를 활용하여 제시문 [가]와 [나]의 주장을 비교 대조하고, [라], [마]의 제시문과 [바]의 그래프를 토대로 영국 산업혁명 후기 삶의 질에 대해 추론하라. (1,300~1,500자, 60% 배점)

서울 모 대학의 모의논술고사 문제. 내가 교수지만 내게 이런 문제를 내고 글을 쓰라고 하면 과연 얼마나 자신 있게 쓸 수 있을까. 요즘 같은 논술고사로 입시를 치렀다면 나는 대학에 들어오지 못했을 것이다. 출처: 〈한국일보〉 2013년 11월 18일 기사.

보면 등에서 식은땀이 난다. 나 같은 사람에게는 너무나 난해한 문제들이다. 문제는 그렇게 어려운 논술고사를 통과하고 대학에 들어온 학생들의 문장능력이다. 학생들이 쓰는 글을 자세히 뜯어보면 심각하다는 생각이 든다. 글쓰기의 기본이 안 된 학생들이 너무 많기 때문이다.

나는 평소 어려운 논술고사 치르지 말자는 이야기를 자주 한다. 만약 논술고사를 본다면 소통능력을 검증하는 가장 기본적인 문제를 내자고 주장한다. 지금과 같은 논술고사는 사교육만 부추기는 부정적인 효과를 낳는다. 간단하게 문제를 내더라도 수험생의 실력을 진단하기는 어렵지 않다. 어려운 문제를 내서 학생들이나 채점자 모두를 애먹일 필요가 없다. 아주 간명한 문제를 내서 그들의 의사소통 능력을 점검하는 것이 초·중등학교 글쓰기 교육에도 좋은 영향을 줄 것이라 생각한다.

말의 중요성, 이것은 우리 사회를 돌아봐도 충분히 이해할 수 있을 것이다. 말이 아닌 말을 쓰는 이들이 너무 많다. TV를 틀어놓고 출연하는 유명인사들의 말을 분석해보라. 혹시 그가 말하는 내용이 자막으로 표기되는 것을 보았는가? 놀라지 않을 수 없는 것은 그의 말과 자막 글이 서로 다른 경우가 많다는 사실이다. 그가 말하는 것이 워낙 문법에 맞지 않으니 방송국에서 적절히 통하는 말로 바꾸어 서비스하는 것이다. 남들에게 막대한 영향을 주는 사람들도 그럴진대, 일반인들의 말하는 수준을 논하는 것은 시간낭비일지 모른다. 우리나라에 민주주의가 안 되는 것은 어쩌면 말의 문제라는 생각마저 든다. 그러니 일찌감치 말을 제대로 배워야 한다.

2천 년 전 키케로가 관심 가졌던 수사학은 오늘날 우리의 현실에도 그대로 적용된다. 우리는 말과 글의 기법을 좀더 터득하여 남에게 알리고 싶은 이야기를 제대로 표현할 수 있어야 한다. 그것이 한국 민주주의의 내일을 위한 최소한의 시민교육이 될 것이다.

자, 그럼 어떻게 하면 말을 잘할 수 있을까 하는 질문에 키케로가 어떤 대답을 했는지 들어보자. 키케로는 《수사학》의 한 부분에서 웅변(연설)이 어떻게 구성되는지 설명한다. 현대를 사는 우리에게도 큰 도움이 되는 말일 것이다.

> 연설은 네 부분으로 구성된다. 이 중 첫 부분과 마지막 부분은 마음을 움직이는 역할을 담당한다. 왜냐하면 감정이 서론과 결론에서 자극되어야 하기 때문이다. 두 번째 부분은 사실 기술이고, 세 번째 부분은 논증인데, 이는 연설의 신뢰감을 만들어준다. 그러나 강조는 원래 고유한 자리를 가지고 있지만 종종 연설의 시작에도, 하지만 연설의 마무리에서는 언제나 사용해야 하는 표현방법이다.
>
> ─《수사학: 말하기의 규칙과 체계》, 148쪽

시오노 나나미는 키케로의 연설을 당시 유행했던 아시아식과 아테네식 연설의 절충이라고 설명한다. 아시아식 연설은 핵심보다는 변론의 장식에 치중했다. 미사여구를 늘어놓으면서 배심원들을 어지럽게 하는 연설법이다. 이에 반해 아테네식은 그리스 조각처럼 군더더기가 없는, 핵심만 강조하는 방식의 연설이다. 그래서 시오노 나나미는 키케로의 연설을 이렇게 표현한다.

단도직입적으로 성문을 돌파하여 상대의 급소를 찌르기보다는, 우선 성벽 바깥의 해자부터 메우고, 마지막에는 듣는 이들의 인정에 호소함으로써 이른바 정상참작을 얻어내는 것이 키케로의 법정전술이었다. 이것은 지금도 서구의 변호사들한테서 흔히 볼 수 있는 스타일이니까, 2천 년 뒤에도 그가 '변호사의 아버지'로 일컬어지는 것도 납득이 간다.

— 《로마인이야기》 4권, 79쪽

나는 말을 할 때 키케로의 이 화법을 항상 머릿속에 둔다. 이 글을 읽는 독자들도 앞으로 말을 할 때, 특히 여러 사람들 앞에서 말을 할 때는 이 조언을 머릿속에 두면 좋을 것이다. 생각하라, 말하기 전에 내가 할 말의 구성을 그려보라. 그리고 그것에 따라 말하도록 하라. 좀 천천히 말해도 좋다. 말이 빠른 것보다는 전달이 더 중요하다. 그리고 말하는 훈련을 하라. 훈련을 쌓을수록 머릿속에서 빠른 속도로 논리적 문장이 만들어질 것이고, 말의 속도도 빨라질 것이다. 천부적인 웅변가도 있겠지만 훈련을 통해 만들어지는 뛰어난 웅변가도 있다는 사실에서 희망을 갖길 바란다.

천하의 웅변가 키케로,
로마를 살리다

키케로가 집정관을 지낸 해(기원전 63년), 로마를 떠들썩하게 만든 사건 하나가 터진다. 바로 카틸리나 음모라는 것이다. 키케로는 이 사건의 주모자인 카틸리나를 탄핵하고, 이어 그와 추종자를 제거함으로써 로마를 구한다. 그렇다면 이 음모는 어떤 것이었을까.

로마는 기원전 1세기에 들어오면서 최고의 경제호황을 누렸다. 3차에 걸친 포에니 전쟁을 승리로 마무리하고 지중해 전역의 최강자가 되었으니 그것은 당연한 현상이었다. 당시 로마에는 지중해 전역에서 온갖 사치품이 물밀듯이 들어왔다. 상류층 사람들은 돈을 흥청망청 쓰면서 향락에 빠져들었다. 그런데 문제는 사회 양극화였다. 이 넘치는 부가 상류층 사회로만 들어가고, 일반 평민들의 삶은 나아지지 않은 것이다. 이럴 때 평민들이 할 수 있는 방법이란 예나 지금이나 돈을 빌리는 것이다. 그렇게라도 해야 상류층의 호화스런 삶과 비교되는 상대적 박탈감에서 조금이라도 해방될 수 있다고 생각한 것이다. 그러나 빚은 눈덩이처럼 쌓여 많은 파산자들이 발생했다.

이럴 때 카틸리나라는 사람이 나타난다. 그는 원래 독재자 술라가 지휘하는 로마군단의 지휘관 출신 정치인인데, 그 또한 많은 빚을 지고 있었다. 이런 배경 때문에 그는 자연스레 사회 불만세력의 대변자가 되었다. 그는 집정관이 되어 이 부채를 청산하겠다고 공약했다. 요즘 이야기로 한다면, 대통령이 되면 채무자들의 모든 빚을 탕

감해준다는 공약을 내세운 것이다.

이런 파격적인 공약이라면 집정관을 뽑는 민회에서 그가 당선되는 것에는 그리 큰 어려움이 없었을 것이다. 그러나 그것은 판단 미스였다. 집정관 후보자를 내는 데 권한을 행사하는 원로원은 그가 집정관이 되면 로마 경제를 파탄 낼 것이라 우려한 나머지 그에게 후보자 지위를 주지 않은 것이다. 몇 번의 시도 끝에 가까스로 원로원을 통과하니 이제는 믿었던 민회마저 그를 외면했다.

기원전 63년, 그는 다시 한 번 집정관 자리를 노리고 출마했다. 하지만 이번에도 맞수 키케로에게는 역부족이었다. 거듭되는 낙선 속에 그의 마음은 탔고, 성격은 더욱 과격해졌다. 불만세력은 점점 그에게 다가왔고, 드디어 그는 로마를 타도하는 것만이 방법이라 생각하고 거대한 음모를 진행한다. 물불 가리지 않는 지지자들을 모았고, 로마 밖의 에트루리아에까지 도움을 청해 로마 전복을 계획한 것이다. 명실상부한 국가전복 음모였다.

이 음모를 알아낸 이가 키케로다. 그는 카틸리나가 참석하는 원로원 회의에서 카틸리나의 음모를 공개하면서 그에 대한 응징을 요구한다. 듀런트는 당시 상황을 이렇게 전한다.

… 키케로는 … 최고 수준의 격렬한 비난을 그에게 쏟아 부었다. 연설이 진행되고 있을 때, 카틸리나 주위의 좌석이 하나씩 하나씩 비워졌고, 마침내 혼자만 남게 되었다. 카틸리나는 자신의 머리 위로 쏟아지는 비난 공세와 날카롭고 무자비한 구절들을 묵묵히 참아냈다. 키케로는 모든

체자레 마카리, 1889년, 〈카틸리나를 탄핵하는 키케로〉, 토리노 마다마궁 벽화. 키케로
가 카틸리나를 탄핵하는 연설을 하자 카틸리나(오른쪽에 혼자 앉아 있는 사람) 주변에 앉
았던 지지자들은 하나둘씩 빠져나간다. 당혹스런 카틸리나, 혼자 남아 고통스런 시간
을 보내고 있다.

감정을 이용했다. 그는 국가를 공동의 아버지라고 말하고, 카틸리나를
부모 살해를 의도한 자라고 말했다. 키케로는 증거를 제시하지 않고 암
시적으로, 그리고 넌지시 국가에 대한 음모, 도적질, 간통, 변태성욕이라
는 죄목으로 카틸리나를 기소했다. 마지막으로 키케로는 유피테르 신
에게 로마를 지켜달라고, 카틸리나를 영원한 형벌로 다스려달라고 간
청했다.　　　　　　　　　　　　　　　　—《문명이야기》3-1권, 250쪽

이렇게 되자 카틸리나는 로마를 탈출하여 그의 지지자들과 함께
에트루리아로 도주한다. 이에 키케로는 원로원으로 하여금 이 역모

자들을 모두 사형에 처하도록 하는 원로원 최종권고를 발동케 한다. 그 후 로마군은 카틸리나 반역군과 싸워 그 모두를 소탕한다. 이 소 탕으로 카틸리나와 그의 추종자 3천여 명이 죽임을 당했다. 이로써 키케로는 로마를 구한 인물, '조국의 아버지'(국부)라는 칭호를 얻게 되었다.

만고의 웅변가 키케로가 이석기를 탄핵한다면

나는 키케로가 카틸리나 음 모를 분쇄하는 과정을 보면서 세기의 재판이라고 불리는 이석기 사 건을 떠올린다. 만일 키케로가 카틸리나의 음모 대신 이석기의 음모 를 발견했다면 어떻게 대처했을까. 보수우익의 첨병이었던 키케로 가 지금 이 땅에 나타나 이 사건을 본다면 어떤 판단을 내렸을까. 과 연 그가 이 사건을 내란음모로 단정하고 법정에서 엄벌을 구하는 열 변을 토했을까. 나는 그러지는 못했으리라 판단한다. 그는 적어도 법률가였고, 그것도 이성의 힘을 믿는 자연법의 옹호자였다. 그런 그가 이석기의 음모를 카틸리나의 그것과 동일시했을 리는 없다.

무릇 한 국가의 전복을 목표로 하는 내란음모죄는 이른바 위험범 이다. 위험범은 어떤 법익(법으로 보호하는 이익)을 현실적으로 침해 하지 않아도 위험이 있다는 사실만으로 처벌할 수 있는 범죄다. 따 라서 위험범은 속성상 처벌자의 자의(恣意)가 개입될 수 있는 범죄

유형이므로 그 처벌에 신중을 기하지 않으면 안 된다. 그렇지 않으면 죄의 성립요건을 미리 법률에 규정하여 처벌해야 한다는 헌법원칙인 죄형법정주의는 자칫 파산을 맞이할 위험이 있다.

그렇다면 어느 정도의 위험이 있을 때 그것을 범죄로 처벌하는 것이 용인될까. 그것은 그 음모의 실현가능성 및 명백현존성으로 판단해야 한다. 음모가 사실이라 할지라도 실현가능성이 없으면 그것은 처벌할 수 없는 불능범에 해당하고, 명백하고도 현존하는 위험이 없다면 그것은 반체제인사들의 공상적 토론에 불과하다는 이야기다.

나는 이석기의 사상이나 행위에 대해서는 관심도 없으며, 사실 그와는 전혀 다른 세계에 사는 사람이다. 만일 그가 어떤 모임에서 혐의사실과 같은 말을 해서 사람들을 선동한다고 해도, 내게 그것은 일고의 가치도 없는 말일 뿐이다. 나는 그저 이 땅에 돈키호테 한 명이 나타나 사람들을 웃겼다고 말하지 않을 수 없다. 아마도 대한민국에서 건전한 상식을 갖고 사는 사람들이라면 그런 말에 귀를 기울일 리는 결코 없으리라 생각한다.

하지만 그렇다고 해서 그의 행동을 내란음모죄로 처벌하는 것이 정당화될 수는 없다. 내란음모는 대한민국을 전복하기 위한 음모로, 이 나라의 안위에 심각한 위해를 끼칠 가능성이 있는 국가 대역범죄이다. 카틸리나는 자신의 목표를 이루기 위해 원로원 의원과 집정관 키케로를 살해하고 로마를 장악하려는 음모를 꾸몄다. 그에게는 동조자 수천 명이 있었으며, 외세인 에트루리아와도 연계하였다. 그러니 그의 음모는 누가 보아도 실현 가능했으며, 목전의 위험도 있었다.

만일 그것을 막지 않았다면 여지없이 로마는 뒤집혔을 것이다.

이석기의 음모는 어떤가. 그와 몇몇 사람들이 어느 회합에서 이야기했다는 것이 모두 사실로 드러난다고 해도 그것을 카틸리나의 음모와 비교할 수 있을까. 법률가 이전에 평범한 시민으로서, 또한 역사의 교훈을 중시하는 사람으로서 아무리 생각해보아도 고개를 가로저을 수밖에 없다. 만고의 웅변가 키케로가 지금 환생하여 국정원 그리고 검찰을 대신하여 이석기를 탄핵한들 이 사건을 카틸리나 음모로 바꾸기는 어려울 것이다.

키케로에게서 법의 기원, 자연법을 배운다

키케로를 이야기하면서 그의 자연법 사상을 언급하지 않을 수 없다. 생각난 김에 법의 기원에 대하여 잠시 생각해보자. 법은 우리를 강제한다. 법은 우리에게 금(禁)하고 명(命)한다. 법은 때로는 우리의 자유를 억압한다. 그러니 법은 자유롭게 살고자 하는 나에게는 거추장스런 존재이기도 하다. 하지만 법이 없는 세상을 생각할 수는 없다. 법은 인간이 사회를 구성하고 살아가는 한 필연적으로 존재할 수밖에 없다. 그렇기에 "저 사람은 법 없이도 살 수 있다"는 말은 절대적으로 잘못된 말이다. 법의 존재를 부정하고서 하루라도 이 땅에서 살 수 있는 사람은 없기 때문이다.

그런데 가끔 우리는 의문을 품는다. 나에게 주어진 이 법을 꼭 지켜야 하는가. 내가 이 법에 굴복해야 하는 이유가 무엇인가. 아마도 이 법이 정당한 법이기 때문에 그렇게 해야 한다고 생각할 것이다. 따지고 보면 법이 정당하지 못할 때 사회는 위태롭다. 항상 그 법을 위반하는 사람이 나타나며, 그런 법은 언젠가는 생명력을 다해 죽음을 맞이한다. 그렇다면 법은 어떤 경우에 정당하다고 할 것인가. 그 정당성의 근거는 무엇일까.

옛날부터 이런 논쟁은 수없이 존재한다. 인간사회의 범주에서 구할 때는 그 근거를 절대적인 왕에게서 구하기도 했다. 왕의 명령은 신성한 것이니 그것은 절대적으로 따라야 한다는 것이다. 그러나 그런 생각은 오래가지 못했다. 인권이 신장되면서 법의 근거는 국가 공동체의 주인이라고 할 수 있는 인민에게서 찾게 되었다. 민주국가의 법이 정당하기 위해서는 그것이 인민의 뜻이어야 한다는 것이다. 루소는 이를 인민의 일반의지(general will)라고 말했다.

이것을 좀더 설명해보자. 민주국가에서는 다수 인민의 뜻이 법으로 나타나면 그것은 정당성 있는 법이라고 한다. 국민의 뜻은 평상시 대의기관인 국회가 대신하니 국회가 법률을 만들면 그것이 곧 정당성 있는 법이 된다. 국민은 국가를 만들면서 가장 중요한 기본법을 만든다. 그것이 헌법이다. 헌법은 모든 법의 상위법으로 하위법의 정당성의 근거가 된다. 모든 하위법은 헌법의 이념에 맞아야 하며 그렇지 않으면 그것은 인민(국민)의 뜻이 아니다.

그런데 여기서 의문이 생긴다. 인민의 뜻이 무엇인지 어떻게 알 수 있을까. 국회가 국민의 뜻을 대신하는 곳이라고 하지만 그 기관을 움직이는 것 역시 사람이다. 그 사람은 언제든지 국민을 배반할 수 있으니 국회는 자칫 국민의 뜻을 왜곡하는 기관이 될 수도 있다. 역사적으로 보면 나치즘이나 파시즘도 대부분 국회라는 대의기관의 법률을 통해 전체주의를 만들었다. 그러한 경우에도 그 법이 우리가 지켜야 할 정당한 법이라고 할 수 있을까.

여기에서 법의 정당성의 근거를 오로지 국민 혹은 인민의 뜻이라고 하는 것의 한계를 인정하지 않을 수 없다. 법은 국민의 뜻 이상이어야 한다. 그것이 무엇일까. 인류 지성이 발견한 바로는 그것은 바로 자연법이다. 이 자연법 사상은 역사가 길다. 이 사상은 절대왕정에서 벗어나 근대시민국가가 만들어지는 과정에서 성행한 법이론이지만, 시민사회와 관계가 없었던 고대에도 많은 지성인들에게 각광받았다. 자연법 사상에 따르면, 그 체제가 왕정이든 공화정이든 한 사회가 가진 모든 법률의 근본적 출발은 자연본성에서 찾아야 한다. 그리고 자연본성은 신과도 연결되니 법은 인간사를 떠나 신의 본성으로도 구할 수 있다는 것이다. 이 글의 주인공 키케로는 2천 년 전에 이에 대한 생각을 명확히 했다.

무릇 법률이란 자연본성의 위력이고, 현명한 인간의 지성이자 이성이며, 정의와 불의의 척도네 … . 우리는 법이 성립하는 출처를 저 최고법에서 포착해야 할 것이니, 최고법은 여하한 성문법도 생기기 이전에, 심지어 어떤 도시 국가도 성립되기 이전에 아주 오랜 세월 전에 먼저 생

미치엘 얀스 판 미에레벨트, 1631년, 〈휴고 그로티우스 초상〉, 프린센호프 시립 미술관 소장. 네덜란드의 법률가였던 그로티우스는 자연법 사상에 입각하여 국제법의 새로운 지평을 열었다.

겨났네. … 법은 여론에 의해서 성립되지 않고 자연본성에 의해서 성립된다는 사실을 확연하게 깨닫는 일만큼 훌륭한 일은 아무것도 없네.

— 《법률론》, 71, 78~79쪽

자연법적 시각에서 보면 헌법은 최고법이 아니다. 최고법은 자연본성과 인간이성 그 자체로, 이는 헌법을 능가한다. 헌법이 사람들에 의해 농락될 때 그 헌법을 폐할 수 있는 것은 여론에 의해 좌우되지 않는 자연본성에 입각한 법이 있기 때문이다. 자연본성에 입각한 법, 곧 자연법에서는 악법은 결코 법이라 불릴 수 없다.

이런 사고에서는 악법도 법이라는 소크라테스의 말은 통하지 않는다. 어떠한 법이 자연본성과 인간이성에 반한다면, 그것은 정당성을 잃은 법이다. 이 말이 주는 엄중성은 오늘을 사는 우리에게도 많은 과제를 던져준다. 대한민국 사회에 존재하는 수많은 법, 오늘도 내일도 만들어질 수많은 법, 이 중에서 과연 자연본성과 인간이성에 반하는 법은 없는가. 법률가들을 비롯한 지성인들의 깨어 있는 태도가 어느 때보다 절실한 이유이다.

노년, 그 비참함에 대한 반론

　　　　　　　　　　　새해를 맞이하면서 나이 한 살이 추가되니 50대 중년의 무게를 새삼 느낀다. 얼마 전까지만 해도 어딜 가든 선배가 많았는데, 요즘은 어떤 모임에 가도 내가 선배라고 인사할 사람들이 쉽게 눈에 띄지 않는다. 나도 모르는 사이에 나이가 들어가는 것이다. 어머님은 십수 년 전에 돌아가시고, 아버지는 여든을 넘으신 지 오래다. 처가의 어른들은 집에 계시는 날보다 병원에서 보내시는 날이 더 많다. 작년 말에는 대학동기의 자녀 결혼식이 있어 참석했는데, 알고 보니 그 신부가 우리 집 큰애와 동갑이었다. 나에게도 이제 발등의 불이다. 자식의 짝을 걱정하지 않을 수 없는 시기가 온 것이다. 이런저런 이유로 불면의 밤이 늘어나는 새해다.

　　생노병사! 이것은 피할 수 없는 인간의 주로(走路)이다. 그래서인지 이를 소재로 하는 글은 어느 시대, 어느 곳에서든 발견된다. 국내에 번역된 키케로의 적지 않은 저작을 읽던 중, 이 문제에 대한 2천 년 전 로마인의 음성을 들을 수 있는 글을 만났다. 천병희 교수가 번역한 〈노년에 관하여〉라는 글로, 이는 천 교수가 쓴 《그리스 로마 에세이》(도서출판 숲)에 실린 한 편의 글이다.

말이 나왔으니 천병희 교수에 대하여 한마디 하자. 이분은 그리스 로마 원전을 우리말로 번역해온 이 분야의 독보적 인문학자이다. 그는 2013년 아리스토텔레스의 대표적 윤리철학서 《니코마코스윤리학》을 출간하였다. 2009년 "인간은 사회적 동물이다"라는 말로 유명한 《정치학》을 출간한 지 4년 만이다. 이로써 그는 1976년 《시학》을 번역 출간한 이래 37년 만에 아리스토텔레스의 3대 명저를 모두 원전 번역했다. 이 외에도 그는 지난 40여 년간 20여 권의 그리스 로마 원전을 우리말로 번역하여 나 같은 비전문가에게 그리스문학과 라틴문학이 무엇인지 생생하게 알려주고 있다. 이 시대에 이런 인문학자가 우리 주변에 있다는 사실에 감사하고, 천 교수의 그간의 노고에 경의를 표한다.

〈노년에 관하여〉에서 키케로는 로마인들 사이에서 현인으로 추앙받던 대(大)카토의 음성으로 노년, 곧 늙는다는 것에 대하여 이야기한다. 그 내용은 당시 로마에서 유행한 스토아 철학의 강력한 영향을 받은 듯하다. 그러니 키케로의 〈노년에 관하여〉를 제대로 이해하기 위한 전제는 스토아 철학에 대한 이해다. 내가 이해하는 한도에서 간단히 이 철학을 설명해보자.

동서고금을 통해 물질주의 시대에 나타나는 새로운 철학은 정신과 이성 그리고 영혼을 강조한다. 스토아 철학은 원래 알렉산드로스 사후 동서양의 문화가 절충된 세계주의 문화, 헬레니즘하에서 탄생한 것이다. 그 시절 서구는 동서양의 교류로 물질적 영화를 만끽할 수 있던 사회였다. 동양의 온갖 사치품이 동서 교역로를 통해 들어오자 사람들은 이를 구하기 위해 혈안이 되었다. 그러자 돈이 가장 중요한 가치척도가 되었다. 물질주의가 팽배해진 것이다. 당연히 지식인 사회에서는 이를 비판하는 목소리가 높아졌다.

물질도 중요하지만 그것만이 전부가 아니다. 물질의 이면을 지배하는 법칙, 진리(로고스), 인간의 육신을 뛰어넘는 불멸의 영혼, 이런 것들을 인식하지 않으면 인간은 단지 물질 속에서 헤어나오지 못하는 비참한 존재가 될 것이다. 고로 세상(물질)은 신적 이성과 일치해야 하며, 인간은 자연과 화합해야 한다. 인간이 자연에 따른다는 말은 결국 신의 뜻에 따른다는 말과 다르지 않다. 인간의 육체는 일시적이지만 육신을 지배하는 영혼은 영원한 것이다. 그러니 인간은 정념의 노예가 되지 말고 이성과 올바름을 추구해야 한다. 그것이 바로 신의 뜻이라고 스토아 철학자들은 주장했다.

이와 같은 철학이 키케로가 활동한 기원전 1세기 로마에도 많은 영향을 주었다. 로마가 제국화하면서 헬레니즘 시대와 같이 물질주의가 급격히 팽배해졌기 때문이다. 과도한 물질주의에서 로마의 향락문화가 독버섯처럼 일어났고, 그에 대한 반성의 분위기가 사회 한편에서 강력히 분출되었다. 이것이 로마에서 스토아 철학이 유행할 수 있었던 시대적 배경이다.

내 생각으로는, 이 스토아 철학은 로마에서의 기독교 발흥과도 깊은 관련이 있다. 기독교는 물질을 멀리하고 영혼의 세계를 극대화한 종교다. 그러니 스토아 철학은 기독교로 가는 징검다리 역할을 톡톡히 할 수 있었다. 거기에 더해, 스토아 철학에서 강조하는 물질에 대한 금욕과 인류애는 기독교의 교리와도 밀접한 관련을 맺고 있었다.

노년의 비참함에 대한 4가지 질문: 카토의 답변

〈노년에 관하여〉에서 현인 카토는 사람들이 노년이 비참하다고 말하는 것을 네 가지 질문으로 정리하고, 그에 대해 답변한다. 그는 첫 번째로 이렇게 질문한다. "노년은 우리를 쓸모없게 하는가?" 이에 대한 그의 답변은 간명하다. "전혀 염려할 것이 없다. 노년은 노년대로 쓸모 있는 게 인생이다."

> 큰일은 체력이나 민첩성이나 신체의 기민성이 아니라, 계획과 명망과 판단력에 따라 이루어지지. 그리고 이러한 여러 자질은 노년이 되면 대개 줄어드는 것이 아니라 더 늘어난다네. … 한창때의 젊은이들은 경솔하기 마련이고, 분별력은 늙어가면서 생기는 법이라네.
> — 《그리스 로마 에세이》, 409, 411쪽

카토는 노년을 비참하게 만든다는 두 번째 질문, "노년은 우리의 몸을 허약하게만 하는가"에 대하여 답한다. 노년이 되어 힘이 없다

나는 버트런드 러셀을 존경한다. 90세가 넘어 죽음 직전에 쓴 자서전에서 그는 자신을 지배해온 세 가지 열정을 이야기한다. 사랑에 대한 열정, 진리 추구에 대한 열정, 그리고 고통 받는 인류에 대한 참을 수 없는 연민. 나도 러셀처럼 맑은 정신으로 노년을 보내면서 인생의 후배들에게 무언가를 남기고 싶다. 그저 나이만 먹으면서 백수를 누리는 것이 아니라 죽기 직전까지 책을 읽고, 사색하고, 보고 싶은 곳을 돌아다니면서 말을 하고 글을 쓰고 싶다. ©Bassano

고 해서 이제 인생 다 끝났다고 낙심해야 할까. 그렇지 않다. 노년에게는 힘은 없지만 원숙한 권위가 있다. 이 자질은 소년이나 청년에게서 찾을 수 없는 우리 인생의 자산이다.

… 힘이 있으면 그 재산을 쓰되, 없다고 아쉬워하지는 말게나. 청년이 소년 시절을, 또는 장년이 청년 시절을 아쉬워해서는 안 되는 것이라면 말일세. 인생의 주로(走路)는 정해져 있네. 자연의 길은 하나뿐이며, 그 길은 한 번만 가게 되어 있지. 그리고 인생의 매 단계에는 고유한 특징이 있다네. 소년은 허약하고, 청년은 저돌적이고, 장년은 위엄이 있으며, 노년은 원숙하네. 이런 자질들은 제철이 되어야만 거두어들일 수

있는 자연의 결실과도 같은 것이라네.

— 《그리스 로마 에세이》, 422쪽

노년의 비참함에 대한 세 번째 질문은 다음과 같다. "노년은 감각
적 쾌락이 없으니 무슨 재미로 사는가?" 이에 대한 카토의 대답은
금욕을 고집하는 전형적인 스토아주의자의 것으로 들릴지 모른다.
그에겐 쾌락이란 하나의 역병이다. 그러니 노년이 되어 이런 쾌락이
물러간다면 축복이 아닌가.

세월이 정말로 젊은 시절의 가장 위험한 약점에서 우리를 해방해준다
면, 그것은 세월이 우리에게 주는 얼마나 멋진 선물인가! … 자연이 인
간에게 준 역병 가운데 쾌락보다 치명적인 것은 없다네. 쾌락의 탐욕스
러운 추구는 쾌락을 충족시키도록 사람들을 맹목적으로 거리낌 없이
부추긴다는 것이었네. … 우리가 이성과 지혜로도 쾌락을 거부할 수 없
는 것이라면, 우리가 해서는 안 되는 것에 욕망을 품지 않게 해주는 노
년에야말로 진심으로 감사해야 한다네.

— 《그리스 로마 에세이》, 425~427쪽

이제 카토가 대답하는 노년의 비참함에 대한 마지막 질문이 남았
다. "노년은 죽음에 임박했으니 슬픈 것인가?" 스토아 철학자답게
그의 답변도 거기에서 벗어나지 않는다. 죽음은 자연과의 조화이니
조금도 슬플 일이 아니다. 죽음은 육체가 죽는 것이지 우리의 영혼

까지 죽는 것이 아니다. 영혼은 저세상에서 불사하며 삶을 이어갈 것이다.

주어진 수명이 짧다 해도 훌륭하고 명예롭게 살기에는 충분히 길기 때문일세. … 자연과 조화를 이루는 것은 무엇이든 선으로 간주되어야 하네. 그런데 노인들이 죽는 것보다 자연과 조화를 이루는 것이 또 어디 있겠는가? … 내가 죽음에 더 가까이 다가갈수록 마치 오랜 항해 끝에 드디어 육지를 발견하고는 항구에 들어서려는 것 같은 느낌이 든다네.
— 《그리스 로마 에세이》, 448, 449쪽

그러니 이런 죽음을 생각하는 이들에겐 결코 "나의 인생 다시 살고 싶다", "내 인생 돌려줘" 하는 소리는 나오지 않으리라. 최선을 다해 산 인생은 더 이상 여한이 없는 법이다. 나도 그렇게 살고 싶다. 과거를 후회하면서 다시 살고 싶은 생각은 결코 없다.

경주가 다 끝난 지금 나는 결승선에서 출발선으로 도로 소환 당하고 싶은 마음은 추호도 없네. … 내가 살았다는 것을 나는 후회하지 않네. 나는 내가 헛되이 태어난 것이라는 생각이 들지 않도록 살았으니까. 그래서 내가 삶을 떠날 때 집이 아니라 여인숙을 떠나는 듯한 느낌이 들 것 같네. 자연이 우리에게 준 것은 임시로 체류할 곳이지 거주할 곳이 아니기 때문일세.
— 《그리스 로마 에세이》, 457쪽

말들의 경주. 인생은 저와 같은 경주인가. 인생을 질주하고 나서도 후회스럽다면서 다시 한 번 경주장의 출발점에 서고 싶다는 사람도 있다. 하지만 나는 그러고 싶지 않다. 저 한 번의 질주로 내 인생을 마치고 싶다. 그러기 위해서는 최선을 다해 질주해야 한다. ©Softeis

키케로의 글을 읽으면서 인생의 황혼기도 충분히 우아할 수 있음에 안도한다. 하지만 이것 하나만은 분명하다. 우아한 노년이 되기 위해서는 정신력을 유지할 수 있을 정도의 건강이 확보되어야 한다는 것이다. 그래야 노년의 분별력도 권위도 생긴다. 만일 치매라도 걸려보라. 키케로가 말한 노년에 대한 찬사는 일순간에 비참함으로 바뀔 것이다. 그러니 키케로의 글은 노인으로서 위엄 있게 살아갈 수 있는 최소한의 건강을 전제로 쓴 것임을 이해해야 한다.

몇 년 전 타계한 소설가 박완서 선생은 어느 책의 추천사에서 소박한 바람 하나를 말했다. 바로 노년의 건강에 관한 것이다. 평범하지만 누구나 한 번쯤은 꿈꿔야 할 소망일 것이다.

우리는 나이가 들어서도 생각하고 기억하며 자신의 생각을 표현하고 새 소설이나 신문을 읽을 수 있는 능력을 유지하기를 원한다. 가능하면 다른 사람에게 폐를 끼치지 않고 여기저기 다닐 수 있고 혼자서 옷을 갈아입고 식사도 자기 손으로 하며 화장실에도 혼자 다닐 수 있었으면 한다. 또한 만성 질환으로 고통 받지 않기를 소망하며 내가 사랑하는 사람들, 그리고 나를 사랑하는 사람들과 더불어 살 수 있기를 원한다.

— 《우아한 노년》, 8~9쪽

IX

18세 소년
옥타비아누스,
로마를 접수하다

과거로의 회귀,
제왕적 대통령 다시 탄생하다

　　　　　　　　　　기다리던 한 통의 메일이 도
착했다. 반가운 마음에 열어보았지만 우울하기 그지없는 내용이다.
"선생님 죄송하게 되었습니다. 저희 출판사에서는 선생님의 책을 출
판하지 않기로 했습니다." 무슨 말이냐고? 간단히 말하면 이렇다.
〈로마문명 이야기〉가 이 책으로 출판되기 이전의 이야기다. 2013년
말, 〈로마문명 이야기〉 연재기사가 마지막을 향해 달려가고 있었기
때문에 나는 그동안 써온 연재기사를 책으로 출판하기 위해 준비하
고 있었다. 그러다가 국내 유수의 출판사와 연결되어 출판계약을 앞
두고 있었던 것이다.

　그런데 그 출판사와의 계약이 막판에 무산되었다. 그 이유가 무
엇이냐고? 그게 나를 슬프게 한다. 내 문명 이야기에서 나오는 사회
비판이 좀 걸린다는 것이었다. 사실 내가 로마문명 이야기를 쓰면서
사회비판을 자주 했지만, 그 수준이란 게 그저 스쳐 지나가는 정도

에 불과하다. 스스로 판단하건대, 내 글이 본격적인 사회비판 기사로 대우 받기에는 한참 멀었다고 생각한다. 그럼에도 내 글을 책으로 내는 것이 부담스럽다니 출판사 입장을 이해해주고 싶어도 나로서는 솔직히 서운한 게 사실이었다.

얼마 전 한 소설가가 우리나라의 저명한 문학잡지에 소설을 연재하기로 했다가 잡지사 측으로부터 거부통지를 받았다고 한다. 그 소설가가 쓴 1회분 원고에 '박정희 유신'과 '87년 민주항쟁'이 언급되었는데, 잡지사가 그것을 보고 마음에 걸렸던지 연재하기 어렵다고 한 모양이다. 결국 나와 그 소설가의 처지가 별반 다르지 않다. 우리 사회가 언제부터 이렇게 되었는가. 1970년대 유신정권 시대나 1980년대 5공 시절에는 이런 일들이 왕왕 있었다고 하지만, 그 후 민주화를 거치면서 적어도 지난 20년간은 이런 이유로 잡지사나 출판사가 글을 거부하는 일은 들어보지 못했는데 말이다.

그런데 지금 이런 일들이 하나둘씩 일어나면서 사회 분위기가 점점 얼어붙고 있다. 뉴스를 들어보면 거의 매일같이 종북좌파 논쟁이 끊이지 않는다. 정부정책에 반대하거나 정권의 정통성을 조금이라도 건드리면 개인이든 집단이든 종북인사, 종북단체가 되는 것은 시간문제다. 누구 말대로 수도 서울이 한반도의 좌측에 위치해서 이런 문제가 생긴 것인지, 그 지긋지긋한 종북문제는 수도를 우측으로 천도해야 해결될 것인지, 용한 점쟁이에게라도 묻고 싶다. 세상이 완전히 거꾸로 흘러가는 느낌이다. 도대체 왜 이런 일들이 일어나고 있는가.

280

이러한 사회적 분위기가 본격적으로 만들어지기 시작한 것은 두 말할 것도 없이 박근혜 정권이 들어선 이후부터다. 박근혜 대통령은 지난 20년간 어느 대통령과도 비교할 수 없는 막강한 권력을 누리고 있다. 여성 대통령의 부드러움을 통한 국민화합을 기대했다면 그것은 오판이었다. 부드러운 외피를 벗기면 거기엔 세찬 칼바람이 부는 동토의 대한민국이 있을 뿐이다.

　　그 동토지대는 우선 정치권에서 목격할 수 있지 않은가. 이명박 정권 시절에는 여권에서조차 대통령과 다른 목소리를 내는 정치인들이 왕왕 있었다. 소장파 국회의원 중에는 가끔 연판장을 돌려서라도 청와대와 일전을 불사하겠다는 이들도 있었다. 하지만 지금 그런 국회의원은 눈을 씻고 보아도 보이질 않는다. 내게 노안이 와서 잘 못 보는 것일까.

　　거의 모든 여권 정치인들이 완전히 낮은 포복을 하면서 청와대와 코드를 맞추기에 여념이 없다. 국무회의에 비친 장관들은 대통령의 말 한마디라도 놓칠세라 수첩에 메모하기 바쁘다. 수첩공주가 대권에 오르더니 이젠 수첩대신들만이 눈에 들어온다. 대통령이 참석하는 회의에서는 대통령의 심기를 거스르는 어떤 반론도 허용될 것 같지 않은 엄숙함만이 흐른다.

　　이런 분위기는 정치권을 넘어 사회 전반으로 퍼져나가고 있다. 보수언론도 보수적 입장에서 정부 비판을 못할 리 없지만 제대로 된 비판이란 것을 본 지 오래다. 지식인들의 비판 강도는 전반적으로 약해지면서 자기검열의 위축효과도 여기저기에서 보이기 시작한다.

대한민국 최고의 권부 청와대. 북악산 밑에 있는 이 대통령 관저는 식민지 시대 최고 권력자 조선총독이 거주하던 곳이었다. 일본인들이 조선조의 정궁이었던 경복궁을 굽어볼 수 있는 곳에 총독관저를 세운 것은 일본의 한반도 식민지화의 상징적 표현이었다. 그런 곳이 해방 이후에는 이름만 바뀐 채 대통령 관저가 되었으니 대통령과 국민의 심정적 거리는 조선조 왕과 백성의 그것보다 더 멀 수밖에 없었다. 청와대 앞에 설치된 이중삼중의 바리케이드와 경호원들의 번득이는 눈매에서 국민과 소통하는 대통령을 그리는 것은 요원한 일이다. 역사의 아픔을 통찰하지 못하는 사람이 저곳의 주인이 된다면 권위주의의 마술에 걸리는 것은 너무나 쉬운 일일 것이다. ⓒ박찬운

서두에서 말한 문예잡지사나 출판사의 원고거부 현상도 그런 예 중 하나일 것이다.

　박근혜 대통령은 여당 총재가 아니면서도 유신 시절 여당 총재를 겸한 박정희 대통령에 필적하는 권력을 즐기는 듯하다. 가히 부전여전(父傳女傳)이다. 유신시절에야 대통령의 권력이 국회를 압도하는 것이 형식적이라도 헌법에 의해 보장되었지만 지금 헌법은 그렇지도 않은데, 박 대통령의 말 한마디는 여당 국회의원들에게 그저 지존의 말씀으로 들리는 것 같다. 헌법개정 없이도 대통령의 권력을

그렇게 막강하게 만든 박근혜 대통령의 통치력은 놀라움을 넘어 신통하기까지 하다.

그러면 그 통치력은 어디에서 왔을까? 나는 그 비밀은 박근혜 대통령의 높은 지지도에 숨어 있다고 생각한다. 대선과정에서 국정원 불법선거개입 등의 논란이 그치질 않았음에도 박 대통령은 지난 20년간 어떤 대통령도 누리기 힘들었던 높은 지지도를 확보했다. 박 대통령이 이야기하는 안보논리와 경제논리는 한 겹만 벗기만 오류투성이지만, 그럼에도 그것들이 많은 국민들에게 먹혀들어간다는 점을 인정하지 않을 수 없다. 박 대통령이 취임 후 1년이 되어가는 지금 (2014년 초) 시점에서도 여전히 50% 이상의 지지율을 보인다는 것은 경이로운 상황이다. 단언하건대 이러한 지지율이 꺾이지 않는 한 제왕적 대통령으로서 박 대통령의 권위는 한동안 계속될 것이다.

태종과 세조 그리고 세종을 합친 인물, 아우구스투스

오늘날 우리의 정치·사회 현실을 이야기할 때 생각나는 로마인 한 사람이 있다. 로마제국의 초대황제 아우구스투스(기원전 63년~기원후 14년)다. 후세 사람들은 누구나 로마제국 제1의 권력자였던 그를 초대황제라 부르지만, 그는 살아생전 결코 자신을 황제라 칭한 적이 없다. 물론 헌법을 바꾸어 로마 공화정을 황제정으로 바꾸지도 않았다. 그러면서도 그는 누가 보아도 인정할 수밖에 없는 절대권력을 가진 황제였다. 그것은 로마인들의 그에 대한 절대적 지지에서 기인한 것이었다. 과연 그 불가사의한 지지는 어디에서 왔을까?

카이사르가 브루투스 일파에 의해 비운의 종말을 맞이했을 때, 그의 후계자로 알려진 18세의 옥타비아누스가 대권을 쥐게 될 줄은 아무도 예상하지 못했다. 로마는 이미 지중해 전체를 호령하는 대제국이 되었는데, 이를 통치할 존엄한 권력자의 자리를 어찌 그런 애송이가 차지할 수 있다는 말인가. 하지만 모든 이의 예상을 깨고 옥타비아누스는 그 자리를 차지했다. 그는 기라성 같은 로마의 영웅들을 다 물리치고 1인자가 되어 로마제국의 명실상부한 초대황제로 등극한 것이다.

윌 듀런트는 아우구스투스를 소개하면서 이런 말로 시작한다.

18세에 카이사르의 후계자, 31세에 세계의 지배자가 되고, 반세기 동안 로마를 통치하고, 그리고 고대역사에서 가장 위대한 제국을 건설한 아우구스투스는 어떤 사람이었는가? 그는 둔하면서도 매력적이었다. 어느 누구도 그보다 재미없지는 않았지만 세상 사람의 절반이 그를 숭배했다. 그는 신체가 허약했고 특별히 용맹스럽지는 않았지만 모든 적을 압도할 수 있고, 왕국을 통제할 수 있었다. 그리고 그는 거대한 왕국에 200년 동안 전례 없는 번영을 가져다준 통치체제를 만들 수 있었다.

— 《문명이야기》 3-1권, 381쪽

기원후 2세기 초 팍스 로마나의 영역. 가운데 흰색이 지중해다. 로마인들은 이 시기 지중해를 '우리의 바다'라고 불렀다. 지중해 전역이 로마제국으로 편입되어 하나의 세계를 만들었다. 또한 로마제국은 고속도로에 해당하는 로마가도와 지중해를 연결하는 뱃길에 의해 빠르게 연결되었다.

아우구스투스 이후 로마는 200년간 평화를 누렸다. 제국의 변경은 안정되어 이민족의 침입도 없었다. 제국 내의 치안도 안정되어 로마가도를 통해 어디를 가든 강도를 만날 걱정은 하지 않아도 되었다. 물자의 교류는 활발하여 로마에는 제국 내에서 생산되는 온갖 물자가 넘쳤으며 제국 내의 여러 도시가 번영하였다. 이것이 바로 팍스 로마나(Pax Romana)이다. 로마를 통한 평화, 그러나 이것은 아우구스투스를 통해서 왔으니 팍스 아우구스타(Pax Augusta)라고 말해야 할 것이다.

아우구스투스는 언뜻 보면 그저 평범한 사람에 불과했다. 일반적인 영웅처럼 강한 카리스마가 있는 것도 아니었고, 강건한 육체도 타고나지 못했다. 그럼에도 그는 영리했다. 자신의 때를 기다릴 줄 알았고, 냉정하고도 용의주도했다. 그리고 정적에 대해서는 누구보다 잔인하게 누를 줄 알았다. 연설 습관을 볼 때 그는 완벽주의자였던 것 같다. 그는 연설을 함에 있어서 언제나 준비된 원고를 읽었다. 심지어 아내 리비아와 대화할 때도 즉흥적으로 말을 너무 많이 또는 너무 적게 할까봐 미리 할 말을 준비하고, 말을 가급적 적게 했다고 한다.

20세기 로마사의 황제라 불리는 영국 사학자 로널드 사임은 그의 주저 《로마혁명사》(허승일·김덕수 옮김)에서 다음과 같이 아우구스투스를 묘사한다.

그 젊은이는 천성적으로 냉정하고 용의주도하였다. 그는 개인의 용기라 불리는 것이 대부분의 경우 무모한 것임을 잘 알고 있었다. 그렇지만 과감성이 필요한 시대였고, 카이사르의 예는 그에게 모든 난관을 기쁘게 돌파하고, 이름과 지위에 걸맞은 위신, 명예, 권리를 주장하라고 가르쳐주었다. 그러나 지나치면 안 된다. 옥타비아누스는 기사도나 온유함에 위험스럽게 빠지지 않으면서도 자신의 디그니타스(위엄)에 대한 입장은 확고하게 지켰다.　　　　　　　　　— 《로마혁명사》 1권, 209쪽

아우구스투스 입상, 로마 바티칸박물관 소장. 이 입상은 발견된 곳의 이름을 따 프리
마 포르타 아우구스투스라 불린다. 로마 근처의 프리마 포르타에는 아우구스투스의 아
내 리비아의 빌라가 있었는데, 그녀는 아우구스투스 사후 그곳에서 말년을 보냈다고 한
다. 이 입상은 1863년 발견되었다. 조각가들은 세련되고 진지한 젊은이의 자부심, 신관
과 같은 엄숙한 모습, 권력의 휘장으로 몸을 감싼 아우구스투스를 묘사하고자 노력했
다. ©박찬운

나는 이런 아우구스투스의 묘사에서 우리 역사에 볼 수 있는 몇 명의 군주를 떠올린다. 권력의지와 그것을 쟁취하기 위한 권모술수, 정적에 대한 잔인함에서는 조선왕조 왕권을 확립한 태종과 세조가 생각나며, 제국에 평화와 안전을 가져와 팍스 로마나의 영예를 얻은 것에서는 영리한 군왕으로 백성이 원하는 것이 무엇인지 간파하고 그것을 위해 국가의 기본 틀을 바꾼 위대한 성군 세종이 생각난다. 아우구스투스는 바로 태종, 세조 그리고 세종을 모아놓은 군주라고 할 수 있다.

8월은 영어로 'August'인데, 이것은 아우구스투스의 이름에서 나왔다. 7월이 카이사르의 달(7월은 영어로 'July'인데, 이것은 카이사르의 성 율리우스에서 나왔다)이라면, 8월은 그의 후계자 아우구스투스의 달인 것이다. 일 년 중 가장 정열적인 두 달이 로마제국의 창시자와 그 완성자의 이름에서 나온 셈이다. 그것도 달의 길이마저 같다. 일설에 따르면—13세기에 만들어진 낭설이라는 것이 통설이지만—아우구스투스가 자신의 달 8월이 카이사르의 달 7월과 일수가 같기를 원했다고 한다. 2천 년 전, 우리에게는 너무나 먼 나라의 권력자이었음에도 아우구스투스가 오늘 우리의 삶 속에 그 흔적을 남기고 있다는 점을 부인할 수는 없을 것이다.

역사상 가장 간교한 권력자,
'존재하되 드러내지 않다'

기원전 31년 악티움 해전
을 계기로 옥타비아누스는 로마의 절대권력자가 되었다. 그럼에도
그는 4년 후 예상을 깨고 모든 권력을 원로원과 인민에게 이양한다
고 선포했다. 그러나 그러한 선언은 오히려 그에게 '인간 이상의 존
엄한 자'라는 뜻의 아우구스투스 칭호와 '로마의 제1시민'이라는 뜻
의 프린켑스 칭호를 받는 결과로 돌아온다. 이로써 사가들이 말하
는 원수정(元首政·프린키파투스)이라는 정치체제가 만들어진다. 이것
은 그의 양부 카이사르의 실패―공화정을 급격히 폐하려다 암살된
것―를 피하고자 공화정의 형태라는 포장지를 교묘하게 두른 위장
된 신체제에 불과하였다.

아우구스투스의 이러한 모험은 로마시민의 절대적인 지지가 있
었기에 가능했다. 그는 상대의 패를 완전히 읽고 자신의 카드를 던
진 것이다. 자신이 권력을 내놓겠다고 선언하면 시민들이 벌떼처럼
일어나 "당신밖에는 로마를 구할 이가 없으니 대권을 받아주소서"
하고 요청할 것을 예견했다는 것이다. 이것은 이 분야를 연구하는
전문가들의 공통된 견해이다.

여하튼 권력을 양도하겠다는 그에게 돌아온 것은 절대권력이었
다. 먼저 로마의 광대한 속주 중 로마군단이 배치된 속주가 그의 직
할로 들어왔다. 그가 직접 통제한 속주는 히스파니아, 갈리아, 시리
아, 이집트로, 로마제국의 영토 중 알짜배기에 해당한다. 그럼으로써

로마군단 대부분이 그의 절대적 권력하에 들어왔고, 속주의 관리(총독) 임명권 또한 그가 장악하였다.

　그 후에도 아우구스투스의 정치적 실험은 계속된다. 기원전 23년, 그는 또 한 번의 정치 도박을 한다. 그가 계속 맡아온 집정관 자리에서 돌연히 사퇴한 것이다. 그것은 그의 권력이 너무 비대하여 그때까지도 여전히 저항세력으로 남아 있던 공화파의 견제를 받는 것을 피하기 위한 조치였다. 그러나 그 결과로 돌아온 것도 더 큰 권력이었다. 그가 이러한 정치적 용단을 내리자 원로원은 그에게 종신 호민관의 권한을 주기로 결정한 것이다. 그는 호민관이 아니면서도 호민관의 권한을 보유하게 되었다.

　뿐만이 아니다. 아우구스투스는 그 후 몇 년에 걸쳐(기원전 22~19년) 로마시민들이 그를 집정관으로 선출했음에도 불구하고 이를 거절했다. 그러자 로마시민들은 그에게 로마의 독재관이 되어달라고 간청했다. 그는 그것마저 사양했다. 그러나 기원전 19년의 경우는 달랐다. 그해 로마에서 소요가 일어나자 원로원은 아우구스투스에게 달려와 종신 집정관 자격을 부여했다. 이제 그는 정식 집정관이 아니면서도 집정관의 명령권(consulare imperium)을 보유하게 되었다.

　그는 로마가 위기에 빠질 때마다 막강한 권력을 하나씩 얻었다. 기원전 18년에는 원로원에 남아 있는 마지막 반대파마저 일시에 제거함으로써(원로원 의원 800명 중 200명 축출) 원로원을 완전히 그의 신체제 프린키파투스의 순응기관으로 만들어버렸다. 이제 원로원은 존재하나 그 기능은 상실되었다. 아우구스투스를 위한 꼭두각시가 된 것이다.

　프린키파투스 체제에서 아우구스투스는 형식적으로는 로마의
제1시민에 불과했지만 실질적으로는 왕이고, 황제였다. 그는 임페
라토르(최고사령관)로서 로마의 모든 군대를 통제했으며, 이집트를
왕의 자격으로 다스렸고, 속주에서는 금화와 은화를 주조했다. 로널
드 사임은 그런 아우구스투스의 지위에 대해 이렇게 말한다.

> 원로원 의원들에게는 일개 시민이었으며 정무관이었던 그가 군단병들
> 에게는 임페라토르였고, 제국의 예속민들에게는 왕이자 신이었다. 무
> 엇보다도 그는 관직 임면과 승진을 좌우할 수 있는 거대하고 잘 조직된
> 당파의 영수였다.　　　　　　　　　　　　　 ─《로마혁명사》1권, 465쪽

　이것이 바로 아우구스투스가 만든 프린키파투스 체제의 실체였
다. 아우구스투스의 이름은 35세 이후 공식적으로 이렇게 바뀐다.
임페라토르 율리우스 카이사르 아우구스투스(Imperator Julius Caesar
Augustus).

최고의 2인자,
아그리파를 만나다

　　　　　　　　　　　　　　　　　　아우구스투스가 로마제국
의 제1인자, 황제가 되는 과정에는 두 명의 충신이 있었다. 그 이야

기를 해보자. 첫 번째 사나이, 마르쿠스 빕사니우스 아그리파(기원전 63~12년). 이 사람을 어떻게 소개해야 할까. 그냥 아우구스투스의 오른팔이었다고 소개하기엔 너무 부족하다. 충신, 충복, 아니 최고의 동료, 아마도 그 이상이었을 것이다. 아우구스투스의 승리는 아그리파의 존재가 있었기 때문에 가능했다.

그의 가계가 로마의 귀족이 아니었음은 분명하다. 하지만 어떤 계기에서인지는 모르지만 옥타비아누스와는 어린 시절부터 가까웠다. 나이도 동년배였다. 같이 배우고 같이 놀았다. 옥타비아누스가 카이사르의 양아들로 입적되었을 때 그는 카이사르의 눈에 띄어 옥타비아누스의 조력자로 임명되었다. 카이사르는 내전에 참전한 그의 활약을 눈여겨보았던 모양이다. 카이사르는 옥타비아누스를 로마군단에서 훈련시키기 위해 아그리파를 붙여 마케도니아 아폴로니아에 보냈다. 그가 암살되기 4개월 전이었다.

카이사르가 암살된 뒤 옥타비아누스가 권력을 획득하는 과정에서 아그리파는 국방장관 혹은 참모총장의 역할을 했다. 그는 안토니우스와의 마지막 전투 악티움 해전에서 승리함으로써 내전의 종지부를 찍고 사실상 황제 아우구스투스를 탄생시켰다. 그는 아우구스투스가 권력을 쟁취하는 과정에서 일어난 거의 모든 전쟁에 참전해 대부분 승리를 거두었다. 하지만 그는 모범적인 겸손을 보이면서 자세를 낮추었다. 심지어는 그는 승전자의 영예로 주어지는 개선식마저 마다하고 자신의 일을 조용히 해나갔다. 아마도 아그리파는 절대권력자 밑에서 2인자가 살아남는 방법을 일찍이 터득한 모양이다.

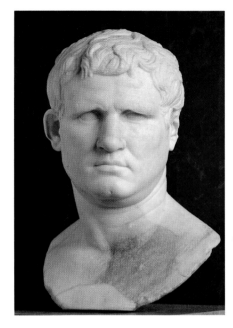

아그리파 흉상, 프랑스 루브르박물
관 소장. 로널드 사임은 아그리파
의 초상에 대하여 이렇게 말한다.
"그의 초상들은 그가 엄격하고 장중
한 얼굴 모습에 화가 난 듯하고 도
도하며 의연한 인상을 지닌 인간임
을 보여준다."
©Marie-Lan Nguyen

동서고금을 통해서 절대권력자는 자신을 넘보는 2인자를 두지 않
았다. 1인자로서는 2인자가 자칫하면 딴 맘을 먹지 않을까 불안감을
갖기에 보통 2인자라 지칭되는 사람의 말로는 비참한 것이었다. 우
리 역사를 보라. 박정희 정권하에서 2인자들의 말로가 어떠했는가.
박정희 1인 절대권력 밑에 몇몇 권력자들이 있었다. 사람들은 그들
의 권력이 하늘을 나는 새도 떨어트릴 만하다고 했다.

당시 중앙정보부장이나 경호실장이 그런 권력자들이었다. 김종
필, 김형욱, 박종규, 이후락, 차지철, 김재규 등이 그들이다. 이들에겐
일인지하 만인지상(一人之下 萬人之上)의 권력이 허락되었으나, 그것은

일장춘몽과 같은 것이었다. 박정희는 이들에게 결코 항구적인 권력을 허락하지 않았다. 항상 충성 경쟁을 시켰고, 어떤 상황이 되면 여지없이 칼을 뽑아 잠시 허락했던 권력을 회수했다. 김형욱의 경우 중앙정보부장으로 그렇게 권력을 즐겼지만, 언젠가부터 박정희의 눈 밖에 나 이 땅을 조용히 떠나지 않으면 안 되었고, 결국 처참한 최후를 맞이하고 말았다.

이런 예는 비단 우리만의 역사가 아니다. 최근 북한에서 일어난 장성택 사건을 보면 절대권력자 밑의 2인자가 얼마나 위험한 살얼음판을 걷는지를 다시 한 번 알 수 있다. 김정일 국방위원장 사후 누가 보아도 명실상부한 2인자라 여겨지던 장성택이 어느 날 갑자기 숙청될 줄 누가 알았으랴. 그것이 바로 2인자들의 운명이다.

그럼 아그리파가 본질적으로 1인자의 총애를 받는 2인자에 적합한 덕성을 가진 자였을까. 아마도 그는 2인자로서 어떻게 처신하면 절대권력자의 신임을 오랫동안 유지할 수 있을지 잘 알고 있었던 모양이었다. 그도 개인적으로는 야망도 있고 미래를 도모할 능력도 있었지만, 아우구스투스의 충실한 2인자로 남는 것이 현명하다는 것을 일찌감치 알았다는 것이다. 로널드 사임은 아그리파에 대하여 이런 인물평을 내놓는다.

··· 아그리파는 로마인이 가질 수 있는 모든 야망을 다 갖고 있었다. 그가 명예 수여를 거부한 것은 겸손하여 주제넘게 나서지 않는다고 표현되었다. 그러나 그것은 오히려 응집된 야망, 실제 권력에 대한 한결같

은 열정의 표시, 꾸밈과 평판에 개의치 않는다는 표시이다. 아그리파의 본성은 고집이 세고 오만했다. 그는 아우구스투스에게는 굴복했으나 다른 사람에게는 굴복하지 않았으며 아우구스투스에게도 언제나 기꺼이 굴복하려 하지는 않았다.　　　　　　—《로마혁명사》1권, 491쪽

한편, 아그리파는 군사적 차원에서는 아우구스투스의 절대적 참모였지만, 로마를 제국의 수도답게 꾸민 장본인이기도 했다. 아우구스투스 이전의 로마는 성장하는 도시였지만 최고의 도시는 아니었다. 하지만 아우구스투스 재위 기간 로마는 인구 백만 명이 살아가는 세계 최대의 도시가 되었고, 거기에 걸맞은 기반시설이 갖추어졌다. 도로가 정비되었고, 수로를 통해 들어오는 맑은 물은 로마 시내 어디서든 콸콸 쏟아졌다. 대리석으로 다듬어진 신전과 공회당 그리고 시장이 여기저기에 만들어졌다.

그 공사책임자가 바로 아그리파였다. 로마에 가면 볼 수 있는 로마건축물의 걸작 판테온은 원래 아그리파에 의해 건축된 것이다. 판테온은 그 후 팍스 로마나의 한가운데를 지배한 하드리아누스 황제에 의해 다시 재건되었으나 하드리아누스는 그 문설주에 자신의 이름 대신 여전히 아그리파의 이름을 남겼다. 오늘날도 판테온 앞에 서면 아그리파의 이름을 분명히 읽을 수 있다.

아그리파가 건설한 공공건축물은 수도 로마나 이탈리아 반도에 국한되지 않았다. 제국 곳곳에 그가 건설한 공공건축물의 흔적이 지금까지도 널려 있어, 그 수를 헤기 어려울 정도다. 대표적 예가 프랑

스 남부 도시 님에서 볼 수 있는 '퐁 뒤 가르'(가르 다리)다. 이는 길이 370미터, 높이 48미터의 수도교(水道橋)로, 사람들이 다닐 수 있는 인도까지 딸려 있는 근사한 다리다. 바로 이 다리가 지금으로부터 2천 년도 더 전인 기원전 19년에 아그리파의 명령에 의해 만들어진 것이다.

보복당하지 않기 위한 생존전략, 정략결혼

아우구스투스의 아그리파에 대한 신뢰는 상상을 초월했다. 마침내 아우구스투스는 아그리파를 제국의 공동 운영자 중 한 사람으로 점지하고, 그것을 확실시한다는 의미로 그를 인척의 반열에 올린다. 아우구스투스는 당시 기혼이었던 아그리파를 부인과 이혼시키고, 자신의 딸 율리아(이 딸은 아우구스투스가 리비아와 결혼하기 전에 낳은 딸이다)와 결혼시킨다. 이로써 아그리파는 아우구스투스에서 네로로 이어지는 율리우스-클라우디우스 왕가를 탄생시키는 데 결정적인 기여를 한다. 사실 아우구스투스는 자신의 권력을 공고히 하기 위해 복잡한 결혼정책을 쓰는데, 그로 인해 사서를 보면 아우구스투스의 복잡한 가계도가 탄생한다. 몇 가지 중요한 결혼과 그로 인해 탄생한 인물들을 살펴보자.

우선 아우구스투스 사후 황제가 된 인물이 티베리우스인데, 그는 아우구스투스의 처 리비아가 아우구스투스와 결혼하기 전에 낳은

296

아들이다. 티베리우스는 아그리파의 전처 소생인 빕사니아 아그리피나 1세와 결혼한다. 하지만 아우구스투스로서는 티베리우스를 완전히 자기와 피가 통하는 이의 남편, 곧 사위로 삼지 않고서는 그에게 대권을 물려주기 불안했던 모양이다. 그래서 생각해낸 것이 아그리파가 죽는 바람에 홀몸이 된 딸 율리아를 이용하는 것이었다.

율리아는 당시 천하가 아는 방탕한 여자였다. 그녀는 로마의 셀 수 없이 많은 남성들과 바람을 피웠는데, 아우구스투스는 이 딸을 티베리우스에게 보낸다. 당시 티베리우스의 처 빕사니아 아그리피나는 임신하여 애까지 가진 상황이었다. 그 상황에서 이들 부부를 이혼시키고 티베리우스를 사위로 삼았으니, 상상을 초월하는 정략결혼이었다.

한편, 아그리파는 율리아와의 사이에서 빕사니아 아그리피나 2세(大아그리피나)를 얻었는데, 그녀가 바로 티베리우스 다음 황제인 칼리굴라의 어머니이자, 네로 황제의 어머니인 율리아 아그리피나(小아그리피나)의 어머니이다. 네로 황제 전에 클라우디우스라는 황제가 있는데, 이 사람은 클라우디우스 가의 아들이지만 그의 어머니는 아우구스투스의 조카인 안토니아였다. 이로써 아우구스투스는 자신으로부터 네로까지 이어지는 다섯 황제 모두를 피로 연결했다.

나는 이 시점에서 동서고금을 막론하고 권력가들이 벌이는 공통적 현상 하나를 발견한다. 절대권력을 가진 자들은 그 권력을 어떻게 해서라도 자신의 피를 이어 받은 자식에게 넘겨주려는 속성이 있다는 것이다. 그것을 제도화한 것이 군주국이지만, 비록 정체(政體)

가 군주국이 아니라 할지라도 권력이 1인에게 집중되어 있으면 그 실질에는 변함이 없다. 이 현상은 지금 한반도의 북쪽에서도 일어 나고 있지 않은가. 3대에 걸친 이른바 백두혈통이라는 게 그것이다. 그럼 도대체 왜 절대권력가는 그 권력을 피로 잇기를 바랄까?

나는 그 원인을 권력의 공포성에서 찾고자 한다. 절대권력을 행 사하면서 공포정치를 한 자는 그 권력이 얼마나 흉포한 것인지를 잘 안다. 만일 그 권력이 타인에게 돌아간다면 그는 죽어서도 부관참시 될 수 있으며, 그의 주변 인물들은 권력으로부터 심각한 보복을 당 할 것이다. 그러니 이런 것을 생각하면 밤에 잠이 오지 않을 것이다. 결코 그 권력을 남에게 줄 수는 없다. 반드시 자신의 분신에게 넘겨 야 한다. 그래야만 안심하고 발을 뻗고 잠을 잘 수 있을 것이다. 이게 바로 절대권력자가 항시 자신과 자식의 혼인에 관심을 갖는 이유이 기도 하다. 어떻게 해서라도 권력의 중심에 자신의 혈족이나 인척들 을 입성시켜야 하는 것이다. 이것은 북한뿐만 아니라 독재가 횡행하 는 전 세계 모든 나라에서 벌어지는 보편적인 현상이다.

프린키파투스의 게벨스, 마이케나스

아우구스투스에게는 아그 리파 외에 또 한 명의 걸출한 친구가 있었다. 마이케나스(Gaius Cil- nius Maecenas, 기원전 70~8년)라는 친구다. 이 사람이 어떤 역할을 했는지는 아그리파에 비하여 확실치 않다. 하지만 분명한 것은 그가 로마의 문화예술에 막대한 영향을 끼쳤다는 사실이다. 그는 아우구스투스 재위 기간 로마의 최고 문학가였던 호라티우스와 베르길리우스의 후원자이었을 뿐만 아니라 그 외 많은 문학가 혹은 예술가의 강력한 지원자였다. 그는 원래 부자였지만 아우구스투스의 요청으로 이집트에 토지를 사서 더 큰 부를 모았다고 한다. 그는 이 재산을 문화 육성에 아낌없이 쏟아 부었다. 후대 사람들이 문화예술의 후원자라는 의미로 만든 단어 '메세나'(mecenat)는 그의 이름에서 비롯된 것이다.

추측하는 바로는 마이케나스는 아우구스투스의 문화부장관 혹은 선전부장관 역할을 한 인물일 것이다. 그의 주된 책임은 아우구스투스 재위의 정당성을 풀뿌리에서 인정토록 하는 것이었다. 세종이 한글을 만든 다음 왕조의 정통성을 선전하기 위해 용비어천가를 지은 것을 상기하면 쉬운 상상이다. 그는 아우구스투스의 권력에 우호적인 여론을 능숙하게 이끌고, 심지어 새로운 여론을 만들 정도의 능력을 갖춘 가신이었을 것이다. 이렇게 해서 아우구스투스의 왼쪽에는 무력을 관리하는 가신이자 대리인인 아그리파가, 오른쪽에는 문화와 예술을 담당하는 조력자이자 특별보좌관인 마이케나스가 자리를 잡았고, 이로써 아우구스투스의 황제정은 성공할 수 있었던 것이다.

로널드 사임은 아그리파와 마이케나스를 이야기하면서 이들 둘은 경쟁적 관계였으며, 사이가 좋지 않았다고 말한다. 아그리파는 평민 출신으로서 로마의 군인이자 농부의 덕성을 가진 사람인 반면,

마이케나스 흉상, 아일랜드 갤웨이 쿨리파크 소장. 마이케나스는 아그리파와 달리 조각상이 거의 남아 있지 않다. ©Cgheyne

마이케나스는 좋은 집안(에트루리아 왕의 후손)에서 태어나 공공연히 사치와 환락에 빠져 사는 사람이었다. 마이케나스는 한 연회에서 색다른 맛이라면서 어린 당나귀 살코기를 소개했고, 아그리파는 이를 역겨워했다. 둘은 적절한 선을 유지하면서 경쟁했지만 최종 승리는 아그리파에게 돌아갔다. 아그리파는 묵묵한 사람이었고, 비밀을 간직할 줄 아는 사람이었지만 마이케나스는 그 입이 문제였다. 그는 권력가들 사이에서 지켜야 할 비밀 수호의 원칙을 한두 번 어겼고, 이로 인해 아우구스투스의 신임을 잃기 시작했다.

여하튼 이곳에서는 마이케나스의 역할에 집중해보자. 권력은 그저 벌거벗은 채 날뛰는 것만으로는 영속성을 가질 수 없다. 그 권력이 오래가기 위해서는 반드시 권력의 정당성을 피지배자들이 인정해야 한다. 그래야만 자발적인 충성이 생기고, 경쟁자로부터의 위협 없이 보다 안전하게, 보다 오랫동안 권력을 유지하게 되는 것이다. 이를 위해서 필요한 것이 문화와 예술로 사람들의 마음을 사로잡는 것이다.

히틀러가 그저 물리적 힘만으로 독일국민을 나치즘의 노예로 만든 것은 아니다. 유구한 독일철학을 탄생시킨 독일국민들이 그저 총칼로 위협한다고 해서 나치즘의 신봉자가 될 수는 없었을 것이다. 무엇인가 자발적으로 나치즘을 자신의 사상으로 받아들이게 하는 수단이 발휘되었고, 히틀러는 이를 통해 성공적인 체제를 구축하였다. 여기에서 큰 역할을 한 것이 선전부장관 괴벨스다. 그의 선전선동은 교묘하여, 그의 이야기를 통하여 나치즘은 독일국민의 사상이 되었고, 사람들은 자신도 모르는 사이에 맹렬한 극우 나치스트가 된 것이다.

사실 이와 같은 현상은 먼 외국만의 일이 아니다. 바로 이 한반도에서 매일같이 벌어지는 역사이기도 하다. 북쪽에서는 3대에 걸쳐 세습된 권력을 안정시키기 위해 지난 반세기 동안 문화투쟁을 벌여왔다. 주체사상이라는 것이 바로 그것이다. 수령의 영도, 수령의 독재는 주체사상 교육을 통해 자연스레 정당화되어왔다. 북쪽 사람들은 그저 권력의 총칼 때문에 '최고존엄'에 맹종하는 것이 아니다. 반세기 이상 권력을 받쳐주기 위해 이루어진 사상교육이 북한을 세계에서 가장 단단한 동토의 나라로 만든 것이다. 그런 면에서 주체철학은 세계에서 가장 위험한 철학이다. 철학이 인간을 세뇌시킬 때 어떤 극단적인 현상을 만들어내는지, 우리는 지난 반세기 동안 한반도 북쪽에서 일어나는 역사를 통해 똑똑히 목격했다.

남쪽 ─ 요즘 종북이라는 말이 하도 성행해서 나도 좀 위축된다. '남쪽'이라는 말을 함부로 쓰면 자칫 종북주의자로 매도되기 십상이다. 분명히 말하지만 내가 여기에서 쓰는 '남쪽'이란 말은 문맥상 그리 쓴 것에 불과하다 ─ 에서도 예외는 아니었다. 1970년대 유신독재를 상기하자. 그 당시 독재를 정당화하는 방법 중 하나는 모든 교육에서 '한국적 민주주의'를 이해시키는 것이었다.

유신독재하에서는 한국적 민주주의를 표방하면서, 그것은 서구의 민주주의와는 다른 우리 나름의 민주주의라 설명했다. 남북한 대결 구조라는 특수한 상황을 강조하면서, 우리의 민주주의는 서구식이 될 수 없으며 강력한 대통령의 리더십에 의해 영도되는 정치질서가 필요하다고 했다. 그렇지 않으면 대한민국은 분열과 무질서로 또 다른 국란을 맞이할 것이라고 위협했다. 많은 국민은 이러한 정치적 교육에 넘어갔고, 지금까지도 이러한 교육을 받은 세대의 상당수는 우리나라의 보수층을 이루고 있다.

따지고 보면 요사이 일어나는 역사 논쟁, 교과서 논쟁도 다를 바 없다. 정부가 나서서 역사교과서의 내용에 관여하고 우편향의 교과서를 지원하는 사태는 권력의 소프트랜딩을 위한 전술이자, 우리 사회의 보수층을 결집시키고자 하는 얄팍한 전술이다. 지금 이러한

302

논쟁이 역사교과서의 국정화로까지 이어지고 있는데, 이것이야말로 조용한 역사쿠데타, 한국판 문화혁명이다. 만일 이러한 현상이 현실화된다면 이 사회의 자유는 사라질 것이다. 그것을 지키기 위해, 그것을 살려내기 위해 지난 40여 년간 수많은 사람들이 피를 흘렸는데, 부지불식간에 그 자유는 땅속으로 사라질 것이다.

어찌하면 이 안타까운 상황에서 우리가 해방될 수 있을까. 시민의 각성, 또 각성이 필요한 때이다.

"안녕, 리비아!"
아우구스투스의 최후

아우구스투스는 병약한 편으로, 오래 살 것 같지 않은 인물이었다. 소화기관이 약했고, 약골이었던 그는 평소 냉수욕이 몸에 좋다는 이야기를 듣고 그것을 매일같이 했다. 그것이 효험이 있었던지 주위의 예상을 뒤엎고 오래 산 아우구스투스는 기원후 14년, 76세의 나이로 숨을 거두었다. 권력을 잡은 후 거의 50년 가까이 제국을 통치한 것이다. 그의 옆에는 사랑하는 아내 리비아가 있었다. 그녀는 아우구스투스가 24세 되는 해 눈이 맞아 열렬히 사랑한 여인이었다.

사실 아우구스투스와 결혼 전, 그녀는 이미 임자가 있는 몸이었다. 하지만 당시 아우구스투스는 욱일승천의 기세로 제국의 주인이 되어가는 중이었다. 아무도 그의 사랑을 막을 수는 없었다. 급기야

아우구스투스의 처 리비아 흉상, 코펜하겐 칼스버그 글립토테크미술관 소장. 리비아는 클라우디우스의 처로서 아들 티베리우스를 낳고 임신 중이었음에도 아우구스투스의 아내가 되었다. 그런 비상식적인 결혼이 로마의 권력층에서는 흔한 일이었다. 하지만 아우구스투스의 결혼이 단순히 정략적인 것만은 아니었던 것 같다. 이들 부부는 50년 이상 해로했고, 아우구스투스는 그녀의 품 안에서 최후의 순간을 맞이했다. ⓒ박찬운

그는 이미 남편과 세 살 된 아들 티베리우스가 있었고 둘째 아이까지 임신한 리비아를 차지하기 위해 그녀의 남편에게 필사적으로 매달린다. 그는 마침내 그녀를 차지했고 평생 사랑했다. 그가 유언장에 후계자로 지명한 사람은 아내가 데려온 아들 티베리우스였다.

듀런트가 묘사하는 아우구스투스의 마지막 순간이 인상적이다. 이것을 옮겨보면서 아우구스투스 이야기를 맺는다.

놀라(Nola)에서 그의 나이 76세에 죽음이 조용히 찾아왔다(서기 14년). 그는 침대 곁에 있는 친구들에게 로마 희극의 막을 내리기 위해 종종 사

용되었던 대사인 "제 역을 잘했으니 박수를 쳐주세요"라고 말했다. 그는 아내를 포옹하면서 "우리의 오랜 결혼 생활을 기억해주시오, 리비아. 그럼 안녕"이라고 말했다. 이렇게 간단하게 작별을 하고 그는 죽었다.

— 《문명이야기》 3-1권, 390쪽

X

로마문명 이야기,
그것을 가능케 한
책 이야기

나는 독서한다,
고로 존재한다

이제 이 책의 종장에 다다랐다. 여기에서는 좀 다른 이야기를 하면서 글을 마무리해야겠다. 이제까지의 〈로마문명 이야기〉를 가능케 한 책 이야기다. 나는 지난 십여 년간 로마문명과 관련하여 적지 않은 책을 읽었다. 그 시작은 지적 호기심이었고, 내가 업으로 삼는 인권에 대한 심층적 이해를 위함이었다. 작년에 나의 세계문명기행기 《문명과의 대화》가 출간되었다. 그 책 서문에서 나는 이에 대해 언급했다. 그 말을 다시 한 번 옮겨보아도 될 것 같다. 지금도 그 마음 그대로이니.

나는 어쩌면 별 볼 일 없는 일개 서생에 불과할지 모른다. 그러나 한 가지, 아무리 생각해보아도 남다르다고 생각하는 것은 호기심이 많다는 사실이다. 나는 알고 싶다. 세계가 어떻게 이루어지고, 어떻게 오늘까지 왔는지를 누구보다 잘 알고 싶다. 그 같은 호기심과 거기에서 비롯된 지식은 내가 지금 연구하고 가르치는 인권을 실감나게 전달하는 귀중한 자산이다. 나는 인권을 그저 서가에 꽂혀 있는 육법전서상의 조문 몇 개로 설명하고 싶지 않다. 인류의 장대한 문명으로 이해하고, 우리의 젊은이들에게 유장한 이야기로 들려주고 싶다.

— 《문명과의 대화》, 머리말 중에서

나는 책 읽기를 좋아하지만 그렇다고 책을 도락의 차원에서 읽지는 않는다. 솔직히 이것이 나의 단점이자 약점이기도 하다. 어떤 때 나는 진짜 독서는 오락이 되어야 한다고도 생각한다. 그것이 순수한, 참다운 독서일 수 있다. 그런데 나는 그것을 잘하지 못한다. 책 중에서도 인간의 오감을 자극하는 책, 예컨대 순수문학으로서의 시·소설, 만화, 판타지 등에 약하다. 어린 시절 가난했고, 철들면서 살기 위해 공부를 했던 경험이 나를 그렇게 만든 것 같다.

나는 대부분의 책을 치열하게 읽는다. 고시를 준비하는 수험생들이 책을 읽을 때는 말 그대로 안광(眼光)이 종이를 철(徹·꿰뚫다)할 정도로 집중해야 한다. 정독에 정독을 하고, 중요한 것은 노트북에 요약 정리하기도 한다. 그래야만 책 속의 내용을 확실히 이해할 수 있고, 어떤 사례에 적용할 수 있는 살아 있는 지식이 된다. 나는 지금도 대부분의 책을 그렇게 읽는다. 로마문명과 관련된 수많은 책 전부는 아니지만 내가 중요하다고 판단한 책은 그렇게 읽었다. 밑줄을 치고, 중요한 연도는 외우고, 때론 중요 내용을 요약 정리했다.

이제 나는 그렇게 읽은 책 중 일부를 독자들과 나누고자 한다. 이

310

들 책이 로마문명을 이해하는 데 어떤 의미가 있는 책인지를 간단히 설명하고, 내가 어떻게 읽었는지 언급할 것이다. 독자들도 내 설명을 듣고 혹시나 관심이 있다면 그중 몇 권을 선정해서 한번 읽어보기 바란다.

로마역사의 대중화,
이에 대적할 만한 책이 있을까
로마인이야기

전 15권 | 시오노 나나미 지음 |
김석희 옮김 | 한길사 | 1995~2007

내가 이 책을 씀에 있어 시오노 나나미의 《로마인이야기》에 상당히 빚졌음은 본문 여기저기에서 밝힌 바 있다. 하지만 나는 이 책에서 그것을 요약하거나 맹종하지 않으려 노력했다.

내가 시오노 나나미의 책 덕분에 로마문명에 대한 새로운 지평을 얻게 된 것은 분명하지만, 나는 일찌감치 그녀의 글에서 내가 경계해야 할 것을 가려냈기 때문에 그 책 전체를 내 것으로 할 수는 없었다. 나는 《로마인이야기》를 읽으면서 시오노 나나미의 남성 중심, 승자 중심 사고에 대하여 항상 우려했다. 그런 사고가 자칫 남용되면 오늘날 세계화라는 이름하에 빚어지는 온갖 제국주의적 행태들이 모두 정당화될 것이다. 지난 세기 강대국의 식민지 정책과 전쟁에서 야기된 수많은 참상들, 심지어는 나치나 일본 제국주의자들의 만행마저도 면죄부를 얻을 수 있다. 최근 일본에서 우경화의 바람이 불고 있는데, 거기에도 이런 사고는 상당 정도 영향을 주고 있음이 분명하다. 나는 이제까지 시오노 나나미가 일본의 우경화 현상에 대하여 우려를 표했다는 이야기를 들은 적이 없다. 그것은 그녀의 역사관에서 나오는 당연한 결과일 것이다.

《로마인이야기》는 정통 사서가 아니다. 문학과 사서의 중간 정도, 그러니까 엄밀히 말하면 역사문학이다. 그렇기 때문에 엄밀한 사료에 근거한 역사서를 요구하는 사람들이 이 책을 보면 시오노 나나미의 상상과 추리를 냉혹히 비판한다. 하지만 그것을 염두에 두고 이 책을 읽는다면 역사의 정확성에 그리 큰 의미를 둘 필요는 없을 것이다. 따지고 보면 역사는 과거의 일이니 아무도 그 정확성을 장담할 수는 없다. 어차피 역사기술에는 상상이 들어가지 않을 수 없다. 다만 상상력이 아무런 근거도 없이 나오는 것이라면 문제가 되겠지만,《로마인이야기》에서 그런 부분을 찾는 것은 쉽지 않다. 시오노 나나미가 로마사를 자의적으로 해석하는 경향이 있지만, 대부분 거기에는 그럴 만한 이유도 있다.

로마사를 말할 때 많은 사가들은—에드워드 기번을 포함하여—로마 쇠망의 원인에 답하려고 노력한다. "그렇게도 찬란하고 위대했던 로마문명이 어떻게 쇠망의 길을 걸어야 했나"라는 질문에 답하고자 한 것이다. 그런데 시오노 나나미는 그러한 질문보다는 "어떻게 하여 로마는 그리도 오랫동안 서양사에서 제국의 길을 걸을 수 있었을까"라는 질문에 답하고자 한다. 그래서 그녀는《로마인이야기》1권에서 5권까지의 지면을 로마의 위대함을 설명하는 데 할애한다. 여기에서 빠질 수 없는 영웅이 카이사르다. 그녀는 카이사르를 로마제국의 위대한 설계자로 소개하며, 오늘날 유럽의 정체성은 그에서 비롯되었다고 본다.

또한 그녀에게 있어 로마가 가진 위대한 점은 단지 힘이 아니다. 그 힘을 영속시킬 수 있는 시스템을 로마제국에서 발견한 것이다. 그것이 바로 로마가도와 로마법을 비롯한 사회적 인프라였다. 그녀는 오로지 로마의 사회적 인프라에 제10권을 헌정했다. 하드 인프라로 로마가도, 다리, 수도 등을, 그리고 소프트 인프라로 의료와 교육을 소개한다.

《로마인이야기》에서 내가 특별히 주목한 것은 시오노 나나미의 종교관이다. 그녀는 다신교의 나라에서 태어났다. 그런 연유로 그녀는 로마 다신교의 장점에 대하여 누구보다 깊이 이해한다. 그리고 이 종교가 로마의 쇠망과 깊은 연관이 있다는 점을 곳곳에서 지적한다. 기독교의 배타성이 로마제국의 사회체제를 무너뜨려 결국 로마 해체를 가속화했다는 입장이다. 아마도 기독교인들이라면 매우 불편할 종교관이다. 하지만 이러한 주장은 시오노 나나미만의 것이 아니다. 이미 18세기에 에드워드 기번도 그의 저서 《로마제국쇠망사》에서 줄기차게 주장한 내용이다.

《로마인이야기》는 매우 논쟁적인 책이다. 하지만 이 책으로 말미암아 적어도 일본과 한국에서 로마사 인식의 새로운 계기가 마련된 것은 틀림없다. 한국과 일본의 어떤 전문 사가도 이런 정도로 과거의 역사를 알기 쉽게 대중에게 설명한 적은 없다. 비록 그녀의 글에 군데군데 역사서로서의 신뢰성을 의심할 부분이 있지만, 그것이 이 책이 한·일 지식세계에 준 영향을 반감시키지는 않는다. 나는 2008

년 여름방학을 전후로 거의 두 달을 할애하여 이 책을 집중적으로 읽었다. 어떤 부분은 밑줄을 치고, 또 어떤 부분은 통째로 외웠다. 그러는 사이 내가 그동안 공부한 로마사 지식이 《로마인이야기》를 통하여 전체적으로 연결됨을 느꼈다.

로마사의 영원한 고전,
이 책을 능가할 책은 아직 없어
로마제국쇠망사

전 6권 | 에드워드 기번 지음 | 윤수인·김희용
외 옮김 | 민음사 | 2008~2010

로마사에 관심 있는 사람치고 에드워드 기번의 《로마제국쇠망사》를 모르는 이는 없을 것이다. 그만큼 이 책은 로마제국과 관련한 불후의 명작이다. 《로마제국쇠망사》는 하룻밤 내에 소설 읽듯이 쉽게 읽을 수 있는 책이 아니다. 기번이 1776년부터 1788년까지 12년에 걸쳐 전 6권으로 간행한 방대한 분량의 이 대작은 로마제국이 쇠퇴해가는 과정을 아주 실증적이면서도 유장한 문체로 다루고 있다. 아쉽게도 우리나라에서는 최근까지 그 일부만이 같은 이름으로 발간되었을 뿐이었다.

그런데 몇 년 전 이 책 전권이 드디어 완역되었다. 몇몇 젊고 유능한 전문번역가들에 의해 6권이 모두 우리말로 번역된 것이다. 이제 한국에서도 기번의 《로마제국쇠망사》를 속속들이 알 수 있는 기회가 왔다. 이 번역은 연구자들의 로마사 연구에도 큰 도움이 될 것이라 생각한다. 왜냐하면 《로마제국쇠망사》는 현대에 이르러서도 로마사 연구에 기본 중의 기본 자료로 활용되기 때문이다.

《로마제국쇠망사》가 로마사 연구의 가장 중요한 자료 중 하나라 할지라도 잊지 말아야 할 것은 이 책이 로마사 전체를 다룬 것은 아니라는 점이다. 이 책은 아쉽게도 로마의 기원(기원전 753년)부터 기원후 1세기까지 약 900여 년은 다루지 않았다. 그러니 로마의 왕정 및 공화정, 그리고 제정으로 이어지는 로마사의 매우 중요한 부분을 알고자 하는 사람들에게는 이 책이 별로 도움이 안 된다. 이 책은 팍스 로마나 시기라고 하는 오현제 시대, 그중에서도 트라야누스 황제 시대부터 시작하여 서로마제국의 멸망, 동로마제국의 성립, 신성 로마제국의 건국, 그리고 동로마제국의 멸망(1453년)까지 약 1,400여 년의 역사를 기술한 책이다.

내가 이 책을 읽으면서 든 가장 큰 의문은 왜 기번이 로마사를 쓰면서 그 주제를 쇠망(decline and fall)으로 정했는가이다. 기왕 로마사를 쓴다면 로마제국의 시작이라고 할 수 있는 공화정기 역사와 그 이후 극적으로 만들어지는 제정의 역사를 쓰지, 왜 하필 로마의 쇠퇴기를 썼는가. 아마도 기번은 역사가로서 이런 기본적 질문에 답하고 싶었던 모양이다. 그토록 찬란했던 로마제국이 왜 쇠퇴하여 결국 멸망의 무덤 속으로 들어가야만 했을까? 그런 이유로 기번의 로마사 기술은 로마제국이 가장 번성했던 팍스 로마나에서 시작하는 것이다. 일단 로마사의 정점을 설명하고 그러한 로마제국이 왜 점점 하강 국면을 맞이하지 않으면 안 되었는지를 기술하는 것이 그의 로마사 기술의 기본적 방향이었다고 설명할 수 있다.

나는 이 책을 통해 로마제국의 기독교에 대해서 새로운 생각을 정리했다. 아마 이 부분은 시오노 나나미도 큰 영향을 받은 것이 분명하다. 《로마인이야기》에서의 기독교에 대한 기술은 《로마제국쇠망사》에서 드러나는 기번의 생각과 많이 중첩되기 때문이다. 기번은 로마제국의 기독교 문제를 신학적으로 접근하지 않고 철저히 역사적 관점에서 접근한다. 도대체 로마에서 기독교는 어떤 종교였는지, 왜 그들은 박해 받을 수밖에 없었는지 등에 대해서 역사적 사실이라는 관점에서 기술한다. 로마의 기독교 박해는 기독교 신앙이라는 측면에서 결코 용납할 수 없는 사특한 것이라는 게 종래 서구세계를 지배한 관점이었는데, 기번은 그런 신학적 관점을 완전히 배제한 것이다. 이것은 역사를 사실에 기초하여 실증적으로 접근하는 근대 역사학의 출발이라고도 할 수 있다.

그럼, 로마제국의 황제들은 왜 기독교를 박해했을까. 기번의 말을 직접 들어보자.

고대의 종교 화합은 고대 국가들이 서로의 종교 전통과 의식을 암묵적으로 인정하고 존중한 것을 통해 유지되었음을 … 따라서 이런 공동체에서 떨어져 나와, 종교적 지식의 배타적인 독점권을 주장하면서 자신들의 예배를 제외한 다른 모든 예배 형식이 신성모독이며 우상숭배라고 멸시하는 교파가 나타난다면, 전체 공동체는 당연히 분노하여 이에 대항할 것이라고 자연스럽게 예상해볼 수 있다.

— 《로마제국쇠망사》 1권, 622쪽

결국 로마제국에서 기독교가 박해를 받은 것은 역사적인 관점에서는 기독교의 배타적 신앙관에서 나온 필연적인 결과였다는 것이다. 이런 문제의식은 기독교 입장에서는 쉽게 받아들이기 어려운 매우 불경한 주장일지도 모르지만, 역사가 입장에서는 당연히 주장할 수 있는 것이라 생각한다. 역사는 사실에 기초한 과학이지, 믿음에 기초한 종교가 아니기 때문이다.

마키아벨리의 미스터리, 군주정
옹호자인가? 공화정 옹호자인가?

로마사 논고

니콜로 마키아벨리 지음 | 강정인·안선재 옮김
| 한길사 | 2003

지식인치고 마키아벨리(1469~1527년)를 모르는 사람은 거의 없다. 그는 성공한 정치인은 아니었지만 몇 권의 책을 씀으로써 근대 유럽정치사상사에서 탁월한 업적을 남겼다. 정치사상사적으로 볼 때 그가 남긴 가장 큰 공적은 정치영역을 윤리나 종교적 가치와 명확히 구별했다는 점이다. 이것이 바로 그가 세상에 선언한 마키아벨리즘의 실체다. 이것을 좀더 부연하면 그의 사상은 "무엇보다 공익, 특히 국가이익을 위해서는 수단의 도덕적 선악에 관계없이 다만 효율성과 유용성만을 고려"하는 가치를 말한다. 그러나 이러한 정치사상은 현실적으로는 공익은 도외시되고 "오로지 수단방법을 가리지 않고 어떤 개인이나 파당의 이익을 추구하는 정치관행"으로 나타나고, 오히려 이것이 마키아벨리즘으로 이해된다.

마키아벨리의 정치사상을 이해하는 데 있어 최고의 작품은 물론

《군주론》이다. 《군주론》에서 우리는 위에서 말한 마키아벨리즘의 실체를 보게 된다. 이 책의 토대는 마키아벨리가 피렌체 공화국에서 외교관으로 생활하면서 생생하게 관찰하고 경험한 것이다. 15세기 말 피렌체에서 권력을 상실하고 한동안 혼란기를 경험한 메디치 가문은 1512년 다시 복권된다. 이때 마키아벨리는 공직에서 추방되고 설상가상으로 메디치 가문을 몰아내려다 실패한 음모에 가담했다는 혐의를 받아 체포되어 고문 받고 투옥되기에 이른다. 그에게 있어 일생일대 최대의 위기가 찾아온 것이다.

하지만 그는 항상 피렌체 정청으로의 화려한 복귀를 소망하고 있었는데, 마침 메디치 가문의 조반니 추기경이 교황 레오 10세로 즉위하자 특사를 받아 석방되어 다시 한 번 기회를 맞이한다. 그는 메디치 가문이 다스리는 피렌체 정청으로 돌아가기 위해《군주론》을 써서 로렌초 데 메디치[이 사람은 피렌체 르네상스의 아버지 일 마그니피코(Il Magnifico), 즉 '위대한 자'라 불렸던 15세기 말의 로렌초 데 메디치의 손자이다]에게 헌정하였다. 그러나 로렌초는 그 책을 읽지 않았으며, 결국 마키아벨리를 부르지도 않았다. 아마도 그의 상실감은 상상을 초월하는 단계에 이르렀을 것이다. 이즈음 마키아벨리는 더 이상 군주정을 통한 자신의 이상 실현이 불가능하다는 생각을 갖게 된 것 같다.

공직으로의 화려한 복귀는 더 이상 어렵다는 것을 깨달은 그는 당시 메디치 가문과 거리를 유지하며 피렌체 교외에 있는 코시모 루첼라이 정원에서 열린 인문주의자들의 정기적 모임에 열성적으로 참여하게 된다. 여기서 그는 공화주의자를 만나게 되고, 공화정의 원형으로서 로마를 새로이 만나게 된다. 그는 이 모임을 통해 하나의 성과를 얻게 되는데, 그것은 바로《로마사 논고》라는 책을 쓰게 된 것이다. 이 책은 그의 가장 긴 저서이며《군주론》과 함께 그의 독창적인 정치철학을 알 수 있는 또 다른 고전으로 평가받는다.

마키아벨리는 한 책(《군주론》)에서 군주정을 옹호하고, 다른 책(《로마사 논고》)에서는 공화정을 옹호했다. 그렇다면 과연 그의 정치사상이 정확히 무엇일까? 솔직히 판단하기 어렵다. 이 문제에 대해서는 정치사상을 연구하는 학자들 사이에서도 몇 가지 설명이 있지만, 나로서는 그중 한 가지를 더 신뢰한다. 마키아벨리는 당시 피렌체의 정치상황을 매우 절망적으로 보았다. 그래서 그 절망적 상황에서 탈출할 수 있는 유일한 희망을 메디치 가문의 전제정(군주정)으로 보고《군주론》을 집필했다. 하지만 그의 생각은 전혀 현실에 반영될 수 없었고, 그 중심엔 메디치 가문이 있었던 것이다. 이제 그가 취할 수 있는 방법이란 메디치 가문에서 벗어나 또 다른 정치제체를 꿈꾸는 것밖에 없었다. 그것이 바로 공화주의에 대한 희망이었다.

《로마사 논고》는 마키아벨리 사후 4년 뒤인 1531년 출간되었는데, 이 책을 관통하는 핵심적인 질문은 "무엇이 로마공화정으로 하여금 위대한 제국을 건설토록 하였는가"이다. 이에 대해 국내외의 많은 정치철학자들은 마키아벨리의 '자유'라는 말에 방점을 찍는다. 마키아벨리가 로마공화정이 제국화하는 데 핵심적인 철학으로 발견한 것은 로마인들의 자유정신이었다는 것이다. 여기서 자유란 정치적 차원에서 대외적으로는 외국의 지배로부터 자유롭고, 대내적으로는 시민들의 적극적인 정치 참여와 개입을 통해 자치적인 정부를 엮어내는 것이라 할 수 있다.

이 책을 계속 읽다보면 마키아벨리가 위대한 로마제국이 될 수 있었던 요인으로 지목한 '자유'의 근원적 뿌리도 이해할 수 있다. 그중에서도 로마인의 '비르투'라는 것이 눈길을 끈다. 이것은 로마인이 바라던 인간으로서의 탁월한 덕성이라고 말할 수 있는데, 이러한 덕성이 자유의 뿌리를 이룬다는 것이다. 로마인들에게 아무리 행운의 여신(포르투나)이 있었다고 해도, 대중과 그들을 지도하는 정치인들 개개인의 탁월한 품성이 없었다면 로마공화정은 결코 성공할 수 없었을 것이라는 지적이다. 거기에 마키아벨리는 두 가지를 더한다. 하나는 좋은 법률이고, 또 하나는 종교다. 로마공화정이 성공한 것은 인간의 비르투에만 의존하지 않고, 그것을 법률이라는 규범으로 강제하고 적절히 종교를 활용했기 때문이라는 것이다. 하지만 후일 등장한 기독교는 로마인들이 생각한 전통적인 종교와는 달랐고, 여기에서 로마의 균열은 시작될 수밖에 없었다.

《로마사 논고》는 내게 로마를 깊이 이해하는 데 필요한 많은 것을 선물했다. 나는 이 책을 통해 로마인들의 자유 정신을 이해했고, 법과 종교의 역할을 이해했으며, 왜 로마가 멸망의 길로 갈 수밖에 없었는지도 이해했다. 나는 마키아벨리가 《로마사 논고》에서 다룬 종교의 역할이나 로마 쇠망의 원인은 후일 에드워드 기번의 《로마제국쇠망사》와 시오노 나나미의 《로마인이야기》로 이어진다고 생각한다.

50년 장구한 세월, 최고의 문명사가와
최고의 파트너가 만들어낸 책
문명이야기 3-1권

윌 듀런트 지음 | 임웅 옮김 | 민음사 | 2013

윌 듀런트(1885~1981년), 미국이 낳은 20세기 최고의 문명사가인 그는 우리에게는 오랫동안 철학자로 알려졌다. 그의 《철학이야기》가 오랫동안 우리의 뇌리에 남아 있기 때문이다. 나 또한 철학에 눈을 뜰 때 그 길잡이 역할을 한 책이 바로 듀런트의 《철학이야기》다. 이 책은 인류역사상 가장 위대한 철학자들의 생애와 사상을 재미있고 알기 쉽게 소개한 책이다. 아마 듀런트는 이 책 덕분에 교수 생활을 버리고 오랜 기간 프리랜서로 살면서도 먹고 사는 데는 큰 어려움이 없었을 것이다.

하지만 듀런트는 철학자이기보다는 문명사가이다. 그는 1927년부터 1975년까지 근 50년 동안 인류문명 1만 년의 역사를 11권의 《문명이야기》로 엮어냈다. 이 책은 말 그대로 인류문명의 유장한 파노라마다. 우리나라에서 이 책은 그동안 서양사 전공자들 사이에서만 영어 원문으로 읽혔다. 그 방대한 원서를 번역한다는 것은 한 개인으로서나, 출판사로서나 엄두를 내지 못했을 것이다. 그런데 이 책이 최근 완역되어간다. 민음사 고전 번역사업의 일환으로 여러 명의 전문 번역자들에 의해 2011년 이후 차례차례 번역되고 있다. 이는 우리 인문학사에서 기념비적인 사업이 될 것이라 믿는다.

《문명이야기》 시리즈 중 로마문명과 관련된 이야기는 제 3권 〈카이사르와 그리스도〉로, 2013년 현재 3권 중 1권(3-1권)이 출간되었다.

이 책은 이탈리아 반도의 조그만 도시국가로 시작해 지중해의 패권을 장악할 때까지의 로마의 성장을 이야기한다. 크림반도에서 지브롤터 해협까지, 중동의 유프라테스 강에서 영국의 하드리아누스 방벽까지 로마가 이룩한 성취, 그리고 로마에 의해 지중해와 서유럽을 넘어 확산된 고전문명에 대한 이야기가 유장하게 펼쳐진다(여기까지가 3-1권의 이야기임). 아직 출간되지 않았지만 곧 나올 3-2권에서는 예수 수난의 비극적 장면과 예수 사후 펼쳐지는 사도 바울의 전도여행이 소개될 것이다. 지중해의 패권은 로마에서 비롯되나 결국 최후의 승자는 기독교가 된다는 말이다.

역시 이 책의 매력은 듀런트가《철학이야기》에서 시도한 것처럼, 대중들이 쉽게 이해할 수 있는 언어로 기술했다는 점이다. 진정한 전문가는 자신의 앎을 쉬운 언어로 말할 수 있는 사람이다. 우리는 이 책을 읽으면서 50년 동안 듀런트가 일반 독자의 지적 관심을 풀어주기 위해 얼마나 고심했는지를 알 수 있을 것이다.

한마디 더 첨언할 부분은, 이 책을 저술하는 데 있어서 그의 아내 에이리얼 듀런트의 역할이다. 그녀는 듀런트가 젊은 시절 가르친 제자 중 한 사람이다. 사제지간에 사랑에 빠진 듀런트는 교직을 사임하고 그녀와 결혼하였으며, 그녀는 평생 듀런트의 반려로 그의 저술활동을 돕는다. 돕는 정도가 아니라 거의 공저자에 가까울 정도로 그녀의 역할은 지대했다. 결국 듀런트는《문명이야기》전 11권 중 후반부 4권의 표지에 아내의 이름을 공저자로 표기한다. 이들 부부는 죽음 또한 극적이었다. 부인인 에이리얼이 1981년 사망하자 남편도

322

13일 후 사망한다. 비록 13년의 나이 차로 이 세상에는 따로따로 왔지만, 죽음으로의 여행은 함께한 것이다.

로마사 황제의 걸작,
아우구스투스 황제정의 실체를 파다
로마혁명사

전 2권 | 로널드 사임 지음 |
허승일·김덕수 옮김 | 한길사 | 2006

로마문명을 공부하면서 지난 몇 년간 만난 책 중에서 가장 학술적인 책이 바로 이 책이다. 영국 태생의 로널드 사임(1903~1989년)은 평생을 로마사와 씨름한 학자로,《로마혁명사》를 통해 '로마사의 황제'로 즉위했다는 평가를 받는다.

이 책이 말하는 로마혁명사란 로마공화정이 제정으로 이행되는 과정을 의미한다. 따라서 이 책은 시기적으로는 기원전 60년 카이사르가 히스파니아에서 돌아와 폼페이우스, 크라수스와의 합의로 제1차 삼두정치를 시작했을 때부터 기원후 14년 아우구스투스가 죽을 때까지 로마정치의 드라마틱한 변화를 한 편의 혁명 드라마로 그린 것이다.

《로마혁명사》는 쉽게 볼 수 있는 책이 아니다. 책의 분량도 부담스럽지만 — 두툼한 2권의 책으로 총 900여 쪽의 대작임 — 내용도 매우 학술적이어서 시오노 나나미의 《로마인이야기》처럼 술술 넘기기가 매우 어렵다. 사실 로마사 전공자가 아니라면 웬만한 끈기를 가지고서는 이 책을 처음부터 끝까지 읽기가 어려울 것이다. 하지만 이 책의 번역자가 허승일·김덕수 교수라는 점에서 그 번역의 정확성은 신뢰해도 좋을 것이다. 로마사에 관한 한 국내 권위자인 두 교수가 자신들의 학문적 명예를 걸고 번역한 책이기 때문이다. 1권의 해제를 읽어보는 것만으로도 이 책의 대체적인 내용을 파악하는 데 큰 도움이 된다.

이 책을 통해서 로마 제정을 완성한 아우구스투스의 교묘한 정치 행위의 실체를 파악할 수 있다. 아우구스투스는 사실상 로마의 황제이면서도 자신을 제 1시민, 곧 프린켑스라고 칭했다. 이것이 바로 원수정이라고 번역되는 프린키파투스라는 특이한 정치체제이다. 왜 그는 이런 식의 정치제체를 택하지 않을 수 없었을까. 그는 지중해에 평화를 가져다준 팍스 로마나의 위인이었을까, 아니면 권력을 잡기 위한 '위선적 능력자' 혹은 '잔인한 모험가'였을까. 사임은 이 책에서 후자의 입장을 견지하면서 아우구스투스를 비판한다.

역사는 유전하는가,
그리스와 로마 영웅 비교열전
플루타르코스 영웅전

플루타르코스 지음 | 천병희 옮김 |
도서출판 숲 | 2010

어릴 때부터 《플루타르코스 영웅전》이라는 이름의 책을 읽었다. 우리나라에서 번역된 이 책에는 여러 판본이 있다. 다만 아쉽게도 아직까지 원전 전체가 번역 출간되지는 않았다. 《플루타르코스 영웅전》의 원전은 플루타르코스가 그리스와 로마의 영웅 50명을 서로 비교하면서 — 예컨대, 그리스의 알렉산드로스와 로마의 카이사르 — 전기로 꾸민 것이다.

최근 우리나라 인문학자들 사이에서 원전 번역 붐이 불면서《플루타르코스 영웅전》도 과거와 다른 판본의 번역서를 볼 수 있게 되었다. 아마도 이 분야 최고의 번역서는 천병희 교수가 번역한《플루타르코스 영웅전》이라고 생각한다. 천 교수는 원전에 나오는 50명 중 10명을 선정하여 번역하였는데, 어느 판본보다 정확하고 읽기 쉽다. 여기에서 그가 선정한 그리스와 로마의 영웅은 각각 5명씩인데, 그리스의 영웅으로는 뤼쿠르고스, 솔론, 테미스토클레스, 페리클레스, 알렉산드로스, 로마의 영웅으로는 마르쿠스 카토, 티베리우스 그라쿠스, 가이우스 그라쿠스, 카이사르, 안토니우스가 선정되었다. 천 교수는 앞서 2006년 이 책의 로마 영웅들만을 따로 뽑아《로마가 만든 영웅전》이라는 제명으로《플루타르코스 영웅전》을 낸 바 있다.

무엇보다《플루타르코스 영웅전》에서 오는 감동은 그 저작 시기와 관련이 있다. 플루타르코스는 대체로 기원후 50년에서 120년 사이에 산 그리스인이다. 따라서 그의 영웅전은 이름하여 팍스 로마나 시기에 집필된 것이라 할 수 있다. 로마가 가장 흥성할 때 로마인이 아닌 그리스인이 그리스와 로마의 영웅을 비교하면서 전기를 쓴 것이다. 카이사르의 전기는 사후 150여 년이 지난 다음 쓰인 것이라 볼 수 있는데, 집필 당시 이미 그는 지중해 역사상 최고의 영웅인 알렉산드로스와 비교되는 영웅이었다. 전기를 읽다보면 집필 당시 많은 문헌 혹은 구전 자료가 카이사르의 삶의 궤적을 생생하게 증언하였던 것을 알 수 있다.

예나 지금이나 영웅이란 본시 승자의 역사에서 과장되거나 왜곡

되는 법이다. 그래서 《플루타르코스 영웅전》을 읽을 때도 이런 점은 미리 염두에 둘 필요가 있다. 그러나 그런 고려가 이 영웅전의 가치를 흐리지는 않는다. 이 영웅전은 지금으로부터 2천 년 전 로마나 그 이전의 그리스 상황을 어떤 자료보다도 정확히 그린 매우 중요한 사료임이 분명하다.

역사의 미스터리,
영원의 도시 로마는 왜 멸망했는가
로마제국 최후의 100년
문명은 왜 야만에 압도당하였는가

피터 히더 지음 | 이순호 옮김 |
뿌리와 이파리 | 2008

세계 역사를 공부하면서 가장 흥미로운 사건 중 하나는 게르만족에 의한 로마제국(서로마제국)의 멸망(476년)이다. 로마제국은 대제국이었다. 에드워드 기번의 말마따나 기원후 2세기 로마제국은 세계의 절반과 가장 문명화된 사람들을 지배했다. 그런데 그로부터 300년 후 영원의 도시 로마는 게르만족에 의해 유린되고 팍스 로마나를 구가하던 로마제국은 멸망했다. 그저 역사의 교훈으로 생각하면 어떤 권력, 어떤 제국도 영원하지 못하다는 것을 알려주는 사건이다. 하지만 우리는 의문을 제기할 수밖에 없다. 왜, 로마는 멸망했는가?

고등학교 시절 세계사 시간에 로마멸망의 원인을 배운 바 있다. 정통 사가들이 주장하는 원인이라고 해서 달달 외운 것이다. 그것은 보통 내부적 요인과 외부적 요인으로 나누어 설명한다. 외부적 요인은 유럽 전역에 민족의 대이동이 있었고, 그에 따라 로마는 이민족의 침탈을 받았다는 것이다. 훈족의 이동과 그에 따른 게르만족의 대이동, 바로 그것이다. 내부적 요인은 좀 복잡하지만 대체로 정신적인 것에서 찾는다. 로마시민의 도덕적 타락, 기독교의 확산, 토지생산력의 고갈, 황제권의 불안정 등이 그것이다.

이 문제에 대하여 좀더 관심을 가진 사람이라면 영국의 로마사 연구가인 피터 히더의 《로마제국 최후의 100년: 문명은 왜 야만에 압도당하였는가》를 읽어볼 것을 권한다. 저자는 런던대학 킹스칼리지의 역사학 교수로, 주로 제정 후기 로마역사를 연구한다. 사실 이 책을 통독한다는 것은 쉽지 않다. 700쪽이 넘는 분량은 로마제국 멸망의 원인에 대한 강한 호기심이 없다면 넘기 힘든 장애물이다. 하지만 이 책은 그리 어려운 책은 아니다. 저자의 저술동기가 책 제목부터 분명하기 때문에 책의 어떤 부분을 들추어도 그 부분이 무엇을 말하는지가 명확하다.

히더의 입장은 단호하다. 로마제국 멸망에서 내부적 요인은 크게 중요하지 않다는 것이다. 중요한 것은 외부적 요인이다. 그에 따르면, 제정 후기 로마는 도덕적, 경제적 위기에 처해 있지 않았다. 또한 게르만족도 미개하지 않았으며, 그들은 오히려 로마제국과 수 세기 동안의 접촉으로 고도의 정치조직을 갖춘 로마의 경쟁자였다. 그가 말하는 로마제국 멸망의 제 1원인은 외부적 요인, 즉 페르시아 사산왕조의 부상과 훈족의 이동이다. 이것이 게르만족이 로마제국으로 밀려들어오는 도미노 현상을 불러왔다는 것이다.

전쟁의 승리는 리더의 손에 달려 있다
로마전쟁영웅사
아드리안 골즈워드 지음 | 강유리 옮김 |
말글빛냄 | 2005

로마제국의 역사는 전쟁의 역사이기도 하다. 로마가 조그만 도시국가에서 시작하여 지중해 전역을 자신의 영토로 만든 것은 전쟁의 결과였다. 따라서 이 전쟁을 살피는 것 자체가 로마제국의 역사를 살피는 것이기도 하다.

《로마전쟁영웅사》는 로마가 제국화의 길을 걸어가면서 맞닥뜨린 수많은 전쟁 중 대표적인 것들을 그 전쟁의 주인공을 중심으로 그려 나간 책이다. 이 책을 읽다보면 우리가 익히 아는 로마의 명장, 그리고 그들이 벌인 역사적 전투를 하나둘 만날 수 있다. 제2차 포에니전쟁에서 로마를 유린한 한니발을 꺾은 스키피오 아프리카누스, 알레시아 공성전에서 갈리아의 영웅 베르킨게토릭스에게 신출귀몰한 작전으로 승리한 카이사르, 유대인 디아스포라의 기폭제가 된 예루살렘 공성전의 주인공 티투스 등이 그들이다.

이들은 어떻게 승리를 이루어낼 수 있었을까? 이 책은 그 대답으로 전쟁의 주인공이었던 장군들 개개인의 개성과 그들의 리더로서의 통치술에 초점을 맞춘다. 이를 위해 저자는 로마의 명장들이 거둔 승리를 소재로 그들이 참여한 전투 중에 무슨 일이 있었는지, 그들은 군대를 어떻게 지휘하고 통제했는지를 밝힌다.

쾌락의 로마, 그 처음과 끝
로마제국 쾌락의 역사
레이 로렌스 지음 | 최기철 옮김 |
미래의 창 | 2009

로마제국의 쇠망 원인 중 하나를 타락한 문화 혹은 극도의 사치에서 찾는 사람들이 있다. 아마도 이는 기독교가 로마제국을 접수한 이후 만들어낸 역사적 견해로 보인다. 그러나 이러한 견해가 비록 승자의 논리라고 해도, 분명한 것은 로마제국이 실제로 사치스럽고 쾌락을 추구하는 사회였다는 점이다. 로마제국 시절 성행한 스토아 철학은 그러한 사회적 풍조를 반영한 반사적 철학이라고 이해할 수 있을 것이다. 네로의 스승이었던 세네카가 대표적인 스토아 철학자인데, 그는 이렇게 말한다.

> 쾌락이란 쾌감이 절정에 달하는 순간 무의미해져버리는 그런 것이다. 쾌감은 금세 절정에 달하고 오래가지 못한다. 쾌감을 맛보는 그 순간에 뒤이어 쾌락은 바로 무미건조해져버려서 쾌감을 지속적으로 유지하려고 애써 보았자 헛수고에 불과하다.　　　　　　　　　　—《행복론》

이 말은 세네카가 활동하던 기원후 1세기 로마제국 시민들이 전반적으로 쾌락 추구에 열을 올리고 있었다는 반증이다.

로마 시내 한가운데를 거닐다보면 폐허가 되었지만 아직도 원래 모습을 상당 정도 알 수 있는 유적 하나가 있다. 칼리굴라 목욕탕이다. 기원후 1세기의 폭군 중 한 명인 칼리굴라는 로마 시내 한가운데에 목욕탕을 세웠다. 이곳은 둘레가 1.6킬로미터에, 1,600명이 동시에 들어갈 수 있었던 대목욕탕이었다. 칼리굴라뿐만이 아니다. 많은 황제들이 제국 이곳저곳에 목욕탕을 만들고 그들 자신이 목욕을 즐겼다. 당시 목욕탕은 목욕만 하는 곳이 아니었다. 하나의 사교장소였고, 때론 매춘장소이기도 했다. 인간의 온갖 쾌락이 목욕탕에서 비롯되었다.

몇 년 전 폼페이에서 놀라운 벽화 하나를 목격했다. 폼페이는 알다시피 나폴리 근처의 도시로서, 기원후 79년 베수비오 화산 폭발로 일시에 화산재에 묻혀 지구상에서 사라진 도시다. 그 도시 유적의 한군데가 당시 유곽이었던 모양인데, 집안 여기저기에 채색된 벽화가 그려져 있다. 벽화의 내용은 글로 옮기기도 낯 뜨거운 내용이다. 두 남녀가 성행위를 하는 장면인데, 여자가 남자 위에 올라간 체위가 있는가 하면, 남자가 여자의 뒤에서 성행위를 하는 체위도 있다. 지금으로 말하면 전형적인 포르노그래피인데, 이런 그림이 건물 벽에 그려질 정도라면 당시 사람들의 성에 대한 태도가 어때했으리라는 것이 짐작되지 않는가.

서설이 길어졌지만, 나 또한 로마문명을 공부하면서 이러한 로마인들의 쾌락 문화가 어떤 것이었는지 항상 궁금했다. 여기저기 문헌과 자료에서 단편적으로 언급한 것을 눈여겨보았지만, 그 전모를 알지 못해 의문은 더해졌다. 이러한 의문을 단번에 해결한 한 권의 책이 나왔다. 그것이 레이 로렌스의《로마제국 쾌락의 역사》다.

이 책은 기원후 1세기에 시점을 맞춰 로마인들의 쾌락 문화를 추적하였다. 기원후 1세기는 팍스 로마나가 시작되는 시기로, 로마제국은 그야말로 최고의 전성기를 맞이하고 있었다. 방대한 영토와 그로부터 흘러들어오는 풍부한 물자를 바탕으로 야만인들과 구별되는 문화인으로서의 정체성을 드러내고자 하는 욕망이 제국 곳곳에서 분출했다. 이 쾌락을 선도한 이는 다름 아닌 황제들이었다. 그들은 쾌락의 꽃을 활짝 피워 뭇 로마인들을 유혹했다.

이 책이 다루는 로마인들의 쾌락 문화는 다양하다. 호화 빌라나 정원에서 쾌락의 문화를 알아보기도 하고, 목욕 문화를 통해 그것을 알아보기도 한다. 또한 인류 문화의 영원한 판타지라고 할 수 있는 성애의 문화는 로마에서 극단적인 발전을 이루었는데, 그 현장을 찾아보기도 한다. 뿐만 아니라 로마인의 맛과 향에 대한 끝없는 추구가 어떠했는지, 그들은 어떻게 산해진미를 맛보았고, 그 수많은 종류의 와인을 그 시절 어떻게 만들어냈는지에 대한 의문을 풀어본다.

더욱 흥미로운 것은, 콜로세움 등 제국 곳곳에서 발견된 원형경기장을 통해 로마인들의 잔혹함의 쾌락 추구도 들추어낸다는 점이다. 인간의 잔인함은 분명 보편성을 띤다. 현대인도 잔혹하기는 마찬가지다. 우리는 그 원형을 콜로세움의 검투사 경기에서 볼 수 있다. 죽고 죽이는 싸움을 보면서 로마인들은 환호했다. 그것은 극단의 쾌락을 추구하는 로마인들의 일그러진 문화임이 분명하고, 그러한 문화 DNA는 아직도 우리의 피 속에 흐르고 있을지도 모른다.

정통 로마사의 백미,
로마의 역사를 꿰뚫다

로마사

세드릭 A. 요·프리츠하이켈 하임 지음 |
세드릭 A. 요·앨런 M. 워드 개정 |
김덕수 옮김 | 현대지성사 | 1999

이 책은 로마사를 개관하는 학술서로, 세드릭 A. 요와 프리츠하이켈 하임이 함께 쓴 《로마 인민의 역사》를 1984년 세드릭 A. 요와 앨런 M. 워드가 그동안의 연구성과를 반영하여 개정한 것이다. 로마사의 교과서라고 보면 좋다. 시오노 나나미의 《로마인이야기》 등에서 고개를 갸우뚱했던 부분이 있는 경우, 학술서인 이 책을 한번 찾아보면 로마사를 전공하는 연구자들의 통설적 입장을 확인할 수 있다. 번역을 한 김덕수 교수도 그러한 목적으로 이 책을 번역했다고 후기에서 밝히고 있다. 로마사에 대한 대중적 인기는 환영할 만한 일이나, 부정확한 지식이나 잘못된 역사관이 걸러지지 않은 채 일반 대중에게 공급됨으로써 발생하는 문제를 학자적 차원에서 막아보고자 하는 필요성을 느꼈다는 것이다. 천 쪽이 넘는 꽤 두툼한 역사서인 만큼 통독은 쉽지 않을 것이나 한 권쯤 서가에 꽂아두고 필요할 때 참고하면 좋을 것이다.

한국 서양사학의 수준을 보여주다,
한국판 플루타르코스 영웅전

인물로 보는
서양고대사

허승일 외 지음 | 도서출판 길 | 2006

이 책은 제명대로 인물로 보는 서양고대사이다. 고대 그리스부터 로마 제정까지 시대를 풍미했던 인물을 설명함으로써 그 시기 서양고대사를 개관한다. 서울대 허승일 교수를 필두로 무려 30명의 국내 서양사 연구자들이 집필에 참여했다. 나는 이 책이 바로 우리나라 서양고대사의 현 수준을 대표하는 저서라고 믿는다. 이런 방식으로 책을 쓴다는 것도 어렵지만, 전국의 관련 연구자들이 대거 참여하여 하나의 역사책을 쓸 수 있다는 것은 우리나라 인문학의 수준과 발전 가능성을 보여주는 것이라 하겠다.

이 책은 총 3부로 구성되어 있다. 제1부는 고대 그리스 편으로, 약사와 함께 12명의 인물(예컨대 헤시오도스, 솔론, 페리클레스, 이소크라테스, 데모스테네스, 알렉산드로스 등)을 설명한다. 제2부는 로마공화정 편으로, 역시 약사와 함께 로물루스에서 카이사르, 그리고 그의 사후 안토니우스까지 총 15명의 인물(예컨대 한니발, 스키피오, 그라쿠스 형제, 키케로, 폼페이우스, 카이사르, 안토니우스 등)을 거론한다. 이 부분에서는 로마가 왕정을 거쳐 어떻게 공화정을 확립했는지, 그리고 그것이 카이사르를 거쳐 어떻게 종말을 맞이했는지를 설명한다. 제3부는 로마 제정 편이다. 이 부분 역시 약사와 함께 12명의 인물(예컨대 아우구스투스, 네로, 콘스탄티누스, 성 아우구스티누스 등)을 다룬다.

그리스와 로마 역사 중 어떤 특정 시기에 대하여 관심이 있는 사람들이라면 이 책의 관련 부분을 읽는 것만으로도 풍부한 지식을 얻을 수 있다. 다만 이 책은 통사가 아니기 때문에 많은 부분이 생략된 것도 사실이다. 그리스 편에는 우리가 모두 아는 소크라테스, 플라톤, 아리스토텔레스가 빠져 있고, 로마 편에는 오현제 시대가 없다. 아마도 저자들은 다른 저서에서 워낙 많이 다룬 인물들은 일부러 생략하고 상대적으로 적게 다룬 인물을 발굴하여 기술한 것으로 보인다.

이 책은 한국판《그리스·로마 영웅전》이라 할 수 있다. 우리에게는《플루타르코스 영웅전》이라고 알려진 책이 있지만, 그것은 그리스와 로마의 영웅을 쌍으로 엮어 쓴 위인전기이다. 이 책이《플루타르코스 영웅전》과 달리 두 시기의 위인을 비교하여 엮지 않았다는 점에서 그 형식은 다르지만, 기본적으로 위인을 중심으로 역사를 기술하였다는 점에서는 두 책의 기술방식이 다를 바 없다.

로마사 전공 교수가 풀어낸
로마공화정의 실체
로마공화정
허승일 지음 | 서울대학교출판부 | 1997

이 책은 현재 시중에서 찾아보기 힘든데, 나도 구하지 못하고 학교 도서관에서 대출 받아 읽어보았다. 저자는 서울대 서양사학과 교수로, 주 전공이 로마사이다. 일찍이 박사학위 테마를 '카이사르 암살 후의 군대와 정치'로 했기 때문에 로마사 중에서도 로마공화정 분야를 많이 연구했다. 《로마공화정》은 허승일 교수가 1970년대 초부터 대학에서 로마사를 강의하면서 사용한 강의안을 교양서 형태로 저술한 것으로, 문체는 조금 딱딱한 편이다. 하지만 학술서에 바탕을 둔 교양서이기 때문에 그 내용의 정확성은 어떤 로마 관련 교양서보다 신뢰할 수 있다고 생각한다.

이 책은 로마 건국 초기부터 로마공화정 전반까지를 주제별로 둘러보고, 로마공화정을 끝낸 아우구스투스의 프린키파투스(원수정)

에 대한 설명으로 마무리 짓는다. 나는 이 책에서 마지막 장을 특히 주의 깊게 읽었다. 이것은 카이사르 이후의 로마 제정의 실체에 대한 학술적 견해로서, 단순히 그것을 황제정으로 볼 것인지, 만일 황제정으로 본다고 해도 그 정확한 의미가 무엇인지에 관한 의문을 해소하기 위해 쓰인 것이다. 허 교수는 황제정을 원수정(元首政)으로 설명한다. 아우구스투스는 공화정 형식을 유지한 채 자신 스스로를 '로마의 으뜸 시민'으로 자리매김했지만, 그 실질은 황제였다는 것이다.

책 속의 로마제국, 이젠 내 발로
내 눈으로 확인하길 원한다면
최정동 로마제국을 가다
전 2권 | 최정동 지음 | 한길사 |
2007, 2009

이제까지 내가 소개한 로마제국 관련 책들은 모두 어렵다. 인내가 없다면 넘보기 어려운 책일지도 모른다. 어떤 책은 어렵지는 않지만 분량이 장난이 아니다. 그런 책은 시간을 요리할 수 있는 끈기가 필요하다. 하지만 이 바쁜 세상에서 나 같이 책 읽는 것을 업으로 하는 사람이 아니라면 도전장을 내기가 쉽지 않다.

이 책 《최정동 로마제국을 가다》는 그렇게 겁을 낼 필요가 없는 책이다. 최정동은 한겨레신문사 기자로서, 평소 여행을 좋아하는 사람이다. 그는 2002년부터 로마제국의 옛 유적지를 탐방하기로 하고 유럽과 중근동 이곳저곳을 여행하면서 글을 쓰고 사진을 찍었다. 그리고 그 결과, 기자의 유려한 필체를 유감없이 발휘하여 두 권의 두 툼한 책을 냈다. 책 곳곳에 컬러 도판 사진이 실렸으니 독자는 책상 위에서 그의 안내를 받으며 로마제국을 여행할 수 있다. 이 책을 통해 독일, 프랑스, 영국, 스페인, 포르투갈, 그리스, 리비아, 요르단, 리비아, 튀니지, 몰타, 그리고 이집트에 아직도 남아 있는 로마제국의 흔적을 발견할 수 있을 것이다.

그의 책 1권은 1996년 로마에서의 시오노 나나미와의 만남으로 시작된다. 시오노 나나미가 《로마인이야기》 5권을 마치고 6권을 준비하던 무렵, 최 기자는 그녀와 인터뷰를 하게 된 것이다. 그 후 10년, 그는 자신이 '로마라는 학교의 학생'이 되었다고 한다. 역사의 현장을 배낭 하나 짊어지고 한손에는 수첩을, 또 다른 손에는 카메라를 들고 헤맸을 것이다. 바쁜 기자생활을 하면서도 틈을 내 유럽여행을 한다는 것이 쉽지 않았을 텐데, 그의 여행 준비는 놀라울 정도다. 책의 말미에 그가 읽은 책들의 목록과 그에 대한 설명을 볼 수 있다. 이를 통해 본문의 글들이 그저 여행지에서의 단순한 감상이 아니라 수많은 로마 관련 자료를 연구한 산물이라는 것을 알 수 있다

나는 2013년 첫 세계문명기행기 《문명과의 대화》를 출간했다. 주변에서 여행을 좋아하고 역사에 대해 관심 있는 사람을 발견할 때마다 그 책을 한 권씩 선물한다. 그럴 때마다 그 책에 써주는 말이 있다. "아는 만큼 보이고, 보이는 만큼 즐겁다." 여행은 즐겁지만은 않다. 특히 문명유적을 보는 여행은 비행기 내에서만 즐겁고 흥분된다. 막상 여행지에 발을 딛는 순간 그 즐거움과 흥분은 사라지기 쉽다.

생각해보라. 돌무덤밖에 없는 밀림에서 보는 앙코르와트를. 밖의 온도는 40도, 거기에다 습하다. 땀은 비 오듯 하는데, 그 순간 유일한 소망은 빨리 호텔방으로 들어가 잠자는 것이다. 그럼에도 이러한 문명기행이 즐겁다 할 수 있는가? 만일 그런 사람이 있다면 그는 그 돌무덤의 의미를 아는 사람이다. 그 돌무덤이 그에게는 단순한 돌이 아니다. 그에게는 돌 하나를 찬란했던 수백 년 전 영화로운 궁전의 주춧돌로 만들어낼 수 있는 상상력이 있을 것이다. 그러니 그는 돌무덤을 보는 것이 아니라 화려하기 그지없는 궁전 마당을 거닐고 있는 것이다.

《최정동 로마제국을 가다》는 바로 "아는 만큼 보이고, 보이는 만큼 즐겁다"라는 말이 무슨 의미인지를 알게 하는 책이다.

Michel Foucault

푸코 시리즈가 독자들의 큰 호응에 힘입어 재번역되어 출간되었다. "인문학은 팔리지 않는다"라는 말은 미셸 푸코에게는 맞지 않는 듯하다. 살아 숨쉬는 인문학으로 독자들의 사랑을 꾸준히 받고 있는 푸코의 책들은 "좋은 책은 팔린다"는 명제를 되새기게 한다.

감시와 처벌 – 감옥의 역사
오생근(서울대 불문학과) 옮김

보이는 감옥이건 보이지 않는 감옥이건 지배권력의 가장 중요한 기구이자 장치인 감옥의 탄생은 군대·병원·공장·학교 등의 소단위 권력 체제를 통해 지금도 확산되고 있다.

신국판 | 양장본 | 472면 | 23,000원

성의 역사 1·2·3

性은 권력의 표현에 다름 아니다!
절제와 극기라는 덕목을 상실해 버린 이 시대에 우리에게 자기성찰의 기회를 부여해 주는 미셸 푸코의 도덕 메시지!
제1권 지식의 의지 La volont de savoir | 이규현 옮김
제2권 쾌락의 활용 L'usage des plaisirs | 문경자·신은영 옮김
제3권 자기배려 Le souci de soi | 이혜숙·이영목 옮김

신국판 | 양장본 | 각 권 290면 내외 | 1권 10,000원·2, 3권 15,000원

광기의 역사
이규현 옮김, 오생근(서울대 불문학과) 감수

푸코를 세상에 알린 기념비적 작품으로 '이성적'시기로 알려진 고전주의 시대, 이성에 의해 비이성/광기가 감금·배제되는 과정을 현란한 문체로 써내려간 푸코의 역작!

신국판 | 양장본 | 872면 | 38,000원

Max Weber

막스 베버가 21세기의 학문, 정치, 종교에 던지는 메시지

**직업으로서의
학문**
전성우 옮김

학문을 '천직'으로 삼고자 하는 자에게는 어떤 덕목이 필요한가?
백여 쪽밖에 되지 않는 이 책은 현대 사회과학 역사상 가장 널리 읽혀
온 강연문 중 하나이다. 베버는 이 책에서 학자라는 '직업'에 필요한
'외적' 조건과 '내적' 자질, 근대 학문의 본질, 근대 문화에서 학문이 차
지하는 위상, 학문과 정치의 관계, 규범적 '가치판단'과 과학적 '사실
판단' 간의 구분 등 실로 학자 및 학문에 관해 우리가 던질 수 있는 가
장 본질적인 문제들을 평이하면서도 깊이 있게 다룬다.
4×6판 | 6,000원

**직업으로서의
정치**
전성우 옮김

정치의 소명은 무엇이고 그 배반은 언제 일어나는가?
정치에 대한 필생의 사유를 해박한 지식과 특유의 섬세하고 깊은 통찰
력으로 풀어낸 이 강연은 근 1세기의 세월을 뛰어넘어 오늘날 우리의
정치적 성찰을 이끌어 주기에도 전혀 손색이 없다.
4×6판 | 6,000원

**막스 베버
종교사회학 선집**
전성우 옮김

종교적 초월의 세속적 의미는 무엇인가?
첨단과학의 21세기는 종교의 학문적, 정치적 대부활로 시작하였다.
의미상실의 첨단과학시대에 종교는 무엇을 뜻하는가? 글로벌시대에
문명 간 충돌은 왜 발생하는가? 막스 베버의 종교사회학 핵심논문을
모은 이 책에서 그 해답을 찾을 수 있을 것이다.
4×6판 | 9,000원

**막스 베버
사회과학방법론
선집**
전성우 옮김

'객관적으로 타당한 진리'란 존재하는가?
이 역서에 수록된 〈객관성 논문〉, 〈가치중립 논문〉 및 〈사회학 기초개
념〉에서 베버가 100여 년 전 설정한 의제들은 현대 사회이론 및 사회
과학방법론 발전의 중심동력 가운데 하나였으며, 오늘날까지도 방법
론 담론의 출발점이자 준거점 역할을 하고 있다.
신국판 | 15,000원

**경제와 사회 –
공동체들**
박성환 옮김

《경제와 사회》는 근대 서구 문화의 특성과 기원 그리고 운명을 경제
와 사회 사이의 연관이라는 세계사적 전망에서 체계적으로 분석하고
있는 중요한 사회과학 저술로서, 포괄 분야가 워낙 광범해서 사회학
적 지식의 백과사전적 창고로 이해되기도 했고, 여러 분야의 과학에서
수용되었다. 이 책은 역사–비판적 편집작업을 거쳐 새롭게 간행되는
《경제와 사회》의 제 1권: 공동체들이다.
신국판 | 양장본 | 38,000원